D1640545

FÜHRER FÜR ZEITREISENDE

Howard J. Blumenthal
Dorothey F. Curley
Brad Williams

FÜHRER
FÜR
ZEITREISENDE

*Touristik-Informationen für Reisen
in die 4. Dimension*

bettendorf

Titel der Originalausgabe:
The Complete Time Traveler

© 1994 für die deutschsprachige Ausgabe by
bettendorf'sche verlagsanstalt GmbH
Essen - München - Bartenstein - Venlo - Santa Fé
Alle Rechte vorbehalten
Schutzumschlag: Zero Grafik und Design GmbH, München
Herstellung und Layout:
Bernd Walser Buchproduktion
Druck und Binden: Franz Spiegel Buch GmbH, Ulm
ISBN 3-88498-062-9

VORWORT

Mit großer Freude beginne ich diese Ausgabe des »Zeitreiseführers«. Er ist hervorragend geschrieben und der nützlichste Reiseführer für Zeitreisen , den ich kenne. Dieses Buch mit seinen unterschiedlichen Revisionen und ergänzenden Beiträgen war mir außerordentlich hilfreich bei der Vorbereitung der »Grundzüge der Geschichte«, speziell bei der Frühgeschichte, die man zuvor unmöglich genau beschreiben konnte, ohne tatsächlich selbst dabeigewesen zu sein.

Ich finde es sehr erfreulich, als eine Art Vater der Zeitreise betrachtet zu werden, wo ich doch kaum mehr als ein Teilnehmer war, wie Sie auch.[1] Viele Reisende aus meiner Zukunft, Ihrer Gegenwart, erzählten mir von einer Welt, in der räumliche Reisen durch die Luft und unter Wasser nicht nur möglich sondern bereits eine Routineangelegenheiten darstellen.

Trotzdem bin ich noch immer leicht frustriert über die Entwicklung: Als ich mich zuerst in meinem Roman »Die Zeitmaschine«, den viele von Ihnen sicher gelesen haben, mit der Angelegenheit der Zeitreisen beschäftigte, hoffte ich, daß uneingeschränktes Zeitreisen nicht nur in die Vergangenheit, sondern auch in die Zukunft möglich sein müßte. Zu diesem Zweck möchte ich Sie dringend bitten, die grundlegend nötige technologische Entwicklung, die für die Reisen in die Zukunft nötig sind, vehement zu fördern und die mächtige Bundes-Zeitreisen-

Kommission (Federal Time Travel Commission FTTC) in den USA, unser eigenes Organ für Zeitfragen IBTAS 2 sowie andere Kontrollorgane zu ersuchen, weitergehende Nutzungsmöglichkeiten der sogenannten X-Gürtel-Reisen zu erlauben, um weitere Erkenntnisse über die Gebiete zu erhalten, die die Verheißung, ja die Bestimmung der Menschheit beinhalten.

Herbert George Wells
London, England
1934

---

[1] Mr. Wells wurde die Benutzung eines Zeitfahrzeugs und einer Zeitkarte für Forschungszwecke zugestanden. Das ist einzigartig für jemanden, der in dieser Zeit lebte, aber schließlich hat Mr. Wells sich auch als ein einzigartiger Mann erwiesen.

[2] Die Aufgaben sowohl der Bundes Zeitreisen-Kommission (Federal Time Travel Commission FTTC) als auch des Internationalen Büros für Zeit und Raum (International Bureau of Time and Space IBTAS), werden in Kapitel 3 erläutert.

INHALT

KAPITEL EINS

ZEIT: DIE VIERTE DIMENSION

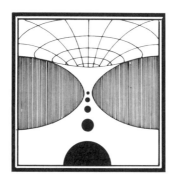

»Phantasie ist wichtiger als Wissen.«

ALBERT EINSTEIN

Ein ungewöhnlicher Anblick Albert Einsteins, aufgenommen während eines Experiments in einem relativen Maßstab.

In der Zeit reisen. Sehen, wie große Männer und große Frauen legendäre Taten vollbringen. In den Straßen des antiken Griechenland oder Rom wandeln, mit den Erbauern von Stonehenge reden, von der Bergpredigt hingerissen werden: Zeitreisen erlaubt, was dereinst als Zauberei betrachtet wurde: Ein Fenster zur Geschichte unserer Welt und unserer Familien sowie die Möglichkeit, die Geheimnisse der Zeiten zu verstehen.

Die meisten Anfänger haben viele Fragen. Kann ich bei der Hochzeit meiner Eltern dabei sein? – Ja! Kann ich meinen Urgroßvater besuchen, nachdem er gerade das Familienanwesen gegründet hat? - Klar! Kann ich zu diesem Schulabschlußball zurückgehen und den schrecklichen Streit rückgängig machen, nach dem Betty-Lou aus der Turnhalle rannte und von einem 1953er Buick überfahren wurde? Unglücklicherweise ist die Antwort auf diese Frage: Nein! Man kann nicht zurück und seine eigene Vergangenheit abändern, weil sie schon passiert ist. Sie (und Betty-Lou) sind bereits Geschichte. Man kann jedoch aktiv an der Geschichte teilhaben, als Besucher und als Teilnehmer.

Sie möchten sehen, wie Aristides das erste Kentucky Derby gewinnt? Schlüpfen Sie einfach in einen Zeitgürtel und machen Sie sich startklar zur Bestellung Ihrer ersten Pfefferminz-Brause! Sie planen einen längeren Aufenthalt? Packen Sie Ihr Gepäck in Ihren eigenen Einsitzer und fahren Sie los ins Jahr 1875! Sie wollen Familie und Freunde mitnehmen? Gruppieren Sie sie locker um einen Minibus für Sofort-Erinnerungen!

Bevor Sie jedoch ihren Ausflug ins »Freudianische Wien« oder nach

Britisch-Indien planen, sollten Sie ein wenig über die Zeitwissenschaft lernen. Die Mehrzahl aller Autofahrer weiß fast nichts über die mechanische Seite ihres Fahrzeugs, aber sie wissen, daß Benzin den Motor versorgt, der dann wiederum das Fahrzeug antreibt. Sie sollten ähnliche Kenntnisse über Zeitreisen haben, selbst wenn es nur dazu dient, neugierige Fragen zu beantworten. Wenn Sie etwas übers Zeitreisen wissen, hilft Ihnen das auch, die Befürchtungen des Partners oder der Eltern zu zerstreuen, die befürchten, daß Sie zu einer Reise aufbrechen, von der Sie nicht mehr zurückkehren können.

Wir fangen an mit Albert Einsteins allgemeinen und speziellen Theorien der Relativität, die dem Zeitreisen die Türen aufgestoßen haben. Aber wird das Verständnis der Relativität Ihnen auch dann helfen, wenn Sie sich bei einer Tour durchs Mittelalter gerade auf der falschen Seite einer Armbrust wiederfinden? Überhaupt nicht! Das hilft Ihnen nur bei der »Theorieseite«. Der »Erlebnisteil« hingegen ist Ihre Angelegenheit.

Da die Methoden der Zeitmessung und automatischen Kalenderumrechnung später noch behandelt werden, überspringen wir die sonst übliche Lektion über »Zeitmessungsmethoden im Laufe der Jahrhunderte« erst einmal. Wir setzen voraus, daß Sie wissen, welcher Wochentag heute ist und springen direkt in die Relativität. Dieses eine kurze Kapitel umfaßt die relevanten wissenschaftlichen Grundlagen. Wenn wir Ihr Interesse geweckt haben und Sie weitere Informationen möchten, gibt es im Anhang Anregungen für die weitere Lektüre.

DIE RELATIVITÄT DER MESSUNGEN

Einsteins Relativitätstheorie zufolge sind alle Messungen relativ. Herkömmliche Logik macht glauben, daß ein Backstein, wenn man ihn auf der Erde mißt, genau einen Fuß lang ist, daß er immer einen Fuß lang ist, egal wo und wann man ihn mißt. Was wir für die einzige richtige Antwort halten, könnte nur eine von vielen möglichen richtigen Antworten sein. Wie Einstein vermutete, und was andere seitdem bewiesen haben, stimmt die Welt nicht immer mit unseren vorgeformten Vorstellungen dessen überein, was wir für logisch und vernünftig halten. Seiner speziellen Relativitäts-theorie zufolge wäre derselbe Backstein kürzer als einen Fuß, wenn man ihn mißt, während man mit hoher Geschwindigkeit um die Erde fliegt. Wieviel doch davon abhängt, wie schnell man sich bewegt! Beide Messungen, die, die Sie auf der Erde gemacht haben, und die, die Sie im All gemacht haben, wären richtig.

Ein kosmischeres Beispiel zeigt, warum die Messung ein wichtiges

Einstein behauptete, daß zwei Wesen, die sich mit unterschiedlichen relativen Geschwindigkeiten bewegen, die Zeit auf unterschiedliche Weise erleben. Jennifer und Bobbi, ein dreißigjähriges Zwillingspaar, werden uns das zeigen.

Jennifer bleibt auf der Erde, wo sie die Zeit auf normale Weise verbringt. Bobbi geht auf eine Reise, bei der sie sich nahezu in Lichtgeschwindigkeit bewegt.

Für Bibbi scheint die Zeit normal zu vergehen. Aber in Wirklichkeit erfährt Bobbi die Zeit langsamer als Jennifer. Wenn Bobbi zurücksehen würde, sähe sie ihre Schwester, die sich etwa so schnell bewegt wie ein Tonband auf Schnellspul-

Wenn Jennifer Bobbi sehen könnte, sähe sie ihre Schwester in Zeitlupe. Für Jennifer und den Rest von uns hier auf der Erde, vergehen zehn Jahre. Bobbi kommt nach Hause zurück, aber die Zwillinge sind nicht mehr gleich alt.

Bobbi ist um einen Zeitraum älter geworden, der 7 Jahren entspricht. Wenn also Jennifer ihren vierzigsten Geburtstag feiert, feiert Bobbi ihren 37sten. (Bobbi gibt allerdings bloß 35 zu, aber das steht auf einem ganz anderen Blatt).

Je länger Bobbi sich mit annähernder Lichtgeschwindigkeit bewegt, desto langsamer altert sie, und der Unterschied zwischen ihren physikalischen Altern wird größer.

Konzept zum Verständnis von Zeit als einer Dimension ist. Stellen Sie sich vor, ein Stern in einem abgelegenen Teil unserer Galaxie explodiert. Neilsen und Arbitron, zwei Wesen, die wissenschaftliches Arbeiten über alles lieben, und die auf entgegengesetzten Seiten der Galaxie leben, messen, jeder für sich, die Höhe, Breite, Länge und Dauer der Explosion. Neilsen und Arbitron bewegen sich in ihrer jeweiligen eigenen Geschwindigkeit, die relativ zum explodierenden Stern ist, deshalb

erhalten sie unterschiedliche Zahlen für jede ihrer Messungen. Wieso stimmt das? Die spezielle Reativitätstheorie sagt aus, daß es in unserem Universum keine absolute Messung gibt. Jede Messung ist abhängig von der relativen Geschwindigkeit des Betrachters und dem, was er beobachtet. Wenn Neilsen sagt, daß die Breite der Explosion 100 000 Meilen sei, und Arbitron sagt, daß sie breiter als 100 000 Meilen sei, wer hat dann Recht? Wie breit war die Explosion? Weil es keine absolute Messung im Universum gibt, könnte man mit gleicher Sicherheit behaupten, beide hätten Recht.

Die Unmöglichkeit absoluter Messung wird deutlich, wenn man einen weiteren Faktor hinzunimmt: Soweit wir wissen, bewegt sich alles im Universum - und das ständig. Es gibt nicht die Möglichkeit, sich zurückzulehnen und von einem neutralen Punkt aus zu beobachten, tatsächlich gibt es überhaupt keinen feststehenden Punkt. Deshalb ist jede Messung im Universum relativ, keine Messung ist absolut.

Der niederländische Physiker und Nobelpreisträger Hendrik Lorentz hat bewiesen, daß, wenn Neilsen und Arbitron ihre Aufzeichnungen zur Explosion des Sterns verglichen, sie herausfinden würden, daß die Zahlen ihrer vier Messungen (Höhe, Breite, Länge und Dauer) übereinstimmen, was nahelegt, daß sie zueinander in Beziehung stehen. Er bewies dies mit einer ziemlich komplizierten mathematischen Formel, die gemeinhin als die Lorentz-Transformationen bekannt sind, die wir zu vereinfachen suchen werden: Wenn Sie durch die Formeln stöbern, beachten Sie bitte, daß die Rechte Seite der Gleichung jeweils genau identisch ist.

Wenn unsere Beobachter die Längenmessungen der Explosion verglichen, so würden sie herausfinden, daß Neilsens Länge = Arbitrons Länge mal Wurzel aus 1-v^2/c^2 ergibt, wobei v die relative Geschwindigkeit und c die Lichtgeschwindigkeit bezeichnet. Auf dieselbe Weise könnten Neilsen und Arbitron auch die Länge und Höhe des Ereignisses vergleichen und würden bemerken, daß Neilsens Breite = Arbitrons Breite mal Wurzel aus 1-v^2/c^2, und daß Neilsens Höhe = Arbitrons Höhe mal Wurzel aus 1-v^2/c^2 ergibt. Und jetzt kommt das Interessante: Die Dauer bzw. Zeitdimension des Ereignisses kann auf dieselbe Weise verglichen werden, so daß Neilsens Dauer = Arbitrons Dauer mal Wurzel aus 1-v^2/c^2 entspricht. Die Gleichartigkeit der beiden zeigt, daß Zeit eine relative Messung ist, die sich verhält wie die anderen drei Dimensionen auch. Deswegen wird Zeit die vierte Dimension genannt.

ZEIT: DIE ERSTE DIMENSION

Wir glauben, es ist weitaus vernünftiger, die Zeit als erste Dimension zu betrachten. Wenn Zeit die erste Dimension wäre, würde ein eindimensionales Wesen nur die Zeit erfahren, aber keinen Raum. Ein zweidimensionales Wesen würde die Zeit plus einen Punkt (daher der Ausdruck Zeitpunkt!) umfassen. Ein dreidimensionales Wesen würde Zeit und Breite erfahren, aber nicht Höhe. Als ein vierdimensionales Wesen würde man die Zeit und die drei physikalischen Dimensionen erfahren.

Als man die Zeit als eine flügge gewordene Dimension mit denselben Rechten und Privilegien wie die anderen anerkannt hatte, begannen die Wissenschaftler zu lernen, wie man sich in dieser Dimension bewegt. Jedoch ist das Zeitreisen nicht so einfach wie mal eben aufzustehen und über die Straße in den Laden an der Ecke zu gehen. Einige der Theorien, die erklären, daß Zeit eine der Dimensionen ist, machen unmißverständlich klar, daß wir uns zwar rauf und runter, vorwärts und rückwärts und hin und her bewegen können, aber nicht in die Richtung der Zeit, die uns in die Vergangenheit oder Zukunft bringt.

VERZERRTE ZEIT UND SCHWERKRAFT

So mancher Science-fiction-Held hat eine Zeitreise durchgeführt, indem er sein Raumschiff um ein Schwarzes Loch herum gelenkt hat. Um zu verstehen, warum schwarze Löcher etwas mit Zeitreisen zu tun haben, müssen wir uns zuerst das Verhältnis von Schwerkraft und Weltall ansehen, um dann zu erkennen, was ein Schwarzes Loch ausmacht.

In seiner allgemeinen Relativitätstheorie macht Einstein klar, daß Zeit und Raum verzerrt sind, und daß diese Verzerrung in der Nähe eines starken Gravitationsfeldes extremer ist. Seine Theorie wurde während der Sonnenfinsternis im Mai 1919 bewiesen, als britische Wissenschaftler bemerkten, daß Lichtstrahlen, wenn sie sehr nahe an die Sonne kommen, auf dem Weg zur Erde von dem Gravitationsfeld der Sonne abgelenkt, ja gebogen werden.

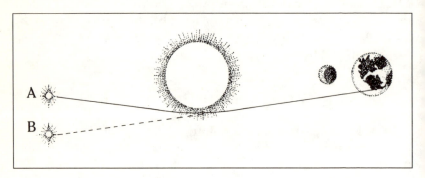

Licht von einem weit entfernten Stern wird auf dem Weg zur Erde abgelenkt, während es durch das Gravitationsfeld der Sonne fällt. » A«ist der Stern und »B« ist das Bild des Sterns, wie es von der Erde aus gesehen wird.

Je stärker das Gravitationsfeld, desto ausgeprägter ist die Verzerrung. Das stärkste Gravitationsfeld im Universum und die dementsprechend größten Verzerrungen hat man um die sogenannten Schwarzen Löcher herum gefunden.

Die Entstehung eines Schwarzen Loches

Ein Schwarzes Loch entsteht, wenn ein Stern so dicht wird, daß er in sich selbst zusammenstürzt. In den späteren Entwicklungsstadien eines Sternes wird dessen Materie durch die Schwerkraft so komprimiert, daß zwischen den Protonen, Elektronen und Neutronen und den anderen Partikeln, die den Stern bilden, kein Platz mehr bleibt. In dieser Phase wiegt ein Klumpen des Sterns in der Größe eines Golfballes etwa tausend Tonnen.

Ein kompakter Stern, der anfänglich etwa die Masse unserer Sonne hatte, kann einen Durchmesser wie die Erde haben. Während er sich

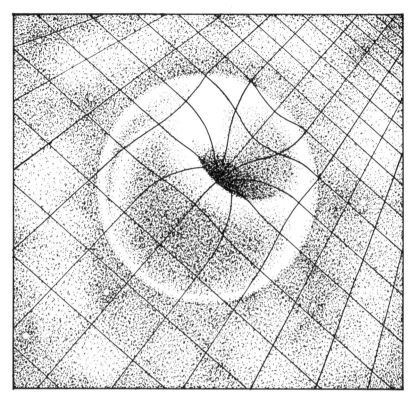

Das Gitternetz der Raum-Zeit wird um ein Schwarzes Loch verzerrt. Der äußere Rand wird Ereignishorizont genannt.

mehr und mehr komprimiert, wird er schließlich ein Neutronenstern mit einem Durchmesser von etwa 10 bis 20 Meilen. Der nämliche Golfball an Materie in einem Neutronenstern wiegt dann 100 Millionen Tonnen. Wenn der Stern zu Beginn zweieinhalbmal so massiv war wie unsere Sonne, würde sich die Materie weiter und weiter zusammenziehen, bis sie nur noch einen einzigen Punkt beansprucht, den wir nackte *Einzigartigkeit* nennen. Die unglaubliche Gravitationskraft bedingt, daß der Stoff der Raum-Zeit gründlich verzerrt wird. Der Raum und die Zeit um den Punkt herum faltet sich unendlich in sich selbst zusammen in eine sogenannte »unendliche Raum-Zeit-Verkrümmung«.

Um das Schwarze Loch herum gibt es einen »Ereignishorizont«. Er ist die Schwelle, wo die Schwerkraft so stark wird, daß nichts entkommen kann. Alles, sogar ein Lichtstrahl, der keine Masse hat, wird eingesaugt und zu einem Nichts komprimiert.

Die Zeit in einem Schwarzen Loch

Nach den Lorentz-Transformationen verlangsamt sich die Zeit ,wenn man sich einem starken Gravitationsfeld nähert, und hört beim Ereignishorizont ganz auf. Theoretisch müßte sich die Zeit zurückbewegen, wenn man sich am Ereignishorizont vorbei in den Kern des Loches bewegen könnte. Eine hypothetische Reise durch ein Schwarzes Loch könnte einen Reisenden rückwärts durch die Zeit befördern. Diese Theorie läßt sich jedoch nicht aufrechterhalten, weil man ja von der enormen Schwerkraft, die das Schwarze Loch umgibt, aus dem Dasein gerissen würde, noch bevor man den Ereignishorizont erreicht hat.

Da Schwarze Löcher tatsächlich Zeit und Raum verzerren, haben Wissenschaftler und Science-fiction-Autoren die Theorie entwickelt, daß Schwarze Löcher in der Tat Zugang zu Vergangenheit und Zukunft schaffen können. Das ist nahe an der Wahrheit. Nur sind es nicht die großen Schwarzen Löcher im Universum, die es uns ermöglichen, in der Zeit zu reisen; es sind die kleinen, die nicht mehr existieren.

REISEN DURCH ZEIT UND RAUM

Jede Reise durch Zeit und Raum muß zwei Arten der Bewegung enthalten: Zeitreisen und Raumreisen. Die eine ist ohne die andere einfach nicht möglich. Die Erde dreht sich um sich selbst und um die Son-

ne, das Sonnensystem bewegt sich innerhalb der Milchstraßengalaxie, die sich wiederum innerhalb der Gruppe unserer Galaxien bewegt.

Obwohl es technisch möglich ist, ist Zeitreisen ohne Raumreisen unsinnig. Wenn man sich 200 Jahre in der Zeit bewegt ohne sich auch im Raum zu bewegen, würde man sich auf einem Flecken im Weltall wiederfinden, auf dem die Erde vor 200 Jahren war. Wenn die Zeitmaschine Sie ins Schanghai des siebzehnten Jahrhunderts bringt, bewegt sie Sie nicht nur ins siebzehnte Jahrhundert, sondern sie bringt Sie auch an den Ort, an dem die Erde gerade zu dieser Zeit war. Glücklicherweise gibt es Wege, die über die Billionen von Jahren hinweg gebahnt wurden und die Sie zur rechten Zeit an den rechten Fleck in der Raum-Zeit bringen – immer.

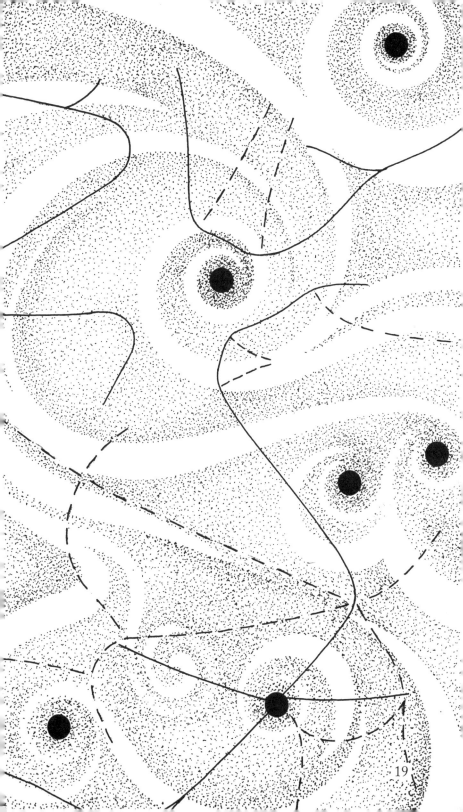

ZEIT UND RAUM ALS ZERKNÜLLTES PAPIER

Der Stoff der Zeit ist – gelinde ausgedrückt – gewunden, was es schwierig macht, ihn zu beschreiben. Bei unserem Unterfangen, das Universum und seine Geheimnisse in einer benutzerfreundlicheren Weise erscheinen zu lassen, bieten wir Ihnen ein Stück Kosmos im Do-it-yourself-Format. Die Idee dabei ist, die Rückseite dieses Blattes nach unserer Anweisung zu zerknittern (durchgezogene Linien zeigen konvexe Faltweise an, unterbrochene Linien bitte konkav falten), bis Sie etwas in Händen halten, das etwa so aussieht:

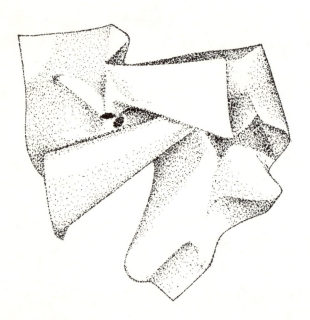

Nun werden Sie bemerken, daß einige Stellen auf der Seite kompakter sind als vorher und daß einige sogar direkten Kontakt haben. Es ist, als nähmen Sie die Vereinigten Staaten und falteten sie so, daß New York und Los Angeles Nachbarn wären (ein furchterregender Gedanke). Vergrößern Sie diesen Entwurf um mehrere Milliarden Male, und Sie haben eine grobe Vorstellung, worum es geht.

Der Weg führt zurück

Direkt nach dem großen Urknall, mit dem unser Universum entstand, wurden eine Menge Schwarzer Löcher geschaffen, wie die, die wir bereits diskutiert haben; nur viel kleiner. Obwohl jedes einzelne von ihnen nur so groß war wie ein einziges Proton, hatte diese Masse von Schwarzen Löchern die Größe eines ordentlichen Berges. Bevor sie sich wieder auflösten, hatten die allerkleinsten Schwarzen Ur-Löcher eine Lebenszeit von nur dreißig Jahren.

Obwohl diese Schwarzen Löcher heute nicht mehr in dieser Form existieren, hinterließen sie uns einige eigentümliche Wirkungen. Sie veränderten Zeit und Raum in einem unteratomaren Niveau und hinterließen winzige Unregelmäßigkeiten, sogenannte Wurmlöcher, im Universum. Als der große Urknall weiterknallte und sich alles ausdehnte, dehnten sich diese Wurmlöcher auch aus – so wie alles andere. Wissenschaftler haben Durchgänge durch diese Wurmlöcher gefunden, die alle Orte und Zeiten verbinden, und die als Tunnel dienen, die uns an die Raum-Zeiten bringen, die die Erde in der Vergangenheit benutzt hat.

Die Forschung, die in der Entdeckung von Wurmlöchern gipfelte, beruht auf den frühen Theorien John A. Wheelers, dessen 1962 erschienenes Buch »Geometrodynamik« die Hypothese aufstellt, daß das Universum tatsächlich aus »Quantenschaum« besteht, Teilen von Raum-Zeit, die kleiner sind als alles, was man bisher messen konnte. Auf diesem kleinsten Niveau vermischen sich Quantenphysik und allgemeine Relativität und ergeben bemerkenswerte, fast unglaubliche Effekte.

Wissenschaftler fanden im Jahre 2009 eine Verbindung zwischen diesen Effekten und Partikeln, die schneller als das Licht sind, den sogenannten Tachyonen, die bekannt dafür sind, daß sie sich rückwärts durch die Zeit bewegen. Tachyonen verbinden die Wege, die die Schwarzen Löcher hinterlassen haben, wie etwa die Zeichen-Spiele für Kinder. Die Pfade, die die Tachyonen nehmen, dienen als Wegmarkierungen, die zu den Autobahnen in die Vergangenheit führen. Machen Sie ein Tachyon aus, und schon sind Sie auf dem besten Wege nach wer weiß wann.

Alle Punkte der Vergangenheit und Zukunft.

Wurmlöcher sind mehrdimensionale Unregelmäßigkeiten, die in speziellen Frequenzen vibrieren, bis zu 1042 Umdrehungen pro Sekunde (10 000 000 000 000 000 000 000 000 000 000 000 000 000 000

Umdrehungen pro Sekunde). Da es Wurmlöcher in mehr als vier Dimensionen gibt, können sie die Gegenwart direkt mit der Vergangenheit oder der Zukunft verbinden, ohne überall anzuhalten.

Die Zusammenführung aller Dimensionen

Um dieses Konzept zu erklären, lassen Sie uns eine Idee von Edwin Abbott ausborgen, einem unserer Freunde, dessen Buch »Flachland« 1884 erschien. Abbott beschrieb eine Unterhaltung zwischen Quadrat, das in einer zweidimensionalen Welt lebte und Sphäre, die in drei Dimensionen lebte. Quadrat konnte Sphäre in zweidimensionalen Rastern sehen, aber nie in deren Ganzheit. Als Sphäre durch Quadrats zweidimensionale Welt kreuzte, sah Quadrat einen Punkt, der sich zu einem Kreis veränderte und dann wieder zu einem Punkt schrumpfte. Als Sphäre aus Quadrats Welt aufstieg und dann wieder an einem anderen Punkt in Flachland abstieg, dachte Quadrat, es hätte Sphäres wundersame Materialisierung von Punkt A nach Punkt B gesehen, ohne daß es sich dazwischen bewegt hätte.

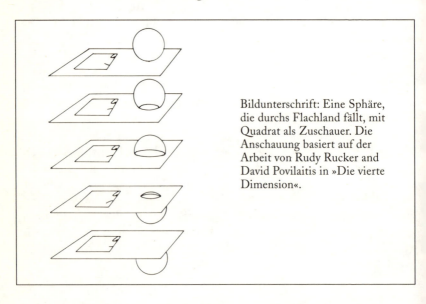

Bildunterschrift: Eine Sphäre, die durchs Flachland fällt, mit Quadrat als Zuschauer. Die Anschauung basiert auf der Arbeit von Rudy Rucker and David Povilaitis in »Die vierte Dimension«.

Reisen mit Hilfe von Wurmlöchern ist ein ähnliches Phänomen. Wurmlöcher gibt es in vier Dimensionen, aber man kann sie besser von höheren Dimensionen aus begreifen. Bedingt durch unseren begrenzten Standpunkt, erscheint uns der Sprung von einer Stelle in der Raum-Zeit an eine andere als eine wundersame Materialisierung. Ein

KRISTALLSYSTEME

Leser von Science-fiction wissen, daß Zeitreisen oft mit Illustrationen erklärt werden, mit multidimensionalen geometrischen Figuren, sog. Tesseralen (Kristallsystemen). Sie sind nicht so verwirrend, wie sie scheinen (hauptsächlich, weil Sie es gewohnt sind, in drei Dimensionen zu sehen).

Ein Würfel ist ein dreidimensionaler Körper, der aus sechs Quadraten zusammengesetzt ist, die alle denselben Abstand von der gemeinsamen Mitte haben. Der Würfel, den Sie unten sehen, ist die zweidimensionale Darstellung eines Würfels. Ein Hyperwürfel, der einer der vielen Formen von Kristallsystemen ist, ist die vierdimensionale Entsprechung, die aus einer Serie von Würfeln besteht, die alle denselben Abstand vom gemeinsamen Mittelpunkt haben. Während nun die Oberfläche eines Würfels aus Quadraten besteht, die alle rechtwinklig zu ihren angrenzenden Flächen sind, ist ein Hyperwürfel ein Körper, der vier Paar Würfel in sich vereint, von denen jeder im Winkel von 90° zu jedem seiner Nachbarn steht.

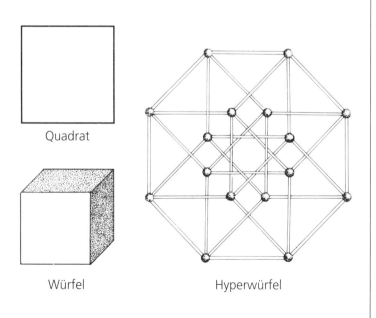

Quadrat

Würfel   Hyperwürfel

belesenes Quadrat könnte annehmen, daß es Kontakt zu den dazwischenliegenden Punkten gibt. Doch der kann nur von Zeitmaschinen entdeckt werden, die speziell zu diesem Zweck erdacht sind.

Das endgültige FM-System

Ihr Zeitgürtel oder Zeitfahrzeug ist kein wundersames Transportsystem. Es funktioniert einfach deshalb, weil es Materie zum Schwingen bringt, und zwar auf derselben Frequenz wie die Wurmlöcher. Im Falle eines Gürtels ist die Materie dabei der menschliche Körper, in einem Fahrzeug ist es das Metallgehäuse und alles andere im Fahrzeug, einschließlich Gepäck und natürlich Passagiere.

Zum besseren Verständnis lassen Sie uns eimal ein FM-Radio als analoges Beispiel verwenden. FM steht für Frequenz Modulation. Um Stimmen und Musik über größere Entfernungen zu übertragen, werden Radiowellen in eine spezielle Frequenz moduliert. Damit nun ein menschlicher Körper zeitlich rückwärts bewegt werden kann, macht eine Zeitmaschine es ähnlich: Sie moduliert die Frequenz der Materie in Ihrem Körper und schickt ihn durch ein Wurmloch zurück. Wenn Sie

WURMLÖCHER IM WASCHSALON

Wurmlöcher hat es schon immer gegeben, aber die meisten sind zu klein, um sich auf unser tägliches Leben auszuwirken. Eine merkwürdige Unterform dieses Phänomens kann man jedoch in Waschsalons finden. Offensichtlich können die Vibrationen von mehreren Waschmaschinen und Trocknern, die nahe beieinander stehen, kleine Wurmlöcher bilden, die jedoch nie größer sind als durchschnittliche Socken. Deshalb verschwinden auch so viele Socken in der Wäscherei. Wenn Sie einige Zeit bevor Sie Wäsche waschen wollen, bereits in den Waschsalon gehen, könnten Sie das Glück haben, daß Sie einen Socken erwischen, den Sie dann später vermissen werden. Falls er dann beim Sortieren verlorengehen sollte, können Sie ihn einfach aus der Tasche ziehen. Socken verschwinden natürlich auch zu Hause, aber weil eine einzelne Waschmaschine weniger vibriert, passiert das nicht so häufig.

erst einmal Ihre Frequenz der des Wurmloches angepaßt haben, können Sie an jeden Zeitpunkt in der Erdvergangenheit reisen.

DER PUNKT, AN DEM SICH WISSENSCHAFT UND GESCHICHTE TREFFEN

Zeitreisen gibt uns die Möglichkeit, die Dinge der Vergangenheit zu sehen, zu hören, zu fühlen, zu riechen und selbst zu erfahren. Viele vorsichtige Zeitreisende fragen: »Kann ich versehentlich (oder auch absichtlich) die Vergangenheit ändern? Werden meine Familienmitglieder aus Fotos verschwinden, wie Michael J. Foxs' Geschwister in dem Film »Zurück in die Zukunft«? Die Antwort ist ein klares »Nein!« und ein unzweideutiges »Ja!« Wenn Sie versuchen, die Vergangenheit zu ändern, passiert eins der folgenden drei Dinge:

Erstens werden die äußeren Umstände sich gegen Sie verschwören und Ihnen einen Strich durch die Rechnung machen; Sie werden nichts ändern. Die Geschichte wird weitergehen, wie wir sie kennen.

Oder zweitens erschaffen Sie eine parallele Welt, die unserer eigenen ähnlich ist, aber eine andere Geschichte hat. Es kann vorkommen, daß Sie nicht in die Welt zurückkönnen, die Sie kennen und lieben.

Oder Sie werden drittens herausfinden, daß Ihre Gegenwart Teil der Geschichte ist und daß Ihre persönliche Handlungen eher zum Dreh- und Angelpunkt der Geschichte werden, statt sie zu ändern.

Der sich bewegende Finger schreibt . . .

Drei Agenten des Mossad, des israelischen Geheimdienstes, hatten sich verschworen, Adolf Hitler zu töten, bevor er an die Macht kam. Die elfjährige Tamar Bar-Lev verließ das einundzwanzigste Jahrhundert und reiste ins Jahr 1902. Sie wurde Schulkameradin von Adolf Schicklgruber, starb aber während einer Grippeepidemie, wenige Tage bevor sie ihren Plan ausführen konnte. Yaakov Ben-Yehudi sollte Hitler in dem Gefecht ermorden, das bei seinem Machtübernahmeversuch der bayerischen Regierung, dem Bierzeltputsch des 9. November 1923, entstand. Als Sturmreiter verkleidet sollte Ben-Yehudi Hitlers Leibgarde ablenken, indem er vortäuschte, den Führer vor einem Heckenschützen zu retten, um ihn dann selbst zu erschießen. Unglücklicherweise hatte er zuviel Bier getrunken und wurde erst Stunden nachdem Hitler den Schauplatz verlassen hatte, bewußtlos unter einem Tisch aufgefunden. Gegen Bar-Levs und Ben-Yehudis Versuche, die Geschichte zu verändern, hatten sich die Umstände verschworen.

Der dritte Mann, Oren Herzl, kehrte gar nicht erst von seinem Versuch zurück, die Behörden davon zu überzeugen, daß sein Versuch, Hitler zu ermorden, geglückt war, als der noch das Leben eines hungernden Künstlers im Wien des Jahres 1908 fristete. Der Plan war einfach: Auf ihn zugehen und ihn mit einem Kernschuß niederstrecken. Hätte Herzl Erfolg gehabt, so hätte er ein paralleles Universum geschaffen, eines, das möglicherweise ohne den Holocaust ausgekommen wäre. Leider kann er nicht wissen, daß unsere Welt ohne ihn weiterging. Und die Moral von der Geschicht': Was die Geschichte zusammengefügt hat, das soll der Mensch nicht trennen – es sei denn, er will ein paralleles Universum erschaffen.

Ein Platz im Geschichtsbuch

Ein weiterer Versuch, die Geschichte zu ändern, schlug fehl, als Ashley Smithers, ein loyaler Südstaatler der Gegenwart versuchte, die Chancen der eigenen Seite im Bürgerkrieg der Vereinigten Staaten zu verbessern. Er wollte verhindern, daß das Konföderiertenregiment von Nord-Carolina irrtümlich ihren durchaus talentierten Regimentsführer, General Thomas, mit dem Spitznamen »Stonewall« (Steinwand) Jackson, erschoß.

Smithers kam in der Nacht des 2. Mai 1863 an, gerade rechtzeitig zur Schlacht von Chancellorsville. Wegen eines Fehlers bei der Berechnung der geographischen Breite fand er sich allerdings 12 Meilen vom Schlachtfeld entfernt wieder. Er rannte zum Schauplatz, aber weil er erst nach Beendigung der Schlacht dort ankam, dachte er, es wäre schon zu spät, den verhängnisvollen Schuß zu verhindern. In Wirklichkeit kam er gerade im rechten Moment. Ashley Smithers war der Mann, den die Historiker nie so recht einordnen konnten. Er war es, der den General rief und die Ereignisse in Bewegung brachte, die schließlich in der irrtümlichen Erschießung des Generals durch seine eigenen Truppen endeten.

Obwohl es unmöglich ist, die Vergangenheit zu verändern, gab es immer Eindringlinge, deren Taten ein fester Bestandteil der Geschichte geworden sind. An der Geschichte teilzuhaben, wie es hier beschrieben wurde, ist nicht nur möglich, sondern wichtig für den Lauf der Dinge und der Zeit. Ein Reisender kann zurück in die Vergangenheit gehen und die Geschichte beeinflussen, solange diese Veränderungen schon Teil der Geschichte sind. Besucher aus der Zukunft haben schon immer zur Weltgeschichte beigetragen.

Ein Elefant, ein Elefant, ein Königreich für einen Elefanten

Stellen Sie sich einmal vor, Sie gingen zurück ins zweite Jahrhundert vor Christus und schlössen sich Hannibals Armee im zweiten Punischen Krieg an. Die Karthager wissen nicht, was sie wohl als nächstes tun sollen, also schlagen Sie vor, die Alpen zu überqueren und dabei ein paar Elefanten mitzunehmen. Da Hannibal ohnehin die Alpen mit Elefanten überquert hat, verändern Sie die Geschichte nicht. Es ist sogar eher wahrscheinlich, daß Sie diesen Plan überhaupt erst vorgeschlagen haben. Sie haben nichts verändert, Sie haben nur dabei geholfen, es geschehen zu lassen. Es hätte allerdings keinen Sinn, zurückzugehen und Hannibal die Alpenüberquerung wieder auszureden, weil wir ja wissen, daß es in dieser Welt tatsächlich passiert ist.

Ein Pferd, ein Pferd, ein Königreich für ein Pferd

Überraschend viele Ereignisse, viele davon mit Langzeitwirkung, wurden von Zeitreisenden herbeigeführt. Beispielsweise wurde im achtzehnten Jahrhundert ein arabisches Pferd nach England gebracht. Das Pferd war nach der langen Reise in einer derart schlechten Verfassung, daß es trotz seiner untadeligen Zucht als Kutschenpferd an den Earl von Godolphin verkauft wurde. Der arme Hengst hätte sicher sein restliches Leben unter diesen unglücklichen Um-

ständen verbracht, wäre nicht einer der glücklichsten Zufälle der Pferdegeschichte passiert. Der Araber paarte sich zufällig mit Roxana, einer der besten Stuten des Earls, und das daraus resultierende Fohlen konnte schneller laufen als alles andere im ganzen Land. Der Godolphinsche Araber begründete die Zucht, die wir heute Vollblut nennen. Das war aber gar nicht so zufällig. Der Hengst wurde von einer Pferdeliebhaberin aus dem zwanzigsten Jahrhundert in Roxanas Koppel gebracht. Sie hat die Geschichte nicht geändert, sie erfüllte lediglich, was bereits Teil unserer Geschichte ist.

DER HANDEL MIT DER ZUKUNFT

Warum kann man nicht in die Zukunft reisen, feststellen, welche Aktien steigen, zurückkehren und rechtzeitig kaufen und dann steinreich werden? Es gibt Gesetze, die es verbieten, in die Zukunft zu reisen und wieder in die Gegenwart zurückzukommen. Aber das hat nicht nur mit der weiterentwickelten Form der ungerechtfertigten Vorteilsnahme/Insiderhandel zu tun. Weitergehendes Wissen über die Folgen unserer gegenwärtigen wirtschaftlichen, militärischen und finanziellen Entscheidungen könnten unsere Zukunft ruinieren. Die potentiellen Mißbrauchsmöglichkeiten dieser Informationen sind phänomenal. Daher ist es illegal, Software zu besitzen oder zu verkaufen, die den Zugang zur Zukunft verschafft.

Man kann legal zeitlich vorwärts reisen, aber nur, wenn man auswandert und nicht beabsichtigt, zurückzukommen.

Obendrein kann es riskant sein, in die Zukunft zu reisen. Wenn Sie rückwärts in die Erdvergangenheit reisen, bringen Sie die Wurmlöcher nur in die Vergangenheit der eigenen Welt, die wir Heimat nennen. Die Maschine findet dann den Weg zurück in die Zukunft, aus der Sie gekommen sind. Wenn Sie aber heutzutage losfahren, kann die Maschine eine unendliche Zahl möglicher Zukunften wiederfinden. Welchen Weg diese Welt nehmen wird, hängt von dem Zusammenspiel der Fähigkeiten der Menschen ab, das Universum unter Kontrolle zu halten, von Gottes Ewigem Plan, von der Richtung, in die bestimmte atomare Partikel sich zu springen entscheiden, und davon, wie gut die Clubs in der nächsten Saison spielen. Also: Sie können mit einer Zeitmaschine in die Zukunft reisen, aber man weiß nicht genau, wo man ankommt: Es könnte die Zukunft der Erde sein, oder die Zukunft einer parallelen Erde, deren Wurmlöcher Sie vielleicht nach Hause bringen – vielleicht aber auch nicht.

Also nehmen wir einmal an, Sie hätten einen verrückten Professor beschwatzt, Ihnen einen Zeitgürtel zu basteln, mit dem Sie in die Zukunft reisen könnten, um dort einige vielversprechende Aktienkurse aus der *New York Times* oder dem *Wall Street Journal* nachsehen zu können (so hießen die beiden Zeitungen noch vor der Fusion von 1998). Und lassen Sie uns das kaum Anzunehmende mutmaßen, daß Sie es tatsächlich schaffen, wieder zu Hause anzukommen, und nicht im Universum nebenan. Wenn Sie jetzt die Aktien kaufen und diese nicht so steigen wie geplant – was ist dann schiefgegangen? Es gibt keine Garantie, daß die Zukunft, die Sie besucht haben, auch unsere Zukunft ist. Die Börsenentwicklung in einem parallelen Universum muß nicht auch in dem eigenen passieren. In den Aktienmarkt zu investieren ist und bleibt eben ein Glücksspiel. Nur mit wieviel Sie spielen, ändert sich, wenn Sie eine Reise in die Zukunft machen.

Sogar wenn Sie und Ihr verrückter Professor es geschafft haben, vor ansteigenden Kursen in die Zukunft zu reisen, würden Sie bestimmt merken, daß die Gebühren für die Aktien ungefähr ihrem ausgemachten Gewinn entsprechen. Und vergessen Sie den alten Tresortrick, der funktioniert bestimmt auch nicht.

WIEVIEL ZEIT MAN ZUM REISEN EINKALKULIEREN MUSS

Eine weitverbreitete Angst geht bei Neulingen um, daß das Zeitreisen den Alterungsprozeß des Körpers beeinflußt oder, daß man entweder jünger oder älter wird, wenn man reist. Von der physikalischen Seite des Alterns her betrachtet, macht es keinen Unterschied, ob man zwei Wochen lang (eigener Heimatzeit) ins sechste Jahrhundert oder nach Hawaii fährt.

Während Sie sich auf der Reise befinden, sind Sie jenseits der vier Dimensionen in denen wir normalerweise leben. Sie altern also nicht, während Sie sich im Durchgangsstadium befinden. Kommen Sie erst einmal in der Bestimmungszeit an, dann ist Ihr Körper denselben Kräften ausgesetzt wie alle anderen Körper der jeweiligen Zeit. Wenn Sie also einen Monat lang im sechzehnten Jahrhundert bleiben, dann altern Sie dort auch um einen normalen Monat. Wenn Sie dann in Ihre Heimatzeit zurückkommen, sind Sie eben einen Monat älter. Es gibt keinen Jungbrunnen-Effekt, keine Chance, die natürliche Lebensspanne, um Monate oder gar Jahre zu verlängern oder zu verkürzen. Ihre innere Uhr verliert nicht den roten Faden, bloß weil Sie sich woanders herumtreiben. Sie werden um nichts jünger oder älter wenn Sie durch die Zeit reisen, genauso wie Sie keinen Tag gewinnen, wenn Sie die internationale Datumslinie überqueren.

Da Sie sich außerhalb der Zeitdimension bewegen, unterliegen Sie nicht dem Paradox der Zwillinge (siehe Seite 13). Anders als Bobbi und

BLITZARTIG ZURÜCK?

Zeitreisen, egal wie weit sie in die Vergangenheit fahren, erscheinen uns augenblickhaft. Nach allem, was wir wissen, kann ein Zeitgürtel Jahre benötigen, um einen Passagier in die Vergangenheit zu befördern, aber wir haben nichts, mit dem wir die verstrichene Zeit messen könnten.Das trifft auch für die Rückfahrt zu. Weil es unserem Bewußtsein augenblicklich erscheint,und da unsere Körper im Durchgangsstadium nicht altern, können wir nur annehmen (möglicherweise fälschlich), daß der Transport im Nu stattfindet.

Jennifer werden Sie feststellen, daß Sie um gewöhnliche zwei Wochen gealtert sind, wenn Sie von einem zweiwöchigen Trip durch die Zeit wiederkommen. Wenn Sie es einrichten, daß Sie zwei Wochen unterwegs sind, werden inzwischen zwei Wochen in der Gegenwart vergehen, und Sie werden genauso altern wie Ihre Freunde und Verwandten.

DAS STIEFELSCHLAUFEN-SYNDROM

Obwohl man nicht jüger werden kann, kann man doch eine Menge Spaß haben, wenn man in seiner eigenen Vergangenheit herumstöbert. Man kann einige Zeit darauf verwenden, sich selbst zu beobachten, ja sogar mit sich selbst zu sprechen, als man noch jünger war. Gehen Sie zurück und seien Sie dieser Musiknachhilfelehrer, der Ihnen die Welt des Klavierspielens eröffnete, als Sie sieben Jahre alt waren. Oder seien Sie die alte Dame, die Ihrem Vater 100 Dollar schenkte, damit er Ihnen ein tolles Geburtstagsgeschenk kaufen konnte, obwohl er gerade seinen Job in der Mühle verloren hatte.

Obwohl es sehr viel Spaß macht, kann es auch beunruhigende Folgen haben, sich selbst in der Kindheit zu besuchen. Viele Zeitreisende werden seither das schleichende Gefühl nicht mehr los, beobachtet zu werden. Vielleicht ist das häßliche alte Weib dort auf der Bank mein älteres Selbst, das mich als Karrierefrau ausspioniert, wie ich gerade mit mir als kleinem Mädchen spreche? Jedesmal, wenn Sie jemanden treffen, der auch nur annähernd dieselbe Größe und Haarfarbe hat wie Sie und der zufällig auch noch älter ist, werden Sie denken: Ist diese Person da wirklich mein älteres Selbst, das zurückgekehrt ist, um in meinem Leben mitzumischen? Es ist eine nicht näher zu beschreibende, unangenehme Situation, aber eine, die viele Reisende hin und wieder erfahren.

Wenn es auch unlogisch erscheint, erkennt der durchschnittliche Reisende sich selbst als ältere Version nicht. Vielleicht geschieht das aus natürlicher Eitelkeit: die meisten wollen nicht ans Älterwerden denken. Psychologen nennen dieses Phänomen das Stiefelschlaufen-Syndrom, so benannt nach einer Kurzgeschichte mit dem Titel »Mit seiner Stiefelschlaufe« eines gewissen Robert Heinlien (siehe Anhang). Die Idee ist einfach: Das Stiefelschlaufen-Syndrom ist die Unfähigkeit einer Person, sich selbst zu erkennen, wenn sie älter ist.

DIE AUFHEBUNG DES KAUSALPRINZIPS UND DAS GROSSVATERPARADOX

In den frühen Jahren der Zeitreisenforschung war das Problem der Aufhebung des Kausalprinzips von großem Interesse. Es gab eine Anzahl von Geschichten, hauptsächlich Science-fiction, über einen Reisenden, der nieste, dadurch einen Virus verbreitete, gegen den es noch keine Antikörper gab und so versehentlich eine ganze Spezies ausrottete. Der Umgang mit den Eltern und Verwandten wurde als gefährlich erachtet. Wenn Sie zum Beispiel eine Generation zurückgingen und ihre Mutter töteten, als sie noch ein Kind war, würden Sie nie geboren werden. Wenn Sie aber nie geboren würden, wie könnten Sie dann zurückgehen und Ihre Mutter umbringen. Würde Ihre Mutter leben, Ihnen das Leben schenken, nur damit Sie sie umbringen können? Science-fiction-Autoren, die sich an dieser Art Logik ergötzen, nennen das gemeinhin das Großvaterparadox.

Na schön. Sie müssen also aufpassen, daß Sie nicht Ihre eigene Mutter umbringen, aber stellen Sie sich mal vor, ein anderer täte das für Sie. Jemand fährt zurück, und wie es der Zufall will, bringt er rein zufällig Ihre Mutter um – oder er verhindert, daß sie Ihren Vater kennenlernt. Keine Sorge: So etwas würde in unserem Universum niemals geschehen. In unserer Welt hat Ihre Mutter Ihnen das Leben geschenkt, und dabei bleibt es. Basta! Verbringen Sie also keine schlaflosen Nächte mit dem Gedanken, daß Sie eines Tages aufwachen und feststellen müssen, daß Sie ein Opfer der Aufhebung des Kausalprinzips geworden sind. Das kommt nicht vor.

Sie könnten jedoch den Familienstammbaum kräftig erschüttern, indem Sie denjenigen umbringen, den Sie immer für Ihren Großvater gehalten haben. Wenn das passiert, dann hat die Familie sich darin geirrt, wer tatsächlich ihr Goßvater war. Das könnte auch heißen, daß Ihre Großmutter -lang ist's her- ein klein wenig geflunkert hat.

MAN KANN VON HIER AUS DORT HINREISEN

Es gab eine Zeit, etwa zu Beginn des 20. Jahrhunderts, als man eine Menge Überzeugungskraft darauf verwandte, den Leuten die Vorzüge des motorisierten Transports gegenüber Pferdekutschen zu verdeutlichen. Bald darauf hatten sich die Leute ziemlich gut an das Autofahren gewöhnt und kümmerten sich nicht mehr um all das Gerede. Genauso war es mit dem Reisen durch die Zeit. Anfänglich machte man sich noch Sorgen, ob das auch alles klappt und ob es solche Dinge wie die Aufhebung des Kausalprinzips oder Paradoxe vielleicht doch gibt. Nach ein oder zwei Reisen verschwinden diese Bedenken, und die Aufmerksamkeit richtet sich auf Themen wie das völlige Fehlen anständiger Restaurants vor dem Jahr 1900 oder welche Uraufführung von Shakespeares Hamlet nun die beste war.

Nun, da Sie wissen, daß es theoretisch, wissenschaftlich und logisch möglich ist, von hier und jetzt in die Vergangenheit zu reisen, lassen Sie uns einmal die beste Art zu reisen genauer untersuchen, um zu sehen, wann es wo am schönsten war. Für uns gibt es mehrere Methoden, Erfahrungen beim Zeitreisen zu sammeln. Jede ist auf ihre Art eine Herausforderung und lohnend.

KAPITEL ZWEI

ZEIT-
MASCHINEN

Das Ding, das der Zeitreisende in seiner Hand hielt,
war ein glitzerndes metallisches Gebilde, kaum größer als
eine kleine Uhr und sehr zerbrechlich gearbeitet.
Es gab Elfenbein darin und eine
transparente kristalline Substanz. . . .
»Dieses kleine Ding«, sagte der Zeitreisende
»ist mein Modell für eine Maschine,
mit der ich durch die Zeit reisen kann.«

H. WELLS
Die Zeitmaschine

Der Regisseur George Pal baute diese Zeitmaschine nach eigenem Entwurf. Sie bleibt ein Klassiker im Fahrzeugbau und hat seither viele selbstgebaute Maschinen angeregt.

Eine gewisse Grundkenntnis der Technik und der Geschichte des Zeitreisens ist für Leser nützlich, die noch keinerlei Erfahrung mit diesem Transportmittel haben. Wenn Sie erst einmal eine einzige Reise gemacht haben, wird aus der Frage: »Wie mache ich das?« bald die Frage: »Wo kriege ich eine solche Maschine?« Die gute Nachricht ist: Es gibt Zeitmaschinen für jeden Reisenden. Die schlechte Nachricht ist: Es gibt sie erst ab 2010, obwohl einige Bewohner früherer Zeiten es trotzdem geschafft haben, sich Zugang dazu (und zu Time Cards) zu verschaffen.

Es gibt vier Klassen von Zeitreiseausstattungen, und jede davon ist für bestimmte Zwecke gedacht. In jeder Klasse gibt es Grundmodelle, und bessere Modelle gibt es zu Vorzugspreisen. Die Klassen sind wie folgt aufgeteilt:

- Zeitfernsehgeräte
- Chronovisionsichtgeräte
- Zeitgürtel
- Zeitfahrzeuge

Während die Mehrzahl der Reisenden ihre Ausrüstung lieber kauft, kann man Zeitfahrzeuge auch mieten.

Zeitfernseher

Kurz nach der Entwicklung der ersten Zeitmaschinen, in den Jahren 2010 bis 2012, wurden Taschenvideokameras in die Vergangenheit geschmuggelt. Hunderte von Bändern wurden aufgenommen und zurück in die Gegenwart mitgebracht. Dabei gab es auch einige Mißgeschicke: Der indiskrete Einsatz einer Videokamera kostete mindestens einem Zeitreisenden in England unter Heinrich VIII. den Kopf. Ein anderer ehemaliger Videograph besuchte das Vor-Perrysche Japan, wo er mit seiner Kamera aufgestellt und anschließend von einem Samurai, der die überraschte Dorfbevölkerung schützen wollte, niedergemetzelt wurde.

Rückblickend betrachtet, sind die früheren Videoaufnahmen von Amateurfilmern nur als historisches Dokument über die frühe Zeitreisekultur interessant. Desweiteren wurden sie mit schlechter Kameraführung und ohne Nahaufnahmen schlecht inszeniert. Es gibt keine erzählte Handlung, es kann also manchmal schwer werden, der Handlung zu folgen, speziell wenn man die Sprache nicht spricht. Trotzdem wurden bereits mehr als 100 000 Bänder der Kreuzigung und 40 000 Aufnahmen von Lincolns Rede bei Gettysburg verkauft.

Am 1. Januar 2015 übernahm die Bundes-Zeitreise-Kommission (FTTC) die Kontrolle über alle Zeitreiseaktivitäten in den Vereinigten Staaten. Innerhalb von zwei Jahren hatten alle anderen Regierungen ähnliche Einrichtungen geschaffen. Um keine Zeit zu verlieren, reisten Abgeordnete aller Agenturen zurück ins Jahr 2010 und benötigten fast vier Jahre, um die Bestimmungen für eine globale Zollbehörde auszuarbeiten. Die Bestimmungen wurden ins Jahr 2017 gebracht und traten im Jahre 2018 in Kraft. Die Vereinigung ausländischer Agenturen, die 2017 gegründet wurde, nennt sich Internationales Büro für Zeit und Raum, IBTAS.

Einer der ersten Beschlüsse der Zeitreise-Kommission (FTTC) war die Lizenzvergabe an einige professionelle Videomannschaften, die die Vergangenheit bereisen sollten, um wichtige Ereignisse für das moderne Zeitfernsehen aufzunehmen. Man einigte sich darauf, daß immer eine Mannschaft eine bestimmte Ära besucht. Die Aufnahmen sind Eigentum des FTTC; sie werden privaten Gesellschaften zum Gebrauch in Büchern, Filmen, Fernsehsendungen oder anderen Medien überlassen. Der Erlös kommt der Erforschung von Zeitreisen zugute.

Zeitfernseh-Software

Zeitfernseh-Software ist auf Videokassetten und Zeitfernseh-Videokarten erhältlich. Wir bevorzugen Karten, weil diese sie die doppelte Information aufnehmen können und pro Einheit nur die Hälfte kosten. Es gibt inzwischen ca. 200 Zeitfernsehkarten, meist zu Themen des Allgemeinwissens. Die meisten sind über verschiedene Verlage erhältlich mit geringen Abweichungen bei der Qualität des Inhalts oder der erzählten Handlung. Die ersten 100 Titel wurden zu Weihnachten 2017 herausgebracht. Das FTTC erlaubt nur fünf neue Titel jährlich, also gibt es jetzt etwa 200 davon.

Die Auswahl der Ereignisse für das Zeitfernsehen wird von einem beratenden Gremium aus Pädagogen und Historikern getroffen. Deshalb liest sich der Katalog mehr wie eine Chronik der Weltgeschichte als eine Liste der Ereignisse, die man sehen möchte. Es herrscht strenge Zensur: Kriege werden selten als gewaltsam dargestellt, es gibt keine Nackten, noch nicht einmal in den frühesten Mittelmeerkulturen. Ereignisse, die Minderheiten in einem schlechten Licht darstellen, werden nicht einmal in Erwägung gezogen, egal welche historische Bedeutung sie haben. Ereignisse, die bereits hinreichend von Fernsehteams abgehandelt wurden, wie z. B. NASA-Abschüsse und Weltspiele, werden nicht aufgenommen.

Es sind auch importierte Zeitfernsehkarten erhältlich, aber die ausländischen Listen sehen auch nicht anders aus als unsere. Die ausgefallenen Titel sind meist nur von örtlich begrenztem Interesse. So ist z.B. einer von Kanadas beliebtesten Titeln die Besiedlung von Quebec. Importe über den Sturm auf die Bastille waren fast ein Jahrzehnt lang sehr gefragt. Die Diplomatie hat bisher allerdings verhindert, daß ein amerikanisches Filmteam eine neue Version für unseren Geschmack dreht. Jedes Land hat seine eigenen Ansichten zu Gewalt, Nacktheit und der Auswahl angemessener Ereignisse. Man kann also einige interessante Variationen finden, wenn man ein wenig herumstöbert. Der Zeitfernseh-Hauptkatalog, der in den meisten Bibliotheken ausliegt, ist die beste Quelle.

Das Leben und Lieben Heinrichs VIII. Eine Zeitfernsehkarte in ihrer Hülle. Sie hat ungefähr die Größe einer Kreditkarte.

ZEITFERNSEH-MUSTERKATALOG

Hier ist eine repräsentative Auswahl aktueller Titel:

DIE ERBAUUNG DER PYRAMIDEN VON GIZEH: Eine faszinierende Studie der Arbeitstechnik. Sehen Sie es sich einmal an, und Sie können sich eine Vorstellung davon machen.

MOSES ERHÄLT DIE ZEHN GEBOTE: Das Herabsteigen vom Sinai mit den Tafeln in seinen Händen. Moses übertreibt etwas, oben und auch später, als er das Lamm sieht.

HOMERS ODYSSEE (Doppelkarte): Der alte Mann spricht endlos. Das Buch ist besser.

SZENEN DER ERSTEN OLYMPISCHEN SPIELE: Wirkt, als träfe sich eine Clique von Gymnasiasten. David Wolper, wo bist du?

TRIUMPHZUG DES JULIUS CAESAR: Beim erstenmal ehrfurchterregend, beim zweitenmal interessant, beim drittenmal öde.

REISEN MIT DEM HEILIGEN PAULUS: Die Verbreitung des Christentums. Es ist schwer, den Text zu verstehen, aber die Ideen kommen klar rüber.

DIE ERSTEN VIER KREUZZÜGE: Wirkt wie eine Ausrede für den Krieg mit dürftigem religiösen Anstrich (die meisten gewalttätigen Szenen sind rausgeschnitten). Die Ritter des ersten Kreuzzuges sind eindrucksvoll.

MIT CHRISTOPH COLUMBUS UNTERWEGS: Fängt mit Isabella und Fred an, dann folgt eine schrecklich langweilige Reise auf winzigen Schiffchen. Das Aufstellen der Flagge nimmt uns jedesmal wieder mit. Die Indianer sehen dabei aber nicht glücklich aus.

LEBEN UND LIEBEN HEINRICHS VIII.: Immer beliebt, wegen des Essens, des Weines und der bloßen Größe des Mannes.

SHAKESPEARE IM GLOBE: HAMLET: Klaus-Maria macht's besser, aber der Menge macht's Spaß. Erwischen Sie Willi höchstpersönlich als Geist.

LOUIS XIV. IN VERSAILLES: Für Louis ist schon das Aufstehen am Morgen ein Prunkfest. Denken Sie daran, daß die Bauern alles bezahlen müssen.

VOR DEM WEISSEN MANN: AMERIKANISCHE ANSICHTEN EINES INDIANERS (Doppelkarte): Prächtige Filmlänge, schwere Schuldgefühle.

MOZART: DIE ZAUBERFLÖTE: Wenige Abende nach der Premiere im September 1791. Wolfgang treibt seine Scherze in den Kulissen und spielt das Glockenspiel absichtlich falsch, um Papageno auf der Bühne durcheinanderzubringen.

GESCHICHTEN ÜBER TAPFERKEIT: George Washington in Valley Forge: Vogelscheuchentruppen – erstaunlich, daß die Jungs auf unserer Seite gewonnen haben.

DAS LEBEN IN MONTICELLO: Um Klassen besser als die heutige Touristenführung, weil hier Jefferson der Fremdenführer ist.

DENK ZURÜCK AN ALAMO (Februar 1836): Eine der wenigen gewalttätigen Zeitfernsehkarten. Bowie und Crocket verdienen ihren legendären Ruf. Sie zeigen uns einen großartigen Kampf.

KOMMANDANT PERRY IN JAPAN: Wenn man bedenkt, was seitdem passiert ist, sind die Japaner hier erstaunlich provinziell.

DER TOD PRÄSIDENT LINCOLNS
(14.April–3.Mai 1865): Majestätisch
traurig von der Schießerei bei Ford's
bis hin zum letzten Halt in Springfield.

AMERIKAS HUNDERTSTER GE-
BURTSTAG (4.Juli 1876): Keine
Überraschungen – eine Menge
Paraden, großartiges Feuerwerk.
Besser als der Geburtstag von 1976.

DER AUSBRUCH DES KRAKATAU:
Das schönste aller Feuerwerke. Daß
die Tonaufzeichnung noch nicht
erfunden war, tut dem keinen
Abbruch. Der Welt größter Knall.

BUFFALO BILLS WILDWESTSHOW
MIT ANNIE OAKLEY: Diese Aufführung im Madison Square Garden
hat alles, was eine Show braucht.
Annie ist einfach unglaublich.
(Montag, 23. April 1900, Nachmit-
tagsvorstellung)

DIE WILDEN REITER AUF DEN HÜ-
GELN VON SAN JUAN: Ein wenig
Gewalt, aber der Schwerpunkt liegt
auf Teddy und seinem Führungsstil.
Ein sehr unterhaltsamer Zeitgenosse,
dieser T. R., sogar in der Schlacht.

DIE GEBRÜDER WRIGHT STEIGEN IN
DIE LUFT: Etwas, das Filme besser
können: Das Flugzeug ist winzig
und hüpft bloß 40 Meter weit.

DER »AFFENPROZESS«:
Darrow und Bryan sind riesig, aber
Tracy und March waren besser.
Sehen Sie sich besser den Film an.

AIMEE SEMPLE McPHERSON:
Danach nehmen sich Swaggert,
Graham und der Rest wie Laienpre-
diger aus. Diese Frau hatte Feuer!

RUNDGANG ÜBER DIE WELTAUS-
STELLUNG IN ST. LOUIS:
Eröffnungszeremonie mit Sousas
Band, Salutschüssen vom Hafen und
den ersten Eishörnchen. Es gibt
bessere Ausstellungen, aber keine
bessere Eröffnungsfeier.

AL JOLSON IM BOSTONER OPERN-
HAUS:
Jolie wird ein anerkannter Sänger,
mit einer besonderen Einladung und
einem Symphonieorchester. Mit 17
Liedern, meist Hits. Viel, viel besser
als der Film (18. Mai 1919).

LINDBERGHS TRANSATLANTIK-
FLUG:
Man sieht den Flug eigentlich nicht,
sondern nur den Start und die
Landung – und die anschließende
Parade. Tolle Parade!

BESSIE SMITH:
Ihre Vorstellung vom 1. Februar
1932 in Chicagos Grand Theater
zeigt eine großartige Bessie in ihrer
mittleren Schaffensperiode. Gable
und Lombard sitzen im Publikum.

DAS ENDE DES ZWEITEN WELTKRIE-
GES UND DIE FEIERLICHKEITEN AUS
DEM TIMES SQUARE: Im Vergleich
dazu ist Sylvester öde.

ELVIS AUF DER BÜHNE: DAS RUS-
SWOOD-STADION-KONZERT: Elvis in
Memphis auf dem Gipfel seiner
frühen Karriere (4. Juli 1956).

DIE BEATLES IN HAMBURG: Verschiedene Auftritte im Starclub.
Lautes Publikum, aber die Jungs da
oben singen sich das Herz aus dem
Leib.

DAS NEWPORT-FOLK-FESTIVAL VOM
25. JULI 1965: Die beste Szene:
Dylan wird ausgebuht, als er »auf
elektrisch macht«.

IM OVAL OFFICE : Die fehlenden
Nixon-Bänder; sehen Sie dem
Präsidenten zu, wie er die Original-
bänder bespricht. Einschließlich aller
Fluchwörter.

Zeitfernsehgeräte

Jedes Zeitfernsehgerät hat einen Kartenschlitz und ein Tastenfeld. Ein tragbarer Zeitfernseher wird mit einem kleinen Bildschirm geliefert, der über den Augen und Ohren getragen wird und die Wirklichkeitsnähe verbessert. Tischgeräte werden meist mit einem gewöhnlichen Fernseher verbunden, so wie man es von einem Videorecorder kennt.

Sonys Timeman, ein zweiteiliges tragbares Sichtsystem, ist eines der besten erhältlichen Abspielgeräte. Es hat ungefähr die Größe eines dicken Taschenbuchs, und das Tastenfeld paßt übersichtlich hinein. Der Bildschirm ist oben verkleidet, wie mit einem Deckel. Er wird wie eine Skimaske getragen und ist über den Augen etwa 7 cm dick, davon etwa 3 cm Scharfeinstellung. Dadurch kann man ihn ohne weitere Einstellung benutzen, auch wenn man eine Brille oder Kontaktlinsen trägt.Der Bildschirm selbst ist 10 cm hoch und 17 cm lang, aber er erscheint durch seine konkave Form sogar noch größer. Darüber hinaus macht seine HDTV hochdefinierte Technologie die Bilder sensationell klar. Das Sichtgerät hat auch sechs eingebaute Lautsprecher, zwei vorne, zwei an den Seiten und zwei im rückwärtigen Bügel. Die Lautsprecher erwecken den Eindruck absolut natürlicher Tonwiedergabe. Der rückwärtige Bügel ist einstellbar, und die meisten Leute finden ihn angenehm, auch dann, wenn man sehr lange fernsieht. Für Kinder hat Sony Pläne für ein ähnliches Gerät mit kleinerer Bildfläche.

Sony Timeman

Steckt man die Karte in das Gerät, so erscheint zunächst ein Menü auf dem Bildschirm. Dann kann man mit den Tasten per Nummer den gewünschten Punkt aussuchen und mit der Eingabetaste bestätigen. Oder man kann den Startknopf drücken und dann die Richtungstasten und den Geschwindigkeitsregler benutzen, um sich durch die Ereignisse zu bewegen. Besondere Effekte wie z. B. Zeitlupe, Standbild, Zoom und Überblickfunktion sind Standard. (Wir benutzen die Überblickfunktion oft, um die schwerfälligen Passagen zu überbrücken.)

Wenn Sie Ihren Zeitfernseher in Verbindung mit Ihrem Fernsehgerät benutzen möchten (das meist schmaler ist als der HDTV-Bildschirm im Sichtgerät), können die Richtungstasten dazu benutzt werden, das Bild nach rechts oder links zu verschieben. Das ist aber halb so schlimm, weil die Handlung meist in der Bildmitte stattfindet.

Tischgeräte haben gegenüber tragbaren Geräten zwei entscheidende Vorteile: Erstens sind die Bedienungsfelder größer und daher einfacher zu handhaben. Zweitens sind sie besser geeignet, mit unterschiedlichen Bildschirmen zu arbeiten. Ein HDTV-Bildschirm ist teuer, aber die zusätzliche Bildbreite ist ihren Preis wert. Gewöhnlich wird man einen normalen Fernseher wählen und den Verlust der Bildränder in Kauf nehmen. Bei Tischgeräten gibt es drei Möglichkeiten: a) bewegen Sie die Richtungstasten so, wie Sie es mit einem tragbaren Gerät machen würden; b) bringen Sie einen neutralen grauen Balken oben und unten am Bildrand an, so daß Sie das gesamte Bild in voller Breite sehen können oder, und das ist am besten c) lassen Sie das Gerät den Bildausschnitt auswählen, in dem gerade am meisten los ist. Diese Betriebsart kann man nach Bilddichte oder Bewegung ausrichten. Man kann es auch so programmieren, daß es genau das zeigt, was man sehen möchte (bis zu $1/30$ einer Sekunde). All diese Funktionen können auch durch eine Fernbedienung oder durch die Stimme bedient werden, so wie Sie auch mit Ihrem Videorecorder sprechen.

Der Magnavox Epoch 2000 ist ein gutes Gerät mittlerer Preislage. Auch hatten wir durchgängig gute Ergebnisse mit Geräten von Casio, Zenith, Seiko, Apple und AT & T.

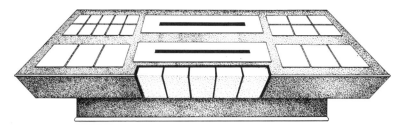

Magnavox Epoch 2000

CHRONOVISION

Obwohl das Zeitfernsehen authentische Einsichten in die größten Ereignisse der Geschichte bietet, bekommt man häufig den Eindruck, man sähe sich einen Billigfilm an. Jemand anders hat die Reise gemacht und deshalb wirkt Zeitfernsehen im Grunde wie Heimvideos ansehen, statt selbst weit weg zu reisen.

Chronovision, der Welt erste wirklich lebensfähige Art durch die Zeit zu reisen, tritt zuerst im Jahre 2022 auf. Es ist ein interaktives Sichtgerät: Sie, der Zuschauer, wählen aus, was Sie sehen möchten. Sesselreisende sind nicht länger an das gebunden, was die Massen interessiert, sondern benutzen die Chronovision, um Ereignisse von persönlichem Interesse zu sehen, wie z. B. Mutters erste Verabredung mit Papa, oder Tortuga zu besuchen, die einstige Heimat der Piraten in der Mitte des 16. Jahrhunderts.

Chronovision nahm ihren Anfang mit dem mißglückten »Super-Schnüffler-Projekt« der US-Armee. Eine Vorform der tachyonischen Hyperleiter-Technologie, die heute für die interaktiven Sichtgeräte bedeutend ist. Sie wurde erforscht, um damit sowjetische Strategieberatungen der Vergangenheit auszukundschaften. Unglücklicherweise entwickelten die Sowjets rasch ein Aufspürsystem, das Übertragungen in andere Zeiten abblockte. In die Zukunft zu sehen, war ebenfalls ein ziemliches Durcheinander, weil die Transmitter sich hoffnungslos in der multidimensionalen Raumzeit verirrten. Diese Technik löste überhaupt nicht ein, was sich das Militär davon erhofft hatte.

Gleichzeitig entwickelte das Battelle Institut ein physikalisches Transportsystem, das die Wurmloch-Technologie berücksichtigte, und vergab an unterschiedliche Hersteller Lizenzen zum Bau von Chronovisionssystemen für wissenschaftliche Zwecke. Die ersten Sichtgeräte waren sperrig und ziemlich teuer, also wurden sie nur von großen Firmen und mit Subventionen für Hochschulen und Universitäten angeschafft. Wie dereinst die ersten Computersysteme wurden sie von mehreren Benutzern für besondere Projekte genutzt und – im Vertrauen natürlich – auch, um mal eben bei Bob Cousy und den Celtics im Boston Garden reinzuschauen oder vielleicht mal eine königliche Hochzeit zu sehen. Die Technik wurde auf dem Campus schnell beliebt, und in der *Times* und in *Newsweek* gab es Titelgeschichten, die die Wogen hochschlagen ließen, weil nun die Möglichkeit bestand, die Vergangenheit zu besuchen, wenn auch nur aus zweiter Hand.

Einige Unternehmer boten private Vorführzellen an, in denen man die Chronovisionsgeräte stundenweise mieten konnte. Überall wurden Franchise-Unternehmen gegründet, doch dann griff das FTTC ein und verbot alles. Ungefähr ein halbes Jahr später wurden dann neue

Computerchips angekündigt, und innerhalb eines Jahres waren bereits die ersten Chronovisionsgeräte zu vernünftigen Preisen auf dem Markt erhältlich.

Der Schlüssel zu allen Chronovisionsgeräten ist ein hoch interaktiver tachyonischer Hyperleiter. Er sieht aus wie ein gewöhnlicher Tischtennisball, deshalb hat man ihm diesen Spitznamen gegeben. Dieser Tischtennisball verläßt das Gerät und bewegt sich dreißigmal in der Sekunde durch die Vergangenheit. Wenn er dort ist, nimmt er ein Bild auf und kommt zum Chronovisionsgerät zurück, wo das Bild dann auf den Bildschirm geleitet wird. Der Tischtennisball erinnert sich dann an die Bewegungsanweisungen, die Sie ihm gegeben haben, und verläßt das Gerät erneut, um einen weiteren Eindruck zu sammeln. Man sieht ein fortlaufendes Bild, weil das menschliche Auge nur etwa zwanzig Bilder pro Sekunde wahrnehmen kann. Das ist das Prinzip bei allen Film- und Fernsehvorführungen, und es funktioniert ebenso beim Zeitsehen (was ja im Prinzip Fernsehen mit vierdimensionalen Videoaufnahmen ist). Der Ball wird in der Vergangenheit nicht gesehen, weil er dort ja nur weniger als $1/30$stel einer Sekunde verweilt. Einige Zeitreisende, die Zeitgürtel oder Fahrzeuge benutzen, behaupten, sie hätten Bälle flimmern sehen, aber die meisten von uns können sie überhaupt nicht sehen.

Das Schöne an der Chronovision ist, daß man eine gute Kontrolle über die Bewegung der Tischtennisbälle hat, bis auf dreißig Zentimeter genau an das Ziel innerhalb einer halben Sekunde. Man betritt die Länge und Breite und das Datum, indem man die Stunden, Minuten und Sekunden dieser Koordinaten genau angibt. Die Verzerrung der Maschinen liegt etwa anderthalb Meter über dem Boden, das läßt sich aber leicht ausgleichen (wie beim Treppensteigen).

In die Koordinaten hineinzukommen, ist einfach aber ein wenig ermüdend. Es gibt drei Raumknöpfe, einen für die geographische Länge, einen für die Breite und einen für das Bodenniveau. Man drückt z. B. nur auf den Längenknopf, tippt die Koordinaten nach Stunden, Minuten und Sekunden ein und drückt dann, wenn man sicher ist, daß man auf ein Hundertstel einer Sekunde richtig liegt, die Eingabetaste, damit man bis auf einen drittel Meter genau ans Ziel kommt. Der vierte Knopf für die Zielzeit wird ähnlich gehandhabt. Wenn Sie sich bei den räumlichen Koordinaten nicht ganz sicher sind, gibt es Bücher und Computerlisten zum Nachschlagen. Die richtige Zeit herauszufinden kann sich aber etwas schwieriger gestalten. Diejenigen von uns, die Heimgeräte benutzen, müssen sich auf Atlanten, Verzeichnisse und Datenbanken verlassen oder direkt mit einem Zeitgürtel hinfahren, um vor Ort nachzuforschen. Darin liegt der große Unterschied zwischen den großen Chronovisionsgeräten und den Heimgeräten: Die teuren

Chronovisionsgeräte

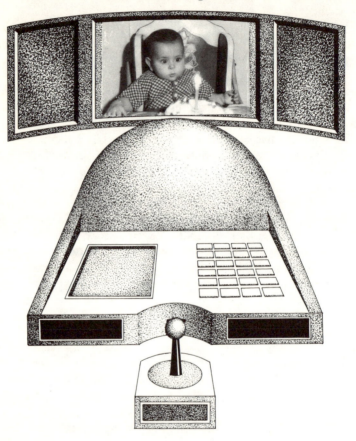

Chronovisionsgeräte werden
wie Tischprojektoren benutzt.
Sie können mit eingebautem
Bildschirm, wie oben, oder
mit einem Wandschirm für
Gruppenvorführungen
(rechts) benutzt werden. Der
Joystick wird benutzt, um
den Tischtennisball auf- und
abwärts, vorwärts und rückwärts zu bewegen. Mit der
Tastatur bedient man die
anderen Funktionen des
Gerätes.

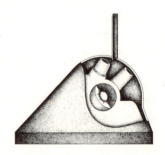

professionellen Geräte verfügen über enorme Mengen an Datensuchmöglichkeiten, ja sogar über Weltgeschichtsdaten für den direkten Zugriff. Mit einem professionellen Chronovisionsgerät könnte man z. B. Thomas Jefferson finden, wenn man irgendeine bekannte Zeit oder einen Ort eingibt. Das System würde sich dann selbst den Weg suchen und augenblicklich bei ihm eintreffen. Bei einem Heimgerät müssen Sie jedoch bis auf wenige Zentimeter genau wissen, wo Jefferson sich zu einem bestimmten Zeitpunkt gerade aufhält, um ihn zu finden.

Die meisten Tastaturen enthalten auch ein numerisches Tastenfeld für Raum- und Zeitkoordinaten sowie einige Richtungstasten, um den Ball genauer zu bewegen, wenn man erst einmal in der richtigen Gegend ist. Weil man sich in vier Dimensionen bewegt, sind die Tasten: aufwärts und abwärts, rechts und links, rückwärtige Ansicht, senkrechte Ansicht (gefolgt von rechts und links), vorher und nachher. Man kann die Vorgaben individuell einstellen oder die vom Hersteller voreingestellten Maße übernehmen (das sind 7cm für Raum und 30 Sekunden für Zeit).

Wenn Sie erst einmal den Ort und die Zeit gefunden haben, an denen Sie anfangen wollen, können Sie sich einfach zurücklehnen und in echter Zeit zusehen. Jede Sekunde, die für Sie vergeht, vergeht auch auf dem Bildschirm.

Wenn Sie einen Ort und eine Zeit finden, die Sie noch einmal besuchen möchten, teilen Sie ihr eine Zahl im Speicher des Gerätes zu. Die meisten Chronovisionsgeräte haben 99 solcher Speicherplätze, die man einprogrammieren kann. Dabei kann jede Einstellung auch wieder gelöscht, verändert oder angepaßt werden, wann immer Sie es wünschen.

»Wie die meisten von uns, die aus der Geschichte lernen,
hat er aus den Fehlern der Vergangenheit gelernt,
wie man neue macht.«

A. J. P. TAYLOR

Besondere Erwägungen

Chronovison ist gewissermaßen Voyeurismus. Im Grunde spionieren Sie Leute aus, die Ihre Anwesenheit nicht bemerken. Der Tischtennisball kann in jeder beliebigen Vergangenheit auftauchen, vorausgesetzt, daß der Platz nicht bereits von einem anderen Gegenstand be-

Das Zeitreise-Koordinatensystem

Zeitreisende benutzen vier Koordinaten, um jede Position in der Raum-Zeit der Erde zu beschreiben. Die Länge mißt den östlichen oder westlichen Abstand zum Nullmeridian einer gedachten Linie, die durch den Nordpol, durch Greenwich in England und durch den Südpol läuft. Die Breite mißt den nördlichen oder südlichen Abstand zum Äquator. Länge, Breite und Zeit werden in Stunden, Minuten und Sekunden von einem bestimmten Punkt aus gemessen. Die Entfernung vom Boden wird in Kilometern, Metern und Zentimetern gemessen.

Diese Koordinaten, in Verbindung mit Daten über die Krümmung der Erdoberfläche, werden von allen Zeitmaschinen benutzt, um genaue Stellen in der Raumzeit zu finden.

Genauso wie es 360° in einem Kreis gibt, gibt es 360° Längengrade, die die Erde in Scheiben aufteilen. In den meisten zivilisierten Gegenden (die Gegenden, die am besten besucht werden), ist jeder Grad zwischen 72 und 105 Kilometer breit. Jeder Grad wird noch einmal in sechzig Minuten unterteilt, der dann, der Einfachheit halber, etwa eineinhalb Kilometer breit ist. Jede Minute hat 60 Sekunden, also knapp 30 Meter. Noch kleinere Abstände werden dezimal ausgedrückt. Ein Beispiel: Wir arbeiten heute alle draußen auf der Veranda. Wir befinden uns bei 76°, 32 Minuten, 4,02 Sekunden westlich (des Nullmeridians) oder in Kurzschrift 76° 32′ 4,02″.

Die Breitengrade sind gleichmäßig verteilt (tatsächlich gibt es einen Unterschied von etwa 4,8 Kilometern zwischen den Graden ganz nah am Äquator und denen, die ganz nah an den Polen sind; aber darum kümmert sich Ihr Computer). Hier ist auch wieder jede Minute ungefähr eineinhalb Kilometer. Die Veranda befindet sich in 42° 10 Minuten 54,3 Sekunden nördlich des Äquators. Das sollte Sie bis auf einen Fuß an Ihr Ziel bringen.

Der Höhenstandard basiert auf dem örtlichen Bodenniveau, nicht auf dem Meeresspiegel. Im Moment arbeiten wir in einer Höhe von ungefähr 1,20 m über dem Boden.

Die vierte Maßangabe, die Sie brauchen, ist die Zeit. Jetzt ist es gerade 7.03.31 abends, östliche Tageszeit am 27. April (Tag 118) im Jahre 2036. Das ist übrigens ein Schaltjahr.

Mit diesen Informationen können Sie bis auf einen Fuß an die Stelle kommen, an der wir gerade arbeiten, bis auf $1/60$stel einer Sekunde genau. Sie erkennen, ob Sie die richtige Zeit und den richtigen Ort gefunden haben, wenn neben uns ein sechswöchiges Baby liegt, das fest schläft. (Es heißt Stephen.)

setzt ist. Bedeutet das, daß der Teenager Johnny schließlich doch noch in den Mädchenumkleideraum oder, noch besser, in Stephanies Schlafzimmer kann? Nein! Wenn das so wäre, gäbe es ja keine Intimsphäre. Man könnte nie sicher sein, daß nicht jemand ein Gespräch mithört oder kleine Indiskretionen herausbekommt. Es ist ja wohl ganz klar, daß das FTTC so etwas nie zulassen würde.

Alle Chronovisionsgeräte sind streng auf Personen und Orte der letzten 75 Jahre beschränkt. Man kann damit nur Ereignisse sehen, die draußen passieren, also an öffentlichen Orten. Wie sich herausgestellt hat, reicht das für die meisten Situationen aus. Das gestattet Ihnen, z. B. ihren Urgroßvater auf der Straße zu sehen, oder aber Ihre Mutter wie sie gerade Ihren Kinderwagen durch den Park schiebt. Und das, ohne dabei irgend jemandes Intimsphäre zu verletzen. Jenseits von 75 Jahren, wenn die Gefahr vorbei ist, Mitmenschen zu bespitzeln, ist es möglich, den Ball auch in die Privatsphäre hinein zu bewegen. Die meisten Chronovisionsgeräte haben auch Software, die die Eltern so programmieren können, daß sie erste Erkennungsmerkmale definieren, die für Kinder und Jugendliche ungeeignet sind, und sie für die Kinder mit einem Sicherheitscode sperren.

Meistens reicht das, aber gewiefte Hacker waren der neuesten Sicherheitstechnik immer schon einen Schritt voraus. Wenn Johnny ein cleverer Junge wäre, könnte er natürlich unerkannt in Stephanies Schlafzimmer, Umkleidekabine oder wohin auch immer es ihm beliebt. Stephanie würde nie wissen, daß sie beobachtet wird. Genauso ist es natürlich auch mit den Sicherheitssystemen nach Erkennungsmerkmalen. Sicher wären die meisten Kinder nicht in der Lage, zu sehen, was ihre Eltern sie nicht sehen lassen wollen, aber ein guter Hacker wird immer die Technik überlisten.

Professionelle Chronovisionsgeräte sind auch eingeschränkt, aber auf eine andere Weise. Das Gerät erstellt ein Echtzeit-Reisetagebuch, das eine Bildschirmseite pro Sekunde ausdruckt. Dieses wird regelmäßig von FTTC-Beauftragten kontrolliert. Hackern ist es einmal gelungen, die Maschine hinter den Punkt in jeder Sekunde springen zu lassen, an dem das Bild aufgenommen wurde, aber durch die Einführung von Zufallsstichproben wurde dieses Spiel beendet. Momentan scheinen die Hacker dieser Technik hinterherzuhinken. Die Erfahrung lehrt uns jedoch, daß das nicht lange so bleiben wird, denn bisher haben die Hacker jedesmal einen Weg gefunden.

Verschiedene Länder haben verschiedene Ansichten darüber, was privat und was öffentlich ist. An bestimmten Orten sind Schwarzmarktgeräte mit ausgebauten Sperren erhältlich, aber ihre Wartung und Reparatur sind ein ständiges Problem, so daß solche Geräte also nicht empfehlenswert sind.

Es gibt eine weitere Einschränkung bei der Chronovision, und das ist die Pflege des Tischtennisballes.

Obwohl er haltbar ist, hält er Situationen mit extremer Strahlung und extremen Temperaturen nicht stand. Bei jedem Besuch überprüft er die jeweilige Temperatur und Radioaktivität. Wenn sie jenseits der Toleranzgrenze liegen, bleibt der Ball im Gerät und wartet auf anderslautende Anweisungen. Glücklicherweise schadet es dem Ball nicht, wenn er kürzer als $1/30$stel einer Sekunde den extremen Bedingungen ausgesetzt ist; deshalb funktioniert dieser automatische Test sehr gut.

Chronovision erlaubt fast uneingeschränkten Zugang zur Vergangenheit, aber in die Zukunft zu sehen ist eine ganz andere Sache. Die Signale kommen durcheinander und mit irreführenden Informationen zurück. Die Forscher bleiben optimistisch, aber der grundlegende Hin-und-her-Charakter der Ball-Technik ist ein großes technisches Problem – eines, das in der absehbaren Zukunft nicht lösbar scheint.

Zeitgürtel

Nach heutigem Standard ist die Chronovisions-Technologie zwar beeindruckend, aber doch auch sehr begrenzt. Kurz nachdem sich die Chronovision in den frühen 20er Jahren als machbar erwiesen hat, erweiterten die Wissenschaftler ihre Kenntnisse über Wurmlöcher und konnten bald erfolgreich Gegenstände in die Vergangenheit zurückschicken, die beträchtlich größer waren als Tischtennisbälle. Die ursprünglichen Versuche mit Überprüfungsreisen und Rückreisen waren zuerst sehr uneinheitlich, aber die dauernden Verbesserungen machte es Timex, dem ersten zeitreisenden Hund, möglich, das Jahr 2025 zu verlassen, 100 Jahre zurückzuspringen, seine Ankunft zu bestätigen und sicher nach Hause zurückzukehren. Tests mit menschlichen Reisenden begannen 2027. Im Jahr 2029 erlaubten das FTTC und viele andere ausländische Agenturen ebenfalls das Reisen mit dem Zeitgürtel. Nun war es jedermann möglich, nicht nur in die Vergangenheit zu sehen, sondern auch hinzufahren.

Die Grundidee eines Zeitgürtels fand ihren Ursprung bei Tests für unbelebte Gegenstände, und seine Entwürfe wurden über die Jahre immer wieder verändert und verbessert. Wir glauben, daß das Reisen mit einem Gürtel eine angenehme Art ist, durch die Zeit zu reisen. Gürtel können leicht verdeckt werden, und doch sind sie stets bei der Hand.

Ein typischer Zeitgürtel ist nicht breiter als 75mm und dünner als 3mm. Man soll ihn unter der Kleidung tragen, direkt auf der Haut. Das hat zwei Gründe: Erstens überprüfen die Sensoren ständig, ob er von der Person getragen wird, an die die Lizenz vergeben wurde. Zweitens ist er so getragen nur dann ein Problem, wenn die Person nackt und nicht allein ist. Wasser, Schmutz und starke elektromagnetische Felder beeinträchtigen seine Funktion nicht. Er ist bequem, und nach wenigen Minuten vergißt man, daß man ihn trägt. Er darf unter keinen Umständen abgelegt werden, wenn Sie nicht zu Hause sind. Wenn Ihre Abenteuer in der Vergangenheit – amouröser Natur oder auch nicht – es doch einmal kurzzeitig nötig machen, so können Sie sicher sein, daß ihn niemand sonst benutzen kann.

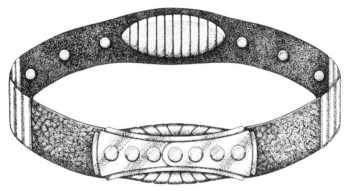

Dieser hochausgefeilte Casio-Zeitgürtel verfügt über sieben berührungsempfindliche Kontrollknöpfe auf der Vorderschnalle, ein aufladbares Energiekissen hinten und 6 kleine Hautsensoren auf der Rückseite des Gürtels. Eine Time Card paßt in einen Schlitz seitlich der Gürtelschnalle.

Standardgürtel enthalten eine ausgefeilte Elektronik und hinreichende Energie, um bis zu 250 Pfund von einer Zeit in die andere und wieder zurück zu bewegen. Wenn Sie mehr wiegen, brauchen Sie einen Maßgürtel. Dafür sind die TIME-OF-YOUR-LIFE-Geschäfte die beste Adresse.

Der Zeitgürtel besteht aus vier Teilen, die alle direkt in den Gürtel eingebaut sind. Der erste Teil ist der Hautsensor, eine Anzahl kleiner Oberflächen, die Ihre Haut abtasten, sie überprüfen und bestätigen, daß Sie die Person sind, die die Lizenz für diesen Gürtel hält. Erhält der Sensor nicht die richtigen Signale, stellt er seine Tätigkeit ein. Ist der automatische Rückreiseknopf eingeschaltet, reist er wieder zurück nach Hause – ob Sie drinstecken oder nicht. Dafür gibt es einen guten Grund: Wenn Sie in der Vergangenheit getötet werden, darf der Gürtel nicht dort zurückbleiben und möglicherweise erforscht werden.

Der zweite Teil ist das dehnbare Band, das den Gürtel automatisch an Ihre Taillenform und an die Körperbewegung anpaßt. Dieses Band ist es, das den Gürtel so bequem macht, auch wenn man ihn länger trägt. Der dritte Teil ist das Kontrollfeld, ein berührungsempfindliches Tastenfeld, das in der Gürtelschnalle liegt. Der vierte Teil ist ein kleiner flacher Bildschirm, der Herkunfts- und Ankunftsdaten anzeigt, Probleme beschreibt und die TIME CARD-Daten anzeigt.

Um einen Zeitgürtel zu benutzen schieben Sie zuerst die TIME CARD in den vorderen Schlitz. Dann binden Sie sich den Gürtel um die Taille, direkt auf die Haut ohne ein Kleidungsstück dazwischen, und dann ziehen Sie ihn fest an. Sie werden eine leichte Vibration fühlen, das ist aber völlig normal, weil sich der Gürtel jetzt Ihren Formen anpaßt. Der Gürtel wird dann eine Hautidentifizierung durchführen, um Ihre Identität zu überprüfen. Falls diese nicht mit der Information auf der TIME CARD übereinstimmt, fällt der Gürtel runter.

Die Hautidentifizierung dauert etwa eine Sekunde, und wenn Sie am Rücken etwas Kaltes fühlen, wissen Sie, daß der Gürtel jetzt startbereit ist. (Die Überprüfung geschieht immer an der Haut, ohne ein Geräusch, damit Sie damit nicht etwa Aufmerksamkeit erregen.)

Von nun an ist der Ablauf ähnlich wie bei der Chronovision. Sie drücken zuerst den Startknopf und geben dann die Koordinaten für Raum und Zeit Ihres Zieles ein. Aus Sicherheitsgründen ist es im Normalfall besser, die automatische Rückreise zu aktivieren. All Ihre Daten werden auf der TIME CARD gespeichert, einschließlich Ihres Ausgangspunktes, Ihres Zieles und Ihrer Identifikations-Lizenz und -Information. Sie haben leichten Zugang zur Karte beim Durchgang durch den Zoll. Ist die Karte aktiviert, führt Sie der Gürtel direkt zum Zoll und danach an Ihr Ziel.

Abgesehen davon, daß man den Gürtel leicht tragen kann, ist der große Vorteil des Reisens mit dem Gürtel vor allem die Gewißheit, daß Sie eine brenzlige Situation mit einem Knopfdruck verlassen können. Aber die Gürtel haben auch ihre Nachteile. Der größte davon: Wenn Sie sich in eine Person aus einer anderen Zeit verlieben, können Sie mit einem Gürtel auf gar keinen Fall zusammen zurückkreisen. Einige Mietgürtel haben auch Gurte, die sich lösen können; das verursacht Probleme bei der Hautabtastung, und wenn der Gürtel den Träger nicht mit der TIME CARD übereinstimmend findet, haut er einfach ab. Deshalb mögen wir keine Mietgürtel. Mieten Sie aber trotzdem einen, versichern Sie sich vor Verlassen des Ladens, daß er auch paßt und in Ordnung ist.

Experimentelle »X-Gürtel«

Die große Hoffnung für Reisen in die Zukunft sind die X-Gürtel, die das erste brauchbare Mittel sind, in jede Zeit und wieder zurück zu reisen. Theoretisch sind X-Gürtel eine neue Suchttechnik, die sicherstellt, daß man denselben Weg zurück nimmt, den man hingefahren ist. Ist das Risiko, zu einer parallelen Welt zurückzukehren, beseitigt, kann das Reisen in die Zukunft bald Wirklichkeit werden. Es gibt sicher noch einige Regeln, die erst noch bestimmt werden müssen, aber wir hoffen, daß das Reisen mit dem X-Gürtel in den nächsten fünf bis zehn Jahren ausgiebig getestet wird. Jedenfalls ist das eine aufregende Aussicht!

ZEITFAHRZEUGE

Mit wenig mehr als einem Gürtel und einem Täschchen mit der jeweiligen Währung zu reisen, ist ziemlich abenteuerlich und daher nur für kurze Ausflüge geeignet. Die meisten Leute bevorzugen aber den Komfort, den ihnen ein Zeitfahrzeug bietet. Mit einem Zeitfahrzeug platzt man nicht einfach in einen Schauplatz hinein, man kommt dort an,ein wenig abseits, in gebührendem Abstand zu den Ereignissen. Man parkt das Fahrzeug an einer unverdächtigen Stelle, peilt die Lage und mischt sich dann unauffällig unters Volk. Wir parken normalerweise ein paar Kilometer vor der Stadt und gehen dann entweder zu Fuß oder nehmen ein örtliches Transportmittel bis an unser eigentliches Ziel. Dabei hoffen wir immer, daß wir nicht unterwegs ausgeraubt werden.

Sogar die kleinsten Zeitfahrzeuge bieten Platz für zwei mittelgroße Taschen und einen Aktenkoffer. Kaufen Sie zu Hause ein, packen Sie sorgfältig und kommen Sie mit allem an, was Sie brauchen. Falls nötig besorgen Sie, was Sie sonst noch brauchen, am Ort. Das ist eine zivilisiertere Art zu Reisen, vorausgesetzt, Sie haben einen sicheren Ort, an dem Sie Ihre Sachen lassen können – oder sie müssen sie überallhin mitschleppen.

Parken ist jedoch ein ständiges Problem. Obwohl es Masken gibt (fragen Sie Ihr Reisebüro oder Ihren Fahrzeugvermieter), kann das plötzliche Erscheinen Ihres Fahrzeugs die Umherstehenden ganz schön erschrecken. Wir schlagen vor, die Umgebung zuvor mittels Chronovision zu überprüfen und einen Parkplatz auszusuchen. Die besseren Zeitfahrzeuge haben ein eingebautes Chronovisionsgerät für diesen Zweck.

Zeitlimousinen sind eine ausgezeichnete Alternative zum Parkproblem, und man kann sie überall mieten. Die Limousine setzt Sie ab und holt Sie zu einem abgesprochenen Zeitpunkt wieder ab. Die Fahrer überprüfen routinemäßig die Situation mit der Chronovision, so kann man auch einmal seine Pläne ändern und eine Nachricht für den Fahrer hinterlassen.

Die Sicherheit ist wichtig. Die Trennung vom Fahrzeug, sei es durch unglückliche Umstände, oder weil man sich einfach verlaufen hat, kann sich zu einer Katastrophe auswachsen. Für diejenigen von uns, die regelmäßig Stunden damit verbringen, ihr Auto in einem Parkhaus wiederzufinden, kann der mögliche Verlust eines Zeitfahrzeuges eine furchterregende Erfahrung sein. Das beste ist es, das Fahrzeug so zu parken, daß man es leicht wiederfindet, auch bei Dunkelheit. Parken Sie es aber auch nicht dort, wo man es zu einfach entdecken kann, sonst kommen Sie zurück und müssen feststellen, das sich die Ortsansässigen darüber hergemacht haben.

Wenn Sie Ihr Fahrzeug verloren haben oder es unbrauchbar geworden ist, versuchen Sie, so nah wie möglich an Ihrem Zielpunkt zu bleiben, damit die Bernhardiner Sie leichter finden können. Übrigens sind die Zollbehörden nicht gerade erpicht auf Leute, die stranden. Probieren Sie es einmal, und lassen Sie es sich eine Warnung sein. Beim zweiten Mal wird Ihnen die Lizenz entzogen.

Zeitlos

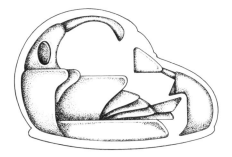

drinnen wie

draußen

Oben sehen Sie unser neuestes Modell. Es sieht ziemlich genau aus wie das Vorjahresmodell, das wiederum so aussieht wie das des Jahres zuvor. Während sich die Konkurrenz auf das äußere Erscheinungsbild konzentriert, arbeiten wir an den inneren Werten – da, wo es drauf ankommt. Deshalb werden Sie in Zeitverwerfungen nicht so durchgeschüttelt, wenn Sie in einem Kronos reisen. Deshalb paßt auch mehr rein (6% mehr als im letzten Jahr, aber unsere Designer sind nie zufrieden). Und deshalb können Sie auch länger mit Kronos-Batterien reisen, ohne sie wieder aufzuladen. Und so weiter und so weiter. Wir von Kronos glauben, daß Reisen durch die Zeit genug Veränderung bedeutet. Einiges sollte, zumindest im äußeren Erscheinungsbild, zeitlos bleiben.

Fahrzeuge für eine Person

Obwohl jeder Hersteller die äußere Gestaltung unterschiedlich angeht, sind die meisten Einzelfahrzeuge von ihrer Funktion und Handhabung her sehr ähnlich. Die Kabine ist klein, je nach Ihrem Geschmack entweder gemütlich oder nüchtern. Sie sind aber jedenfalls nicht länger als ein paar Minuten drin, weil die Reise schnell geht. Der Sitz ist leicht zurückgelehnt, was bequemer ist, wenn die Reise ein bißchen rauh wird. Ihr Gepäck paßt normalerweise unter den Sitz. Der Bereich vor dem Reisenden ist ein Rundumbildschirm, der entweder eine 360°-Fischaugensicht oder eine 180° gewölbte Sicht mit Seitenansichten von vorne, hinten, steuerbord und backbord oder eine Kombination verschiedener Ansichten bietet. Die Armaturen liegen direkt unterhalb des Bildschirms in einem herausnehmbaren Feld, das man leicht neu einstellen kann. Mitdenkende Gurte, die kreuzförmig über dem Körper liegen, benutzen künstliche Intelligenz, um zu unterscheiden, welche der Körperbewegungen natürlich ist und welche zurückgehalten werden muß. Dennoch gibt es Unterschiede zwischen verschiedenen Herstellern. Der aus Deutschland stammende Chronometer z. B., unterscheidet durch seine rollende Zahlenanzeige die Kronos- und BMW-Maschinen von den japanischen Maschinen, die durchgängig digital anzeigen. Der klappbare »Langustenschwanz« der Kronos-Ausstattung ist ungewöhnlich, handwerklich gut gearbeitet und bemerkenswert bequem.

Der neue »Passport« bietet zwei neue entscheidende Designmerkmale für das Aussehen und die Funktion der Einsitzer. Die Außenseite ist, wie ein Chamäleon, mit einer holographischen Oberfläche ausgestattet, die eine realistische Wiedergabe dessen nachempfindet, was sie fühlt oder in der unmittelbaren Umgebung sieht. Das Bild ist zweidimensional; es erscheint jedoch dreidimensional, so erregt es weniger Aufmerksamkeit. Die meisten Fahrzeuge sehen aus wie kleine Blasenautos, aber der »Passport« sieht aus wie ein Keil. Das neue Design soll spritsparender sein und bei eventuellen Turbulenzen oder anderen Störungen ruhiger fahren. Wir haben einen Prototyp getestet und fanden, daß diese Behauptungen zutreffen, allerdings fühlten wir uns in dem keilförmigen Inneren beengter als in einem Standardfahrzeug. Die Ingenieure hielten das für eine normale Reaktion, beeilten sich dennoch schnell, hinzuzufügen, daß die meisten nach ein paar Reisen diese Form bevorzugten. Wir werden sie beim Wort nehmen, aber bisher konnten wir sie noch nicht weiter testen, weil die Herausgabe dieses Buches zunächst vorrangig ist.

PASSPORT

Out of the continuum and into your driveway comes the all-new PASSPORT!
Wedge-shaped for efficiency, the state-of-the-art PASSPORT features our
unique holographic facade, true 360-degree display and high
technology never before available on a personal time machine.
Test drive a PASSPORT today!

Aus dem Unendlichen kreuzt der absolut neue »Passport« Ihren Weg.
Die Keilform macht ihn sparsamer, und die künstlerische Gestaltung zeigt unsere
holographische Oberfläche, eine 360°-Sicht und Hochtechnologie, die bisher
bei Privatmaschinen unerreicht bleibt. Machen Sie noch heute eine Probefahrt
mit »Passport«.

55

Fahrzeuge für mehrere Personen

Allein zu reisen ist schön, wenn man mal einkaufen möchte oder für einen Wochenendausflug, aber mit der Familie oder Freunden zu reisen ist einfach angenehmer. Ein Mehrpersonenfahrzeug zu steuern ist auch nicht schwerer, als einen Einsitzer zu fahren, allerdings ist der Fahrer ist verantwortlich für die Sicherheit der Passagiere.

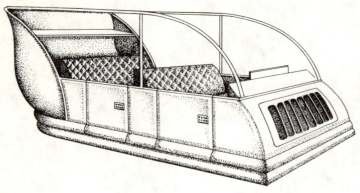

Der Fiat Schlitten, eines der bekannteren Mehrpersonenfahrzeuge. Der Platz reicht für sechs Personen und Gepäck (im Kofferraum).

Sicherheit und Parkplatzsuche sind dabei eine bleibende Herausforderung. Die beste Möglichkeit, die wir gefunden haben, ist der Pendelverkehr. Die Gruppe reist zusammen, der Fahrer setzt alle ab, parkt das Fahrzeug in einer Zeit, zu der gerade Parkplätze frei sind und stößt dann mit Hilfe eines Zeitgürtels wieder zu der Gruppe. Mit guter Koordination kann das innerhalb einer Sekunde passieren, so daß nur geringe Gefahr besteht, einander zu verlieren. Zweisitzer kosten fast doppelt soviel wie Einsitzer, weil sie doppelt soviel Energie brauchen, um zwei Personen zu befördern. Mehrpersonenfahrzeuge für vier, sechs oder acht Passagiere sind sogar noch teurer. Obwohl es sich vernünftig anhört, ein Fahrzeug für die ganze Familie zu kaufen, ist es doch ein teurer Spaß, wenn sie nicht vorhaben, es wirklich regelmäßig, ausgiebig und immer voll besetzt zu benutzen. Für die meisten ist Mieten eine bessere Lösung.

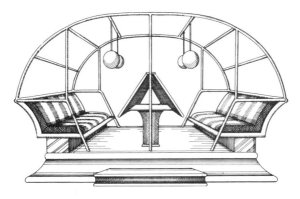

Der Cadillac Flashback, ein elegantes Fahrzeug für vier Personen und mehr.

Standardisierte Zeitmaschinen-Funktionen

Obwohl sich die Handhabung und Ausgestaltung leicht von Maschine zu Maschine unterscheiden kann, benutzen die meisten Hersteller für die allgemein bekannten Funktionen die von der IBTAS vorgeschlagenen Bildsymbole. Diese Zeichen werden Sie auf den meisten Zeitmaschinen im Inland und im Ausland vorfinden.

 • **Ein/Aus:** Wenn Sie die TIME CARD eingeschoben haben und die Maschine eine Hautidentifizierung vorgenommen hat, schaltet sich die Maschine augenblicklich ein.

 • **Systemüberwachung:** Bevor Sie irgendwohin fahren, führt das System einen Selbsttest durch. Falls irgend etwas nicht funktioniert, erscheint eine Fehlermeldung auf dem Bildschirm, gefolgt von der Zeit in Sekunden, die die Maschine benötigt, um die notwendigen Reparaturen durchzuführen. Wenn ein Modularteil verbraucht ist, zeigt die Maschine dieses Teil an und gibt Anweisungen zur Reparatur. Gürtel-Überwachungen sind ganz ähnlich, haben aber Reparatur-Codenummern anstelle von Reparaturanweisungen. Es ist nützlich, die gebräuchlicheren davon zu lernen (z. B. 7= schwache Batterieladung) und die häufiger vorkommenden Reparaturen zu üben. (Schließlich können Sie das Handbuch nicht überallhin mitnehmen.)

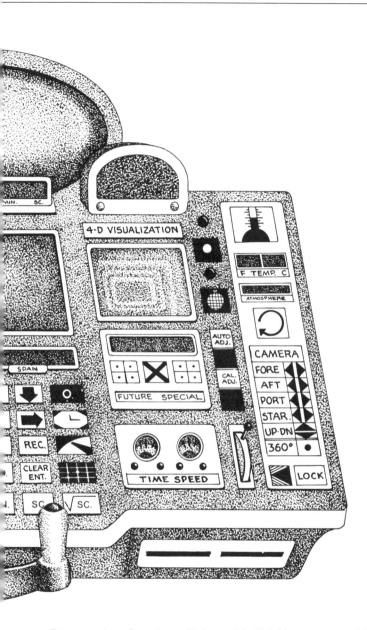

Dieses tragbare Gerät kann direkt an viele Zeitfahrzeuge angeschlossen und/oder als eigenständiges Chronovisionsgerät benutzt werden. Es beruht auf einem frühen Casio-Entwurf, einen, den wir übrigens sehr schätzen.

• **Gewichtsgrenze:** Wenn Sie die Gewichtsgrenze über-schreiten, schlägt Ihnen die Maschine vor, was (oder wen) Sie vorzugsweise zurücklassen sollten.

 • **Notfall-Rückkehr:** Meist brauchen Sie diese Einrichtung gar nicht, aber es ist beruhigend zu wissen, daß sie zum Standard jeder Art von Zeitgürtel oder Zeitfahrzeug gehört. Sie können eine Identifizierung vornehmen lassen und dann auf den Notfallknopf drücken.

 • **Stimmen-Steuerung:** Jeder Befehl, den Sie über Tasten eingeben können, kann auch durch Ihre normale Sprech-stimme ausgeführt werden. Beachten Sie dabei, daß nur Anweisungen von der Person akzeptiert werden, deren TIME CARD benutzt wird. Der Zeitchip enthält ein Stimmenbild zur Identifizierung. Zur Steuerung über die Stimme ist zusätzlich eine Hautfühlprobe erforderlich.

Zeit- und Raum-Kontrolle

Alle diese Einrichtungen gewährleisten, daß man mit der für Zeit-reisen erforderlichen Genauigkeit reist.

 • **Eingabe des aktuellen Datums:** Viele Maschinen wer-den vom Hersteller programmiert; es ist jedoch ratsam, diese Einstellung regelmäßig zu überprüfen, besonders, wenn Sie in Gegenden reisen, die regelmäßig ihr Kalen-dersystem ändern.

 • **Eingabe der Aktueller Räumlichen Position (ARP):** Die Standard-einstellung ist 0°Länge und Breite, was übrigens im Golf von Guinea liegt, (ungefähr 650 km süd-lich von Ghana). Ihr Händler stellt normalerweise die Angaben auf Ihren Wohnort um. Das muß sehr sorgfältig gemacht werden, denn die Maschinen benutzen diese An-gaben für alle weiteren räumlichen Berechnungen. Wenn Sie die ARP einmal eingegeben haben, sichern Sie sie ab und lassen Sie sie in Ruhe! Sollten Sie sich jedoch entsch-ließen, Ihren Ausgangspunkt zu ändern, können Sie die ARP wieder öffnen und die nötigen Änderungen vorneh-men.

• **Auswahl der Gewünschten Zeitlichen Position (GZP):** Das hat sich seit den frühesten Zeitmaschinen nicht geändert. Sie stellen die GZP, ein indem Sie Ihrem Computer Ihr Ziel mitteilen: Das Jahr, das Datum und die Uhrzeit in Stunden, Minuten und Sekunden. Der Computer gibt Ihnen den Wochentag an und die Reisezeit, die Sie brauchen, um an Ihr Ziel zu gelangen. Sind Änderungen erforderlich, weil unterschiedliche Kalender zugrunde liegen, nimmt die Maschine sie automatisch vor.

• **Auswahl der Gewünschten Räumlichen Position (GRP):** Geben Sie die Länge und Breite des gewünschten Ziels an, wie gewohnt in Stunden, Minuten, Sekunden und Hundertstelsekunden. Die dazu notwendigen Informationen müssen Sie aus Landkarten, Atlanten, Büchern oder professionellen Chronovisionsgeräten herausfinden, oder Sie können ein Reisebüro damit beauftragen.

Visuelle Datenanzeige

Obwohl einige Fahrzeuge über Datenanzeigen verfügen, sind die meisten nur aufpolierte Fernsehschirme. Gürtel haben keine Sichtgeräte, aber die meisten Reisenden empfinden es als nützlich, ein Sichtgerät zu benutzen, um schnell nachzusehen, wohin sie fahren, oder noch einmal nachzusehen, wo sie schon gewesen sind.

• **360° Anzeigetafel (nur bei Fahrzeugen):** Der Bildschirm ist direkt mit vier Videokameras verbunden, die die Vorder-Rück-Backbord- und Steuerbordansichten zeigen. Diese Bilder werden zusammengesetzt und ergeben eine volle 360°-Ansicht, die aber nur manchmal von praktischem Nutzen ist. Meist reicht eine 180°-Ansicht, für die man sich nicht so verrenken muß.
Auch wenn es nur vier Kameras gibt, kann man doch zwölf verschiedene Bilder auf den Bildschirm zaubern, wenn man jeden auf Nahsicht stellt. Oder Wählen Sie über die Tastatur eine andere Einstellung aus.
Jede Kamerabewegung funktioniert über Fernbedienung, einschließlich Hebeeinstellung, Kippen (auf oder ab) Schwenken (rechts oder links) und Suchen (ein spezielles Objekt verfolgen, dabei wird automatisch von der einen

zur nächsten Kamera geschaltet). Auf Knopfdruck kann das Bildformat vergrößert oder verkleinert werden.

 • **Bibliothekseinsicht (nur bei Fahrzeugen):** Wir finden es sehr nützlich, die Umstände mit Hilfe eines Chronovisionsgerätes vor Reiseantritt zu untersuchen. Viele Reisebüros und öffentliche Büchereien bieten Kartenaufnahmegeräte an, die bis zu 30 Minuten Zeitaufnahmen zum Nachschlagen aufnehmen. Man kann die Karte im Fahrzeug mit einem besonderen Abspielgerät benutzen. Solche Karten sind sehr nützlich, wenn man in Gegenden mit vielen Schlupfwinkeln und Verstecken reist, wie z. B. nach Tokio oder Hongkong und nach Istanbul.

 • **Raum-Zeit-Anzeige (nur bei Fahrzeugen):** Eine von mehreren Anzeigen, die in allen Fahrzeugen sind. Die Raum-Zeit-Anzeige stellt in graphischer Form den Heimathafen, die Wurmlöcher, durch die man reist, und das Ziel dar. Die Anzeige kann leicht verwirren, weil sie das gekrümmte Raum-Zeit-Kontinuum zeigt, das sowohl unlogisch als auch irrational ist und nicht wirklich im dreidimensionalen Raum dargestellt werden kann.

 • **Umweltüberwachung (nur in Fahrzeugen):** Links auf jedem Bildschirm finden Sie vier kleine Anzeigen, alle sind ziemlich nützlich. Die erste zeigt die Außentemperatur an und enthält ein Warnlicht, wenn sie gefährlich hoch oder niedrig ist (wenn Sie in Bereichen bleiben, die gemeinhin als »zivilisiert« bezeichnet werden, werden Sie dieses Zeichen nicht sehr oft sehen; Dinosaurierfans hingegen trotzen manchmal einer Hitze – aus Gründen, die nur sie selbst verstehen). Die anderen Anzeigen zeigen Luftfeuchtigkeit, Luftdruck und Luftzusammensetzung an. Wenn dabei eine giftige Luft über der menschlichen Toleranzgrenze festgestellt wird, läßt sich das Fahrzeug nicht öffnen.

Besondere Funktionen

Diese Einrichtungen werden Sie nicht an jeder Maschine finden, nur bei fortgeschritteneren Modelle findet man einige davon.

• **Überblicksfunktion:** Wenn Sie reisen möchten, aber noch nicht so recht wissen, wohin, kann das Durchblättern eine gute Lösung sein. Bestimmen Sie einfach Ihre Position und halten über einem Zeitraum an. Sie können Ihre Maschine z. B. so programmieren, daß sie alle zehn Jahre anhält oder einmal im Verlauf eines Jahrhunderts. Oder Sie können in jedem Jahrhundert einmal anhalten und einen Überblick über ein Jahrtausend gewinnen. Das ist sehr nützlich, wenn Sie z. B. sehen wollen, wie der Colorado sich seinen Weg durch den Grand Canyon erkämpft.

Durchblättern funktioniert bei jeder Maschine anders. Bei Sichtgeräten ist das einfach, man muß nur angeben, wie lange man einen bestimmten Zeitraum sehen möchte (oder man kann solange zusehen, bis man der Maschine den Befehl gibt, zum nächsten Zeitraum umzuschalten). Es gibt Pausen zwischen den einzelnen Zeiträumen, während der Ball seine neue Position sucht. Je größer der Abstand zwischen den Zeiträumen, desto länger die Pause.

Bei Gürteln können Zeitsprünge auch zuvor eingestellt werden. Die meisten Reisenden ändern auch den Ort, anstatt alle paar Jahre an der London Bridge reinzuschauen. Das kann man mit einem Gürtelsystem machen, aber es ist wohl besser, nur die Überblicksfunktion anzuschauen.

Wenn Sie das mit einem Fahrzeug machen, lassen Sie sich auf jeden Fall ein bißchen Zeit, die Beine zu vertreten. Einfach dazusitzen und die Welt vorbeirauschen zu sehen ist unsinnig.

 • **Die Zeit anhalten:** Mit den meisten Maschinen können Sie die Zeit anhalten und länger dieselbe Zeit am selben Ort ansehen, aber das tun Sie wohl besser mit einem Sichtgerät als mit einer großen Maschine. (Einige der frühen Maschinen haben das von selbst getan, indem sie ständig auf denselben Moment zurückgeschaltet haben, wie eine springende Schallplatte. Sie haben bis heute nicht ihre Stelle verlassen.)

 • **Eingebaute programmierbare Zeitsprünge:** Das ist eine außerordentlich praktische Einrichtung, die dazu gedacht ist, die Zeit zu löschen, die Sie damit verbringen, Ihre Maschine zu programmieren oder um Zwischenstops

63

beim Zoll zu umgehen. Nehmen wir einmal an, Sie wollten ein paar Jahrzehnte lang jedes Jahr wieder zur Silvesterfeier auf den Times Square in New York. Statt nun Ihren Gürtel auf jedes einzelne Datum zu programmieren, machen Sie das nur einmal, um auf der Ecke Broadway/46. Straße, etwa um 23.45 Uhr eines jeden 31. Dezember, von sagen wir mal 1951 bis 1970, anzukommen. Mit einem einzigen Zolldurchgang für die gesamte Reise können Reisende mit erweiterten Lizenzen 20 Silvesterabende an einem Tag feiern.

 • **Raum-Zeit-Speicher:** Das ist ein Zeitsparer im traditionellen Sinne. Sie können bis zu 100 Koordinaten für Zeiten und Orte darin speichern, die Sie häufiger besuchen. Drücken Sie einfach den Speicherknopf gefolgt von einer Zahlen- oder Buchstabenkombination, an die Sie sich leicht erinnern können. Wenn Sie wieder Zugang zu der Information haben wollen, drücken Sie den Wiedergabeknopf und den eingegebenen Code. Ein Inhaltsverzeichnis kann angezeigt werden, wenn Sie gleichzeitig auf beide Knöpfe drücken – nur für den Fall, daß Sie es einmal vergessen sollten.

Das Fahrzeug zu bedienen ist erst der erste Schritt. Wenn Sie durch die Zeit reisen möchten, müssen Sie auch die Verkehrsregeln kennen. Das nächste Kapitel gibt einen Überblick über diese Regeln und beschreibt, wie Sie an eine Fahrerlaubnis für einen Gürtel oder ein Fahrzeug kommen.

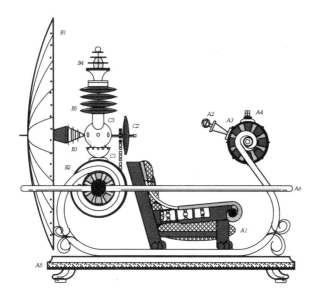

A1 Fahrersitz
A2 Zeitkristall
A3 Anzeigetafel
A4 Bereitschaftsleuchte
A5 Ebenholzsockelplatte
A6 Messingreling (darin sind die Kabel)

B1 Zeitverzerrungsplatte
B2 Motorventilator
B 3 Kopplungsmechanismus (Elfenbein)
B4 Positionslampe
B5 Aufwindkontrollplatten

C1 Antriebskette
C2 Balancegewicht
C3 Getriebe (Nickelgehäuse)

Merlin der Zauberer

Es gibt in der Geschichte dieses Planeten nur einen Menschen, der die Zeit nach seinem Willen verändern konnte, ohne über eine Zeitmaschine zu verfügen. Das war der Hexenmeister Merlin, der als Berater König Arthurs von England in den frühen Jahren des 6. Jahrhunderts größte Berühmtheit erlangte. Er hatte ein ungewöhnliches Verhältnis zur Zeit: Er erlebte sie rückwärts. Er wurde jünger, während jeder um ihn herum älter wurde.

Merlin konnte auch die Geschwindigkeit steuern, in der er die Zeit erfuhr. Er konnte seine innere Uhr beschleunigen. An diesem Talent hatte er große Freude, und er benutzte es gern bei seinen Zaubervorführungen. Einer seiner beliebtesten Tricks war einfach zu verschwinden. Das war für ihn ganz leicht: Er beschleunigte bloß seine Zeit. Für seine Zuschauer verging bloß eine Sekunde, während Merlin eine ganze Minute erlebte, in der er einfach wegging. Für jeden Beobachter sah es aus, als hätte er sich in Luft aufgelöst. Ein netter kleiner Trick, der aber auch seine Tücken hatte, besonders was die Luft angeht. Es scheint, daß Merlin zwar seine eigene Zeit beschleunigen konnte, daß aber die Atmosphäre um ihn herum in der Echtzeit blieb. Wenn Sie sich Physik auskennen, dann wissen Sie, daß ein Körper, der sich mit hoher Geschwindigkeit im Verhältnis zur Luft bewegt, eine Menge Reibung erzeugt. Merlin mußte feststellen, daß ihm sein Verschwinden immer die Kleidung verbrannte. Deshalb mußte er sein Wiedererscheinen immer sorgfältig planen. Ein nackter Zauberer, der aus der Luft wieder auftaucht, brachte das gemeine Volk ganz schön aus der Fassung. Deshalb trug er übrigens immer diese weiten fliegenden Umhänge, die bald zu einem Markenzeichen für Zauberer wurden. Sie verbrannten schnell und einfach, ohne dabei Haut und Haare in Mitleidenschaft zu ziehen. Nebenbei bemerkt ist das auch der Grund dafür, daß man meint, Zauberer verschwänden immer in einer Rauchwolke. Der Rauch entsteht, wenn der Zaubermantel unterwegs verbrennt.

KAPITEL 3

GESETZE UND REGELN

»*Wir können die Schwerkraft besiegen,
aber manchmal ist die Schreibarbeit dazu überwältigend.*«

WERNHER VON BRAUN

Können Sie den Zeitpolizisten auf diesem Foto erkennen?

Die frühen Zeitreisen waren ein riskantes Unterfangen. Vor dem Jahre 2015, als noch Amateure federführend waren, gab es Probleme mit geradezu legendärem Ausmaß. Eine Hausfrau aus Philadelphia wurde im 12. Jahrhundert als Hexe verbrannt, weil sie sich mit einem Einwegfeuerzeug einen Zigarillo ansteckte. Oder: Ein Versicherungsangestellter aus Los Angeles meinte, er könnte eine aufregende Nacht unbemerkt in dem Harem von Sultan Suleiman I. verbringen. Er kam wieder zu Hause an, aber ohne ein Körperteil, das die meisten Männer als unentbehrlich erachten. Bald war jede Woche jemand in Oprah Winfreys oder Geraldos Talk-Shows, der Horror-Geschichten erzählte oder wieder einmal den sittlichen Nährwert des Zeitreisens diskutieren wollte.

DIE ENTSTEHUNG DER GESETZGEBENDEN INSTITUTIONEN

Als das Zeitreisen noch von ein paar Laien an Wochenenden betrieben wurde, waren die gesetzgebenden Institutionen sehr zurückhaltend damit, neue Regelungen einzuführen. Erst im Jahre 2013, als die ersten kommerziell genutzten Maschinen auf den Markt kamen, lag es auch im Interesse der Politiker, endlich etwas zu unternehmen. Die Vereinigten Staaten waren das erste Land, das eine Zeitreisenkommission schuf. Die FTTC, oder Bundeszeitreisenkommission, nahm ihre Arbeit am 1. Januar 2015 auf. Schon 2017 gab es ähnliche Einrichtungen auch in anderen Ländern. Einige Länder, darunter Griechenland, Italien, Frankreich, China und andere Länder mit einer interessanten Geschichte machten Pläne für ein gemeinsames internationales Gremium. Weil man dieses Gremium bereits gestern brauchte, reisten Delegierte jedes Landes ins Jahr 2010 und verbrachten fast vier Jahre damit, eine globale Zollbehörde zu entwickeln. Der Plan wurde ins Jahr 2017 zurückgebracht und trat 2018 in Kraft. Der Zusammenschluß dieser ausländischen Gremien, der am 1. Januar 2017 gegründet wurde, nennt sich Internationales Büro für Zeit und Raum, oder einfach IBTAS.

IBTAS setzt internationale und intertemporale Regeln durch. Der Zoll, die Ein- und Auswanderung sowie der Zeitgerichtshof stehen unter der Gerichtsbarkeit des IBTAS, wie auch die Zeitpolizei. IBTAS hat seinen Hauptsitz in Paris, aber weltweit gibt es 350 Nebenstellen, normalerweise in großen Städten oder Regierungssitzen.

Wenn Sie US-Bürger sind, wenden Sie sich in allen Angelegenheiten, die Ihre ZEITKARTE, Ihre Lizenz oder besondere Belange wie etwa Visa betreffen, an die FTTC. Der FTTC untersteht auch der Zeitfahrzeug-TÜV. In den USA gibt es 58 FTTC-Büros: Je eines in der Hauptstadt jedes Bundesstaates sowie vier Hauptbüros in New York, Chicago, Miami und Los Angeles. Das nationale Hauptbüro befindet sich in Washington D. C.. Kanadas Ministerium für Zeitmessung, Englands Büro für chronologische Belange, Frankreichs Zeitbüro und Japans Mirai Ryoko Scho (was übersetzt soviel heißt wie: Ministerium für Reisen in die Zukunft und ins Unbekannte) bieten ähnliche Dienstleistungen an.

Ihre *Zeitkarte*

Der erste Schritt beim Zeitreisen ist der einfachste. Egal, ob Sie Passagier, Alleinreisender oder Führer eines Mehrpersonenfahrzeuges sind: Sie müssen eine Zeitkarte haben. Um sich dafür bewerben zu können, müssen Sie mindestens zwölf Jahre alt sein, und Sie müssen mit den folgenden Dokumenten Ihr örtliches FTTC-Büro aufsuchen:
•Ihre Geburtsurkunde
•Ihre Ausweiskarte (für den Leser vor dem 21. Jahrhundert: Diese Ausweiskarte ersetzt fast alle anderen Karten, die Sie in Ihrer Brieftasche haben, einschließlich Kreditkarten, Personalausweis, Krankenversicherungsnachweis, Leserausweis für Bilibliotheken, Führerschein usw.).
• Ihre Sozialversicherungskarte

• Eine Krankengeschichte Ihrer Familie über zwei Generationen, väterlicher- und mütterlicherseits. Falls Sie ein Adoptivkind sind, empfiehlt es sich, sowohl die der Adoptiveltern als auch der leiblichen Eltern mitzunehmen.

Bei der FTTC gehen Sie an den Informationsschalter. Man schickt Sie an ein Computerterminal, wo Sie dann einen Antrag ausfüllen. Vorausgesetzt es gibt keine Probleme, wird der Computer ein Hologramm von Ihnen aufnehmen, und nach einer Stunde können Sie Ihre Zeitkarte abholen. Die Zeitkarte paßt in jede Brieftasche und ist nicht beschriftet, falls sie also jemand in einer anderen Zeit sieht, so wird sie ihn nicht verwundern. Sie sieht von außen aus wie ein einfaches Stück Plastik. Im Inneren ist jedoch ein Zeitchip, der ein umfassendes persönliches Profil enthält. Darin steht:
• Name
• Jetzige und ehemalige private und Geschäftsadressen
• Geburtsdatum, -ort, -zeit
• Sozialversicherungsnummer (außerhalb der USA heißt sie Kontrollnummer)
• Hautidentifizierungscode
• Persönliche Krankheitsgeschichte
• Versicherungsdaten
• Ausstellungs- und Ungültigkeitsdatum der Zeitkarte
• Visum – Informationen
• Persönliches Reiselogbuch
• Persönliches Hologramm

Bei Reisenden, die eine Lizenz zum Führen eines Zeitgürtels oder eines Zeitfahrzeuges haben, werden noch folgende Angaben eingetragen:
• Nummer des Führerscheins (mit Prüfungsnoten)
• Klasse bzw. Farbe des Führerscheins
• Pilotenlogbuch (darin stehen die Zeitdauer, die man in anderen Zeiten verbracht hat, Abfahrts- und Zielorte sowie Verstöße oder »Punkte« für die Mißachtung von Vorschriften).

Diese Informationen werden auf dem Zeitchip gespeichert und können gelesen werden, wenn man die Karte in einen Zeitcomputer steckt. Zeitcomputer stehen bei allen FTTC- und IBTAS-Stellen, vielen Reisebüros und natürlich beim Zoll. Wir überprüfen unsere Karten regelmäßig vor und nach jeder Reise, um sicherzustellen, daß keine Irrtümer auftreten.

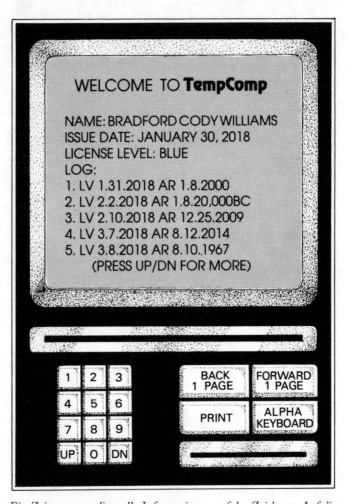

WELCOME TO **TempComp**

NAME: BRADFORD CODY WILLIAMS
ISSUE DATE: JANUARY 30, 2018
LICENSE LEVEL: BLUE
LOG:
1. LV 1.31.2018 AR 1.8.2000
2. LV 2.2.2018 AR 1.8.20,000BC
3. LV 2.10.2018 AR 12.25.2009
4. LV 3.7.2018 AR 8.12.2014
5. LV 3.8.2018 AR 8.10..1967
(PRESS UP/DN FOR MORE)

1	2	3		BACK 1 PAGE	FORWARD 1 PAGE
4	5	6			
7	8	9		PRINT	ALPHA KEYBOARD
UP	0	DN			

Ein Zeitcomputer liest alle Informationen auf der Zeitkarte. Auf diesem Bild sehen wir die Anfänge von Brads Zeitreiseabenteuern. Kurz nachdem er die Karte bekommen hat, ist er ins Jahr 2000 zurückgereist, um seine eigene Geburt mitzuerleben. Dann gab er der Versuchung nach, die viele Anfänger fühlen, nämlich in die frühe Vergangenheit zu fahren. Brad hat das Jahr 20 000 vor Christus besucht, um zu sehen, wie das Leben zu dieser Zeit in seiner Geburtsstadt New York aussah (war übrigens ausgesprochen langweilig). Seine nächste Reise führte ihn an einen bedeutsamen Weihnachtsmorgen, als er neun war, gefolgt von einem Versuch, zu ergründen, warum eine Sommerliebe sein Herz gebrochen hatte, als er vierzehn war. Die letzte Reise auf dieser Seite war ein Besuch bei seinem Großvater, einem preisgekrönten Künstler. Die Reisen werden immer mit Datum aufgeführt. Räumliche Daten können mit der Tastatur (rechts unten) aufgerufen werden. Der obere Schlitz ist für Ausdrucke, der untere Schlitz für die Zeitkarte.

Zeitkarten werden normalerweise nicht für Kinder unter zwölf Jahren ausgestellt. Das IBTAS erteilt jedoch Zeitkarten für eine Rundreise, vorausgesetzt, daß das Kind mit einem Elternteil oder einer Aufsichtsperson reist, und daß der andere Elternteil persönlich beim IBTAS die Zustimmung erteilt hat. Dafür gibt es gute Gründe: Besteht z.B. ein Sorgerechtsproblem, könnte ein Elternteil mit dem Kind auf Nimmerwiedersehen verschwinden.

Sie bekommen auch keine Zeitkarten, wenn Sie innerhalb der letzten fünf Jahre wegen eines Schwerverbrechens verurteilt worden sind oder bereits zwei Verurteilungen wegen Schwerverbrechen hatten. Man kann aber trotzdem eine Anhörung beim FTTC beantragen. Außerdem kommt es noch auf die augenblickliche politische Lage an, und Sie könnten nur eine eingeschränkte Reiseerlaubnis bekommen.

PÄSSE

Einer der häufigsten Fehler unerfahrener Zeitreisender ist, daß sie die Zeitkarte mit einem Paß verwechseln. Wenn Sie beim Zoll sind, wird man Ihnen die Erlaubnis erteilen, in jede andere Zeit und an jeden Ort zu reisen. Befindet sich das Reiseziel außerhalb Ihres Heimatlandes, so wird Ihnen das IBTAS die Paß – Informationen auf Ihre Zeitkarte schreiben. Zeitkarten sind aber nur dann von Nutzen, wenn Sie gleichermaßen durch Zeit und Raum reisen. Haben Sie vor, geographisch zu reisen, dann müssen Sie selbst Sorge dafür tragen, daß Sie sich die erforderlichen Reisedokumente für die jeweilige Zeit besorgen (Ihr Reisebüro hilft Ihnen gerne weiter). Einige Zeitreisende sind schon in ihre Lieblingsepoche gefahren und wurden dann an der Grenze eines vergessenen Fürstentums festgehalten, nur weil sie nicht die richtigen Papiere hatten. Das IBTAS will die Dokumente nicht sehen, es reicht, daß Sie die Frage danach bejahen, ob Sie alle nötigen Papiere haben.

Einem Grenzbeamten in einer anderen Zeit die Zeitkarte vorzuzeigen ist nicht nur unklug, sondern verboten. Es verletzt das Gesetz, das verbietet, Einwohnern anderer Zeiten mit ihrer Zeitrechnung im Widerspruch stehende Gegenstände zu zeigen. Sie laufen also Gefahr, sich der Verhaftung durch die Zeitpolizei auszusetzen (das wird allerdings nur selten durchgesetzt). Und denken Sie bitte daran: Vor dem 19. Jahrhundert gibt es keine amerikanischen Botschaften oder Konsulate, wenn Sie also Ärger bekommen, sind Sie völlig auf sich selbst gestellt.

QUOTEN UND VISA

Das Reisen in viele Zeitabschnitte ist quotiert (begrenzte Besucherzahl) und in der Häufigkeit beschränkt (begrenzte Anzahl von Reisen an denselben Ort zur selben Zeit). Erfahrene Reisende behalten das bei ihren Reiseplänen im Hinterkopf.

Einschränkungen bestehen vor allem für Forschungsgelände, Pestgebiete, militärische Übungs- und Manöverplätze sowie die meisten Regierungseinrichtungen. Ebenso sind alle Ziele in der Zukunft eingeschränkt.

Mystische Ereignisse dürfen, auf die Bitte unserer zeitgenössischen religiösen Führung hin, in der Regel nur einmal besucht werden. Andere religiöse Ereignisse, beispielsweise Pilgerfahrten und Kreuzzüge, sind nicht eingeschränkt.

Heutzutage verlangen einige Länder ein Einreisevisum. Das trifft natürlich auch für die Vergangenheit zu. Wir halten uns immer an die Faustregel: Wenn ein Land heute ein Visum verlangt, verlangte es das wahrscheinlich auch früher schon. Ihr Reisebüro kennt die neuesten Regelungen.

Kalkulieren Sie mehrere Tage für die Erteilung eines Visums ein. Die zehn Dollar Antragsgebühr an die FTTC werden nicht zurückerstattet. Da Visa nicht immer erteilt werden, überlegen Sie sich besser Ausweichziele.

Anträge auf besondere Visa

Anträge auf Visa, die in verbotene Gebiete führen, können persönlich oder schriftlich bei der FTTC eingereicht werden. In den Vorschriften steht : »Der Antragsteller muß einen klaren und besonderen Bedarf nachweisen, der es erforderlich macht, in die eingeschränkte Region, zu diesem Ereignis oder in diesen Zeitraum einzureisen, und er muß nachweisen, daß die Erteilung dieses genannten Visums nicht die persönlichen Reisebeschränkungen, die FTTC-Gesundheitsregelungen, die Handelsbeschränkungen oder die internationale Sicherheit bedrohen oder verletzen.« Ihre Zeitkarte und Ihr ursprünglicher Antrag werden peinlich genau untersucht. Die Sonderbeauftragten achten besonders auf die Anzahl der Stunden, die Sie in anderen Zeiten zugebracht haben, auf Ihre Lizenzfarbe (und etwaige Regelverstöße) und Ihre fachlichen Kenntnisse.

KULTURELLE ERWÄGUNGEN

Aufgrund kultureller Unterschiede sind bestimmte Zeiträume für einige Leute gefährlicher als für andere. So wie etwa ein Abendländer im Japan vor Perry unwillkommen wäre, so würde sich ein Japaner, so bemerkenswert er auch sein mag, nicht in den USA der 1940er Jahre wohl fühlen. Viele Juden haben sich großer Gefahr ausgesetzt, indem sie in ein Konzentrationslager gereist sind, in der Hoffnung, einen Familienangehörigen zu retten oder einfach nur um zu verstehen, was passiert ist, und warum. Reisende aus Arabien könnten es unangenehm empfinden, im 18. und 19. Jahrhundert durch die amerikanischen Kolonien zu reisen, denn man könnte sie für Indianer halten. In den amerikanischen Süden zu fahren kann für Schwarze vor, während und etwa hundert Jahre nach dem Bürgerkrieg gefährlich werden. Und nicht immer steht alles in den Geschichtsbüchern, einiges ist viel heikler: »Farbige« haben in den Südstaaten bis 1964 getrennte öffentlichen Einrichtungen, in einigen kleineren Städten sogar noch länger. Um Unannehmlichkeiten oder gar Schlimmeres zu vermeiden, denken Sie ortsüblich. Der Zoll kann im Hinblick auf die Diskriminierungsgesetzgebung Ihre Reisen nicht aufgrund Ihrer Hautfarbe beschränken. Mögliche Probleme vorherzusehen ist Ihre Sache. Hören Sie auf Ihren Reisekaufmann, er versucht vielleicht nur, Ihr Leben zu retten.

GESUNDHEITSVORSCHRIFTEN UND SCHUTZIMPFUNGEN

Für den größten Teil der Geschichte sind Begriffe wie öffentliches Gesundheitswesen, persönliche Hygiene oder sogar Medizin völlig bedeutungslos. Der Zeitreisende muß nicht nur Vorsorge treffen, indem er sich vor den Krankheiten anderer Zeiten schützt, sondern er muß sich auch vor den Arzneien anderer Zeiten in acht nehmen. Wenn Sie auch nur einen gemeinen Schnupfen haben, bleiben Sie lieber zu Hause, bis er vorbei ist, denn Sie könnten sich in den Händen eines Heilers wiederfinden, der Aderlaß oder Schädelbohren als ideale Heilung erachtet. (Schädelbohren ist, zur Erinnerung, falls Sie es vergessen haben sollten, das Durchbohren des Schädels mit einem spitzen Stein, um so die bösen Geister aus dem Kopf herauszulassen, die für Kopfschmerzen und dergleichen verantwortlich sind. Bis vor wenigen hundert Jahren gab es weltweit verschiedene Arten des Schädelbohrens.) Was die persönliche Hygiene anbetrifft, erlaubt das IBTAS Produkte, die zeitüblich verpackt sind. Erwarten Sie nicht zuviel von den Leuten, die Sie treffen. Strenger Körpergeruch ist in den westlichen Ländern im 19. Jahrhundert nichts Ungewöhnliches und gelegentlich auch heute noch anzutreffen. Die tägliche Zahnpflege (z.B. Zähneputzen) ist vor 1870 auch nicht besonders beliebt, es könnte also sein, daß ein Gespräch oder andere Intimitäten zu einer körperlichen Herausforderung werden.

Wenn Sie an einer übertragbaren Krankheit leiden oder deren Träger sind, werden Sie bis zur Heilung vom Zeitreisen ausgeschlossen.

Wirksame Impfungen werden empfohlen, wenn Sie in weniger entwickelte Gegenden unserer Zeit fahren. Sie sollten wenigstens Ihre Tetanus-Impfung auffrischen lassen, egal wohin Sie fahren. Je nachdem wohin Sie fahren, kann auch eine Wiederholungsimpfung notwendig sein. Sehen Sie in einem FTTC- Schutzimpfungs-Merkblatt nach, das in jedem Reisebüro und in FTTC-Büros erhältlich ist.

FTTC-Schutzimpfungs-Merkblatt für das 19. Jahrhundert
Stand vom 10. Dezember 2037

Zeitraum	Gegend	Krankheit	Impfung
1800	Spanien und Portugal	Scharlach	202
1816-1819	Irland	Typhus	172
1826-1837	ganz Europa	Cholera	426
1878	Südstaaten der USA	Scharlach	201
1883-1894	Indien	Blattern	52

Wie Sie sich vielleicht vorstellen können, sind alle Pestjahre für Zeitreisende verboten. Das betrifft den größten Teil des Römischen Imperiums von 250-265 und 542, Großbritannien 444, den größten Teil Asiens und Europas in den 1340ern, die östliche Halbkugel 558, London in den Jahren 1407, 1499, 1603, 1625 und 1665, Deutschland und Österreich 1711, Ägypten 1792, China und Indien von 1898 bis 1908, 1909 bis 1918 und die 1920er. Für genauere Informationen sehen Sie im Impfhandbuch für den Zeitreisenden nach, das im Buchhandel, in Reisebüros, bei den TIME-OF-YOUR-LIFE-Läden und beim FTTC erhältlich ist.

Es empfiehlt sich, die Impfungen etwa einen Monat vor Reiseantritt vorzunehmen, für den Fall, daß Sie allergisch darauf reagieren. Lassen Sie es sich von jemandem sagen, der Erfahrung damit hat: Wenn es einem schlechtgeht, liegt man besser in seinem eigenen Bett.

Von der Fahrschule zum Pilotenschein

Um in einem Zeitfahrzeug mitzufahren, braucht man nur eine Zeitkarte und manchmal ein Visum. Wenn Sie aber allein reisen möchten, brauchen Sie eine Fahrerlaubnis. Den Vorschriften der FTTC zufolge braucht eine Fahrerlaubnis, wer »ein Hilfsmittel führen will, mit dem oder durch das ein lebender Organismus gleichermaßen Ort und Zeit wechselt«.

Das IBTAS hat einen international anerkannten Farbencode entwickelt, der von allen Mitgliedsstaaten benutzt wird. Momentan gibt es fünf verschiedene Lizenzklassen. Sie haben alle Bezeichnungen, aber man bezieht sich normalerweise auf deren Farben. Die weiße Klasse ist eigentlich keine Fahrerlaubnis, sondern nur die Erlaubnis für jeden, der älter ist als zwölf Jahre, in einem Mehrpersonenfahrzeug mitzufahren, wenn es von einem geprüften Piloten geführt wird.

Um die grüne Führerscheinklasse zu erhalten, die eine Anfängererlaubnis ist, muß man mindestens sechzehn Jahre alt sein. Sind Straftaten verzeichnet, wird man von der Antragstellung ausgeschlossen, bis man drei Jahre ohne Straftaten nachweisen kann.

Man muß auch eine Computerprüfung und einen Fahrtest auf zwei Simulatoren für einen Gürtel und ein Fahrzeug bestehen. Der Simulatortest kann ganz schön vertrackt sein. Das Gerät scheint nicht zu funktionieren, und Sie müssen herausfinden, woran das liegt. Lesen Sie das Handbuch sorgfältig, bevor Sie sich zum Test anmelden, darin stehen die Grundzüge der Fehlerbehebung. Es gibt nur eine begrenzte Anzahl von Lösungsmöglichkeiten, wenn Sie die vorher lernen, kann bei dem Test eigentlich nichts schiefgehen. Mit einem Anfängerführerschein ist Ihre Reiseauswahl auf vorprogrammierte Rundreisen mit einem Gürtel oder Einsitzer beschränkt. Betrachten Sie die grüne Klasse als Schülerkarte, damit können Sie nur in Begleitung eines geprüften Piloten fahren.

Der Zoll hat gern ein Auge auf Anfänger, deshalb werden die ersten Reisen nur kurz sein (normalerweise anfänglich nur 12 Stunden, dann über Nacht, aber nur selten länger als drei Tage). Sprünge innerhalb eines Aufenthaltes sind nicht gestattet, Sie müssen sich zwischendurch wieder beim Zoll melden. Wegen des Hin-und-her-Charakters der grünen Stufe hat sie den Spitznamen »Eieruhr«.

Ein gelber Führerschein entspricht etwa dem Privatpilotenschein. Eine wichtige Voraussetzung dafür ist eine gewisse Reiseerfahrung; Ihr Logbuch muß mindestens 816 Stunden (vier Wochen) in anderen Zeiten ausweisen, davon müssen drei Aufenthalte mindestens vier Tage gedauert haben. Der Mittelstufen-Führerschein umfaßt auch Fragen zur Wartung und Reparatur von Gürteln und Fahrzeugen. Weil die Ausrü-

ZEITREISE-FÜHRERSCHEINE

Führerscheinklasse: Tourist
Farbe: Weiß
Mindestalter: 12 Jahre
Anforderungen: Bestandene medizinische Untersuchung
Einschränkungen: Nur als Mitreisender

Führerscheinklasse: Anfänger
Farbe: Grün
Mindestalter: 16 Jahre:
Anforderungen: Bestehen des Computereignungstests
Einschränkungen: Nur Rundreisen, keine Zwischenstopps, keine Passagiere

Führerscheinklasse: Privatpilot
Farbe: Gelb
Mindestalter: 16 Jahre
Logbuch-Anforderungen: 408 Stunden Echtzeit-Reisen
Weitere Anforderungen: Simulator-Tests
Einschränkungen: Keine zahlenden Mitfahrer

Führerscheinklasse: Berufspilot
Farbe: Blau
Mindestalter: 25 Jahre
Logbuch-Anforderungen: 4036 Stunden
Andere Anforderungen: Keine Straftaten seit der Volljährigkeit, umfassende Prüfung
Einschränkungen: Besondere Erlaubnis für Fracht erforderlich

Führerscheinklasse: Historiker
Farbe: Schwarz
Mindestalter: 19 Jahre
Logbuch-Anforderungen: 99 Stunden
Andere Anforderungen: Simulatortests; gültige Bescheinigung einer Universität oder eines Forschungszentrums
Einschränkungen: Keine Mitreisenden ohne Fahrerlaubnis

Führerscheinklasse: Militärisch
Farbe: Rot
Mindestalter: 16 Jahre
Anforderungen: geheim
Einschränkungen: geheim

stungen aber alle aus Baugruppen bestehen, ist dieser Test verhältnismäßig einfach, aber die FTTC möchte einfach sicher sein, daß Sie wissen, wo was hingehört. Das steht wieder alles im Benutzerhandbuch.

Gelbe Chips erlauben Reisen mit einfachen oder mehrfachen Zeitsprüngen. Sie ermöglichen es auch, Freunde oder Familienmitglieder mit weißem oder grünem Führerschein mitzunehmen, vorausgesetzt, daß Sie kein Geld für ihre Dienste als Pilot erhalten (diese Unterscheidung hat komplizierte juristische Verzweigungen).

Die blaue Stufe ist die Berufspilotenklasse. Zusätzlich zu 4032 Reisestunden (das sind 6 Monate) in anderen Zeiten, von denen 2000 als Pilot absolviert sein müssen, braucht man mindestens 100 Stunden in jedem der sechs Erdteile. (Die Antarktis wird ausgenommen, weil es dort zu kalt ist und nur wenige Reisende so weit in den Süden möchten.)

Die Prüfung für die blaue Klasse ist eine echte Herausforderung. Trotz reichlicher Kritik an der FTTC glauben wir, daß sie hier recht hat. Die Prüfung muß schwer sein, weil Mitreisende für ihre Sicherheit bezahlen. Bei der zweitägigen Berufspilotenprüfung gibt es sechs Tests: Der erste ist der einfachste. Man geht noch einmal durch alle Gesetze und Vorschriften, die das Zeitreisen betreffen. Das meiste davon kennt man noch von den Prüfungen für die weiße, grüne und gelbe Klasse, aber es gibt zusätzliche Aufgaben zu Tarifen und Frachttransporten. Die Notfallsimulation ist der schwierigste Teil, besonders weil die FTTC eine besondere Begabung dafür hat, Passagiere zu finden, die gleich in Panik geraten. Dann muß man sich nicht nur um die technischen Probleme kümmern, sondern auch noch um einen Haufen kreischender Touristen. Es wird auch erwartet, daß Sie einen Rettungsflug unternehmen, bei dem Sie in eine frühere Zeit zurückfliegen, um dort einen Reisenden zurückzuholen, der seinen Zeitgürtel verlegt hat. Rettungsaktionen finden oft in gefährlichen Augenblicken statt. Die westgotische Plünderung Roms im Jahre 410 oder der Ausbruch des Vesuvs werden häufig für Rettungssimulationen verwendet. Wenn Sie dreißig Tage vor dem Test in solche Gebiete reisen, werden Sie von der Prüfung ausgeschlossen, weil die FTTC sehen möchte, wie Sie mit minimaler Vorbereitung am Einsatzort reagieren.

Wir mögen am liebsten den Wurmlochkartentest. Er wird wie ein Videospiel gespielt. Man muß eine kleine Zeitmaschine in ein Wurmloch hineinbewegen, dann wieder herraus und ins nächste hinein. Das ist eine grobe Simulation dessen, wie das Fahrzeug sich seinen Weg durch unser zerknülltes Weltall sucht. Der Test ist trügerisch, denn es wird nicht getestet, ob man die Lage der Wurmlöcher kennt, sondern ob man fähig ist, schnell zu denken und zu lenken, und Fehler schnell und geschickt korrigieren kann. Da macht sich ein wenig Übung schnell bezahlt. Für 200 Dollar kann man ein Videospiel zum Üben kaufen. Weit weg von der Erde zu fliegen ist normalerweise nicht nötig, aber es kann lebenswichtig werden, wenn die Maschine schlecht eingestellt ist oder wenn man dorthin kommt, wo einst die Erde war. Eine kombinierte Prüfung der mentalen, emotionalen und körperlichen Reflexe ist der letzte Teil. Wenn man nicht den richtigen Dreh hat, wird man kein Berufspilot, egal, wie gut man bei den anderen Teilprüfungen abschließt, sagen die, die es wissen müssen.

Buchstäblich uneingeschränktes Reisen ist mit der blauen Klasse möglich. Inhaber der blauen Klasse mit Berufserlaubnis können private Mehrpersonenfahrzeuge und Rundreisebusse führen, als Zeitführer arbeiten oder einfach ihr Vorrecht genießen, längere Zeit in einer ausgewählten Zeit zu bleiben. Nach 10 000 Stunden im Logbuch kann man auch als Ausbilder für Anwärter der blauen Klasse arbeiten.

Wenn man die blaue Klasse erst einmal hat, muß man natürlich auf dem laufenden bleiben, was rassische und kulturelle Diskriminierung, verbotene Zonen, Ernährung und Unterkunft anbetrifft. Die FTTC verschickt aktualisierte Verzeichnisse an alle Inhaber von Zeitkarten der blauen Klasse. Viele der Akklimatisierungscenter bieten spezielle Kurse für Piloten und andere Fortgeschrittene an. Piloten können beim Zoll zu unangekündigten Tests herangezogen werden. Damit soll gewährleistet werden, daß die Piloten sich weiterhin um die Sicherheit der Passagiere kümmern.

Die schwarze Historikerzeitkarte gestattet uneingeschränktes Reisen in einer genauer definierten Zeitspanne. Mit der Erlaubnis, »die Yukatanische Halbinsel und ihre Umgebung von 300 bis 1000« zu bereisen, könnte man beispielsweise die Mayakultur und deren Untergang untersuchen.

Der Inhaber einer Zeitkarte der schwarzen Klasse darf andere Wissenschaftler oder Familienmitglieder mitnehmen, wenn er längere Zeit am Ort bleibt. Historiker dürfen auch Kunstgegenstände und Geräte mitbringen, vorausgesetzt, daß sie nur zu wissenschaftlichen Zwecken verwendet werden und daß sie innerhalb von dreißig Tagen zurückgebracht werden. (Dabei werden diese Gegenstände nie vermißt, denn sie werden augenblicklich an ihre ursprüngliche Stelle zurückgestellt.)

Die rote Klasse wird vom Militär und vom diplomatischen Dienst benutzt. Informationen darüber sind geheim.

Für Chronovisionsgeräte braucht man keine Erlaubnis, denn damit können lebendige Objekte nicht verändert werden.

ZOLLBESTIMMUNGEN

Theoretisch wäre es toll, einfach einen Knopf zu drücken und irgendwohin zu fahren, wozu man gerade Lust hat. Praktisch öffnet jedoch das uneingeschränkte Zeitreisen dem Chaos, dem Plündern und der Zerstörung Tür und Tor. Beispielsweise könnten heutige Verbrecher einfach vor den Behörden in andere Zeiten flüchten und dort Angst und Schrecken verbreiten. Schätze der Vergangenheit könnten gestohlen werden, heutige Krankheiten könnten in andere Zeiten übertragen werden. Weil der Regelkreislauf der Zeit besagt, daß jedes oder jeder, der aus der Zeit entfernt wurde, ohnehin entfernt worden wäre, entstünde ein instabiles Gleichgewicht, das nicht nur die Vergangenheit, sondern auch die Gegenwart und die Zukunft betrifft. Würde man z. B. ein Lotterielos nur kaufen, weil man vorher weiß, daß es gewinnt, wären alle Lotterieveranstalter bald pleite. Antiquitäten und Sammlerstücke, Handschriften berühmter Dichter und Arbeiten berühmter Künstler haben alle in der Gegenwart mehr Bedeutung als in der Vergangenheit, und sie sind in Zukunft wahrscheinlich noch bedeutsamer.

Die FTTC in den Vereinigten Staaten und ähnliche Organisationen in anderen Ländern arbeiten mit dem IBTAS zusammen, das wiederum das Zoll- und Einwanderungsbüro betreibt. Das Büro hat drei Abteilungen: Das Zeitzoll- und Einwanderungsbüro, die Zeitpolizei und den Zeitgerichtshof. Es gibt nur eine internationale Zollstelle für Zeitreisen. An einem Ort werden alle Reisen zu allen Zielen abgefertigt. Jede Zeitreise beginnt und endet mit einem obligatorischen Besuch beim Zoll. (Die einzige Ausnahme hierzu sind Mehrfachsprünge, wo eine Zollabfertigung für alle Aufenthalte innerhalb einer Zeit-Raum-Spanne reicht.)

Das Gelände der IBTAS-Hauptstelle, in der diese drei Abteilungen zusammengefaßt sind, liegt im Himalayagebirge während der ersten Hälfte des letzten Jahrtausends (1000-1500, ganz in der Nähe von Shangri-La). Die Hauptstelle des IBTAS ist übrigens ziemlich klein, wenn man die Anzahl der Reisenden bedenkt. Das ist deshalb möglich, weil sie über die Zeit verteilt ist, nicht über ein Gebiet. Die Einrichtung arbeitet 24 Stunden am Tag, und durch ein spezielles System entstehen keine Wartezeiten.

hr Zolldurchgang beginnt, wenn Sie den Startknopf an der Zeitmaschine drücken. Augenblicklich werden Sie ins Jahr 1000 gebracht, wo die Maschine in eine Spur eingewiesen wird. In Sekundenschnelle bewegt sich die Maschine in die nächste freie Nische (z. B. 6.42 am, 23. April 1126). Von diesen Vorgängen bemerken Sie nichts, denn alles passiert so schnell, daß Sie nur ein leichtes Brummen wahrnehmen

WILLKOMMEN BEI DER IBTAS ZOLLVERWALTUNG

 Öffentliche Bereiche
(siehe detaillierter Plan)

 Genehmingungsbedürftige
Bereiche

 Parkgelände und
Spazierwege

1. Zeitpolizei – Hauptzentrale
2. Zeitgerichtshof
3. Büros
4. Bibliothek – Büros
5. Unterkünfte der Zeitpolizei
6. Unterkünfte
7. Unterkünfte der Zollbeamten

Detaillierter Plan:
Öffentliche Zollbereiche

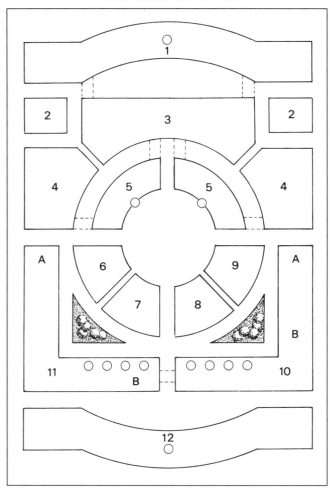

1. Krankenhaus
2. Toiletten
3. Quarantänebereich
4. Büros der Zollbeamten
5. Abfertigungsbereich
   (darunter liegen die Lagerräume
6. Wechselstube
7. Reisebüro
8. Zeitfernsehen
9. Time-of-Your-Life-Geschäft
10. Hotel (Ost-Flügel):
    A. Duty-free-Shop
    B. Drogerie
11. Hotel (West-Flügel)
    A. Restaurant
    B. Empfang
12. Bibliothek

zwischen dem Moment, in dem Sie auf den Knopf drücken, und dem Moment, in dem Sie vor den Zollbeamten stehen, die Sie abfertigen. Es gibt keine Warteschlangen, Sie tauchen auf, wenn der Beamte gerade mit der Person vor Ihnen fertig ist. Die meisten Leute, die den Andrang an der Zollabfertigung bei internationalen Ankünften am John F. Kennedy-Flughafen in New York kennen, sind erstaunt über den reibungslosen Ablauf in der fast intimen Zollabfertigung des IBTAS.

Für jede Abfertigung stehen zwei Mitarbeiter zur Verfügung: ein männlicher und ein weiblicher. Einer fängt mit der üblichen Routine an, indem er sagt: »Ihre Zeitkarte, bitte.« Reichen Sie und alle Mitreisenden ihm schnell und ohne sich zu unterhalten die Zeitkarte. Während ein Mitarbeiter die Zeitkarten in den Zeitcomputer steckt, stellt Ihnen der andere ein paar Fragen über Herkunft und Ziel. Antworten Sie kurz und präzise, den Beamten ist es egal, wo Sie heute zu Abend essen.

Wenn die Karten wieder herauskommen, fragt Sie einer der beiden: »Fracht oder Zeitgegenstände?« Für die meisten Touristen ist die Antwort hier »nein«. Berufspiloten müssen dann die erforderliche Erlaubnis vorweisen. Egal wer Sie sind, die Zollbeamten sind nie mit verbalen Auskünften zufrieden, alles nachzuweisen gehört für sie dazu.

Es gibt gute Gründe dafür, daß die Zollabfertigung in kleinen Zellen geschieht. Anders als beim internationalen Zoll, wo man kaum mehr angesehen wird, egal wie gefährlich man auch aussieht, wird man hier gründlich durchsucht. Komplette Leibesvisitationen gehören zum Standard – bei der Einreise und bei der Ausreise (daher die obligatorische Zusammenstellung jeweils einer männlichen und einer weiblichen Zollperson). Stellen Sie sich auf eine gründliche Überprüfung Ihrer Kleidung, Ihres Gepäcks und all Ihrer persönlichen Habseligkeiten ein.

Die Grundregel dabei ist einfach: Sie dürfen nichts mitnehmen, das es zu der Zeit, die Sie besuchen, noch nicht gab. Die Zollbeamten kennen all die Geschichten über Dinge, die man dennoch mitnehmen möchte, von dem Talisman-Dollar 1976 über Familienphotos bis hin zu Drogen. Audio- und Videogeräte sind aus verständlichen Gründen nicht erlaubt, und noch einmal: Die Reise durch die Wurmlöcher bringt die magnetischen Teile durcheinander, wenn sie nicht durch mehrere Schichten spezieller Isolierung geschützt sind. (Einige frühe Fernsehteams können ein Lied davon singen.) Das soll natürlich verhindern, daß Sie brauchbare Aufnahmen machen.

Mittel für die persönliche Gesundheit und Körperpflege sind nicht nur erlaubt, sondern werden empfohlen (nach ein oder zwei Tagen in der Vergangenheit bekommt das eine überwältigende Bedeutung). Mit der fachkundigen Hilfe eines Reisebüros können Medikamente an zeitgemäße Medikamente angeglichen werden, die man in ebenso zeitgemäße Behälter packt. Wir mögen besonders die »Sicher im Gestern«-Produktserie, die in 42 verschiedenen Aufmachungen erhältlich ist. Darin sind die wichtigsten Dinge enthalten, wie Zahnbürsten, Zahncremes und Zahncremespender, Deodorants, Mundspülungen, Seife, Hygieneartikel und sogar Zahnseide.

Der Zollbeamte wird auch darauf achten, daß Sie genug passende Wäsche zum Wechseln für die Dauer Ihrer Reise dabei haben. Wenn Sie zuviel oder zuwenig dabei haben, könnte er auf die Idee kommen, daß etwas nicht stimmt. Die Kleidung muß aus geeignetem Material gemacht sein. Das umfaßt auch Verschlüsse, also keine Reißverschlüsse vor 1913 und so weiter. Der Beamte wird Sie auch bitten, ihm die Unterwäsche zu zeigen. Die Zollbeamten bemängeln immer, daß ein Fünftel aller Frauen versucht, mit BH durchzukommen. (Übrigens gibt es ein Hinterzimmer angefüllt mit BHs, die konfisziert wurden. Dinge, die konfisziert wurden, können auf dem Heimweg wieder abgeholt werden, aber den meisten Frauen ist es zu peinlich, ihren BH wieder abzuholen, und so türmen diese sich zu Rekordzahlen auf.) Nach 1913 sind BHs übrigens erlaubt.

Jeder Mitreisende in Ihrer Gesellschaft muß durch den Zoll. Sollte es ein Problem geben, versuchen die Beamten, Ihnen zu helfen, und nicht, Sie von Ihrem Vorhaben abzubringen. Man wird Ihnen sogar erlauben, noch eben im TIME-OF-YOUR-LIFE-Laden vorbeizuschauen, der gegenüber dem Zoll liegt, damit Sie dort Dinge besorgen

Er: Ich rufe nur an, um dir zu sagen, wie sehr ich unsere Reise genossen habe
Sie: Verzeihung, kenne ich Sie?
Er: Noch nicht.
Sie: Also, wo sind wir den hingefahren?
Er: Laß das mein Geheimnis bleiben. Aber man redet in der Villa d'Este noch immer über dich!
Sie: Ich nehme an, du willst mir den Kopf verdrehen??
Er: Früher, als du denkst!
Sie: Was soll ich einpacken?
Er: Ich habe alles, was wir brauchen.
Sie: Bist du das an der Tür?

Zeit Ihres Lebens
Auf der IBTAS-Meile und weltweit
an 250 günstig gelegenen Orten

können, die Sie vielleicht vergessen haben. Zeit-Deines-Lebens hat so ziemlich alles, aber hier ist es ein bißchen teurer als zu Hause. Das Geschäft ist riesig, aber man kann es bei bloßem Hinsehen nicht erkennen. Der übergroße Fahrstuhl ist tatsächlich eine Zeitmaschine und – wie der Rest des Zollgeländes auch – auf Zeit verteilt nicht auf Raum. Anstatt Sie auf ein bestimmtes Stockwerk zu bringen, befördert Sie der Fahrstuhl direkt in die Zeit, in der es den gewünschten Gegenstand gibt. Alle bekannten Kreditkarten werden angenommen. Das Kaufdatum ist der Tag, den Sie zu Hause verlassen haben, und Sie bezahlen in Ihrer Heimatwährung plus 18,5 % Bearbeitungsgebühr. Die Einkünfte der Läden tragen wesentlich zur Finanzierung des IBTAS bei.

Wenn Sie beim Zoll abgefertigt sind, gehen Sie noch an der Wechselstube vorbei. An Ihrem Ziel können Sie Ihre Hotelrechnung bestimmt nicht per Scheck bezahlen oder bei einer örtlichen Zweigstelle Ihrer Bank Geld abheben. Beim Zoll können Sie all ihre momentanen Geldmittel sicher deponieren. Versichern Sie sich, daß Sie soviel Geld dabei haben, wie Sie brauchen, denn wenn Ihnen das Geld ausgeht, müssen Sie zuerst durch den Zoll, um wieder an Ihr Geld zu kommen.

Zum Schluß noch ein Tip: Gehen Sie noch einmal zur Toilette, wenn Sie aus dem Zoll kommen, es könnte für lange Zeit die letzte Chance auf eine brauchbare sanitäre Anlage sein.

Die Rückkehr aus der Vergangenheit

Wenn Sie Ihre Reise beendet haben und den Rückkehrknopf drücken, landen Sie zuerst wieder beim Zoll. Das geht ziemlich genauso wie bei der Hinfahrt: Sie werden auch wieder gründlich untersucht. Man schickt Sie zu einem Gesundheits-computer, wo Sie ein paar Standardfragen beantworten und sich einem Bluttest unterziehen müssen, der sofort ausgewertet wird. Das ist der beste Weg, die Krankheiten der Vergangenheit aus der Gegenwart und Zukunft fernzuhalten. Wird eine Krankheit festgestellt, müssen Sie zuerst in Quarantäne. Dazu werden Sie in eine geschlossene Klinik gebracht, die gleich neben dem Zoll liegt. Sie verfügt über erstaunliche medizinische Möglichkeiten aus Vergangenheit, Gegenwart und Zukunft. Die Ärzte hier können nicht jede Krankheit heilen, aber sie können verblüffend viel, so daß es bisher nur sieben Langzeitpatienten gibt. Die meisten werden nach zwei bis drei Tagen wieder entlassen.

Nach Abschluß der Gesundheitsüberprüfung führt man Sie in eine Nische, wo ein Beamter die Durchsuchung des Körpers und des Gepäcks übernimmt. Ihn kann man nicht beschummeln, weil er die jeweilige Epoche und Gegend, aus der man einreist, genau kennt. Man kann die Durchsuchung nicht umgehen. Haben Sie nicht genug Geld dabei, um die Mehrwertsteuer für einen wertvollen Gegenstand zu bezahlen, den Sie mitgebracht haben, so wird die Ware der Zeitpolizei übergeben und in die Zeit zurückgebracht, aus der sie stammt. Die Inspektoren sind Experten und kennen bis auf den Pfennig genau den Schätzwert der Ware, die Sie einführen wollen. Wenn Sie versuchen sollten, einen Inspektor zu bestechen oder ihm einen Handel anzubieten, werden Sie ohne ein weiteres Wort der Zeitpolizei überstellt. Die Zollinspektoren sind unbestechlich (und das aus gutem Grund: Wenn sie erwischt werden, verlieren sie nicht nur ihre Arbeit, sondern auch sämtliche Zeitreiseprivilegien, lebenslang).

Was Sie mitbringen dürfen

Die meisten sind angenehm überrascht darüber, was sie alles in die Gegenwart mitbringen dürfen. Wie beim internationalen Reiseverkehr müssen alle Gegenstände, die während der Reise gekauft wurden, deklariert und von einem Zollinspektor untersucht werden. Für die meisten von uns sind die Zollgebühren und die Mehrwertsteuer entscheidend. Bemessungsgrundlage ist der Wert einer Ware in der Gegenwart. Wenn Sie beispielsweise ein Exemplar des Beatles-Albums *Yesterday and Today* mit dem »Schlachter-Cover« erworben haben (die famosen Vier werden auf dem blutigen Cover dieser LP mit zerstückelten Babypuppen gezeigt. Das Cover wurde veröffentlicht und bald darauf durch ein geschmackvolleres ersetzt), so haben Sie vielleicht in der letzten Juniwoche 1966 fünf Mark dafür bezahlt. Da die Platte seitdem zu einem seltenen Sammelstück geworden ist, können Sie beim Zoll mit weiteren 500 DM rechnen, was es auf den gegenwärtigen Marktwert bringt. Diese Preispolitik soll den schwunghaften Handel der Großhändler einschränken, da diese Anpassung an den Marktpreis für sie keinen Profit mehr abwirft. Für Gegenstände, die nicht als Sammlerobjekte gelten, gibt es einen Zollfreibetrag in Höhe von 500 DM gegenwärtigen Wertes. Das IBTAS unterhält eine Liste der Sammlerstücke mit den entsprechenden »heutigen« Preise. Sie können z. B. eine Flasche mit altem spanischen Portwein mitbringen. Bestimmte Jahrgänge werden als Antiquitäten betrachtet, auf denen ein besonderer Zoll liegt. Hier eine aktuelle Liste der Dinge, die man zollfrei einführen kann:

• bis zu 1 Liter Wein oder Spirituosen
• uneingeschränkte Proben aus der Natur
• Fahrkartenkontrollabschnitte

- bis zu 4 Zeitungen, Bücher oder andere Veröffentlichungen
- bis zu 2 Gemälden, Bilder oder Photos, vorausgesetzt sie stehen nicht auf der Liste der berühmten Künstler
- unbegrenzte Mengen handschriftlicher Materialien, vorausgesetzt es besteht kein wirtschaftlicher oder Sammlerwert für das Dokument (Autogramme manchmal ausgenommen)
- bis zu 4 Kleidungsstücken
- bis zu 4 Kuriositäten, wenn sie nicht als Antiquitäten ausgewiesen werden
- bis zu 20 DM heutigen Wertes örtlicher Währung

Wenn Sie Dinge kaufen und den erforderlichen Zoll und die Mehrwertsteuer nicht zahlen können, bewahrt der Zoll die Waren für Sie auf, und Sie können sie später abholen. Neben dem Zoll gibt es ein riesiges Warenlager mit Dingen, deren Verbleib noch zu klären ist. Sie fahren einfach nach Hause, holen das Geld, bezahlen den Zoll und holen dann Ihre Sachen ab. Wird der Zoll nicht innerhalb eines Kalenderjahres nach Ihrer Rückreise bezahlt, wird der Gegenstand auf einer jährlich stattfindenden öffentlichen Versteigerung veräußert. Die Höhe der zu zahlenden Gebühren ändert sich tagtäglich je nach dem gegenwärtigen Marktpreis.

Genauere Information sollten Zeitreisende unbedingt im umfassenden Ratgeber für Zollbestimmungen und -verfahren nachsehen. Es gibt sie in größeren Buchhandlungen, bei der FTTC und in Zeit-Deines-Lebens-Läden.

Einfuhren aus Profitgründen

Das ist eine vielversprechende Idee, und vielleicht wird sie eines Tages sogar verwirklicht. Heutzutage gibt es viele Leute, die Gegenstände aus der Vergangenheit geradezu verehren. Bisher war die einzige Möglichkeit, an sie heranzukommen, selbst in die Vergangenheit zu fahren oder einen Freund zu bitten, sie mitzubringen. Die heutigen Gesetze schränken das sehr ein, um die historische Verträglichkeit des Marktes zu erhalten. Wegen der hohen Mehrwertsteuer bezahlen Sie im heutigen Einzelhandel weniger für eine Antiquität, als würden Sie das Original direkt einführen.

DIE ZEITPOLIZEI

Zeitreisende, die versucht haben, die Zollinspektoren zu hintergehen oder zu täuschen, die FTTC oder IBTAS-Vorschriften zu verletzen, in anderen Zeiten Verbrechen zu begehen oder in der Vergangenheit Informationen über die Zukunft weiterzugeben, müssen eine Verhaftung durch die Zeitpolizei befürchten.

Anders als die herkömmliche Polizei, deren Bestand durch die Personalstärke und den Finanzhaushalt bestimmt wird, besteht die Zeitpolizei hauptsächlich aus Teilzeitkräften. Es gibt Zehntausende davon, einschließlich einiger, die in Schlüsselzeiten und -orten der Vergangenheit und in bestimmten Gegenden der Zukunft arbeiten. Sie tragen keine Uniformen, vielmehr sehen sie so aus wie die Leute der jeweiligen Zeit. Das hat sich als außerordentlich wirksames Mittel zur Durchsetzung des Rechts erwiesen. Als Zeitreisender wissen Sie nie, wo die Zeitpolizei gerade ist, und Sie wissen auch nie, ob Ihre neue Liebe nicht vielleicht einer von den Zeitpolypen ist. Deshalb halten die meisten Zeitreisenden tatsächlich den Mund über das Leben in ihrer Zeit.

Zusammenfassung der IBTAS-Vorschriften

• Alle Reisenden müssen über eine gültige Zeitkarte verfügen.

• Sie dürfen ohne besondere Genehmigung bis zu sechs Tage in der Vergangenheit verbringen. Zeitreisende, die ohne Genehmigung versuchen länger zu bleiben, werden mit Geldstrafen, Haftstrafen und/oder dem Verlust ihrer Rechte bestraft.

• Wer Zeitkarten fälscht oder gefälschte Zeitkarten in Umlauf bringt, verkauft oder herstellt, wird hart bestraft.

• Der Transport von »Eingeborenen« erfordert eine Erlaubnis der Einwanderungsbehörden.

• Der Transport von Gütern aus der Gegenwart in die Vergangenheit ist streng eingeschränkt.

• Einer Person, die in einer anderen Zeit lebt, dürfen keine der Zeitrechnung widersprechenden Objekte gezeigt werden, noch darf ihr von der eigenen Gegenwart erzählt werden.

• Die Reise in eine private Wohnung oder einen Geschäftsraum ist ausdrücklich verboten. Ankunftsorte sollten abgelegen sein.

Die meisten Zeitpolizisten arbeiten entweder an einem Ort in einer speziellen Zeit, die sie ihre Heimat nennen, oder sie nehmen Aufträge zur Beschattung eines mutmaßlichen Täters an. Wenn Sie den Besuch einer gefährlichen Zeit planen, können Sie einen Zeitpolizisten zu Ihrem Schutz mieten.

Das Hauptquartier der Zeitpolizei liegt direkt außerhalb des öffentlichen Gebietes, hinter der Zollbehörde. Personen, die in anderen Zeiten festgenommen werden, werden direkt zum Zeitgerichtshof gebracht; der verhaftende Zeitpolizist bleibt beim Verhör dabei.

DER ZEITGERICHTSHOF

In der Zeitrechtsprechung gibt es keine Grauzonen, also werden die meisten Fälle im Zeitgerichtshof zügig abgewickelt, und ein Richter entscheidet allein. Es ist wie bei einem Verkehrsgericht, wo ein reines Strafregister eine erstklassige Entlastung ist und notorische oder Wiederholungstäter mit dem Verlust ihrer Rechte, mit Geldbußen oder Haft bestraft werden.

Das Einweisungssystem funktioniert so wie beim Zoll. Der Polizist bringt Sie zu einem zentralen Gebiet, wo Sie in eine offene Zeitnische eingewiesen werden. Wenn Sie nur in einer Ordnungswidrigkeit schuldig sind, z. B. Mitbringen einer verbotenen Kleinigkeit aus vergangenen Zeiten oder offensichtlich versehentliches Sprechen über eigene Zeiten, wird Sie der Richter möglicherweise nur ermahnen und Ihnen das Versprechen abnehmen, so etwas nicht noch einmal zu tun; oder er verbietet Ihnen das Reisen für 30 Tage. Sind Sie ein Wiederholungstäter, verurteilt man Sie zu einer Geldstrafe, oder Sie verlieren Ihre Fahrerlaubnisklasse (z. B. Blau wird zurückgestuft auf Gelb), oder Ihre Rechte werden Ihnen für ein Jahr entzogen. Erfahrene Täter nennen das »Zeit-Zeit« absitzen.

Wenn Sie ein Verbrechen begehen, z. B. einen Zeitgürtel zerstören oder stehlen oder andere Zeitreisende auf andere Art gefährden, dürfen Sie nicht mehr reisen. Basta! Wenn Sie in einer anderen Zeit ein Verbrechen begehen, unterstehen Sie der dortigen Gerichtsbarkeit, den örtlichen Gesetzen und den örtlichen Strafen. Sollten Sie also vorhaben, etwas falsch zu machen, bedenken Sie, daß die Strafen drastisch sein können, je nachdem wo Sie gerade sind und zu welcher Zeit. Ein kleiner Taschendiebstahl kann z. B. den Verlust einer Hand bedeuten. Das biblische »Auge um Auge« ist nicht bloß so eine Redensart, sondern in manchen Zeiten der Welt Gesetzesgrundlage. Widerstehen Sie also der Versuchung, denn die Strafe paßt nicht immer zur Tat.

Einige wohlmeinende Zeitpolizisten haben schon Reisende zum Zeitgericht gerettet, um dort feststellen zu müssen, daß der Richter sie an die Zeit des Geschehens zurückgeschickt hat, egal was ihm dann passiert.

»Nun, ich hatte kaum den ersten Vers fertig«, sagte der Hutmacher, als die Königin brüllte: »Er schlägt die Zeit tot – Enthauptet ihn!«

LEWIS CARROLL
Alice im Wunderland

MIT EINER CHRONOLOGISCHEN WELT ZURECHTKOMMEN

Frühe Zeittouristen hatten die Vorstellung, sie könnten ihre zwei Wochen Urlaub in monatelange oder sogar jahrelange Ferien ausdehnen. Das hörte sich gut an. Wieso kann man nicht ein Wochenende ein Jahr lang machen und am Montag morgen wieder frisch und erholt im Büro auftauchen? Und genau das machten einige Leute. Sie machten einen ausgiebigen Urlaub in Cannes, noch bevor es als beliebter Ferienort entdeckt wurde, oder sie schlenderten durch ein paar alte Städte, kauften vielleicht ein bißchen ein und kamen nach Monaten oder Jahren der Abwesenheit zur Arbeit zurück. Das war angenehm erfrischend, aber fast alle Reisenden hatten dasselbe böse Erwachen, wenn sie schließlich wieder zu Hause ankamen.

Zunächst konnten sie sich an nichts erinnern, das am Tag zuvor passiert war, denn für sie war dieser Tag ja schon vor Monaten. Sie hatten die gestrige Sitzung vergessen, den momentanen Arbeitsplan, sogar die Namen von Mitarbeitern. In einigen Fällen mußten sie ganz neu eingearbeitet werden.

Zweitens aber waren diese Leute ein paar Monate, einige sogar Jahre älter als zuvor. Das ergab ein ziemliches Durcheinander im Personalbüro, besonders wenn Versicherungspolicen erstellt werden sollten. Im Laufe eines Wochenendes wurde aus einem vielversprechenden 33jährigen stellvertretenden Vorsitzenden jemand, der seine jugendliche Ausstrahlung verloren hatte, als er zurückkam und aussah wie 45. Die Presse berichtete von einem 25jährigen, der im Rentenalter von einer Reise zurückkam und nicht verstand, warum er keine Rente bekommen sollte.

Die Sache ging schließlich bis zum Bundesgerichtshof, der im Falle Mc. Cullogh gegen JCT Industries entschied, daß eine Firma einen Angestellten nach dessen biologischem Alter und nicht nach seinem chronologischen Alter behandeln soll. Auf diese Entscheidung hin stellte die FTTC eine Reihe von Richtlinien auf, die inzwischen von den meisten Firmen akzeptiert werden. Hier die wichtigsten Punkte:

1. Ein neuer Mitarbeiter muß seine Zeitkarte bei der Einstellung vorlegen oder, wie im Falle von Selbständigen, beim Eintritt in die Sozialversicherung. Der Zeitcomputer der Firma oder Versicherung zeigt die insgesamt in anderen Zeiten verbrachte biologische Zeit, die zum aktuellen Alter dazugerechnet wird und dann das »angepaßte biologische Alter« (ABA) ergibt. Andere Angaben, besonders, wo und wann Sie dort gewesen sind, sind vertraulich und ohne Ihre Zustimmung und Ihren Sicherheitscode nicht zugänglich.

2. Angestellte können für die chronologische Dauer ihres Urlaubs verreisen, wenn sie das möchten. Jeder, der Zeitreisen unternimmt, muß Änderungen seines Alters anschließend dem Personalbüro mitteilen. Dabei geht es die Firma nichts an, wohin Sie gefahren sind!

3. Der Berechnung Ihrer gesamten Arbeitszeit und aller mit der Versicherung und der Rentenberechtigung zusammenhängenden Umstände wird Ihr angepaßtes biologisches Alter (ABA) zugrundegelegt. Wenn Sie den Arbeitgeber oder die Versicherung wechseln, wird Ihr ABA von der Zeitkarte abgelesen. Es gibt keine Möglichkeit, das System zu hintergehen, außer Sie beschädigen Ihre Zeitkarte oder manipulieren den Zeitcomputer oder den Computer Ihrer eigenen Firma. Werden Sie überführt, ihre Zeitkarte illegal verändert zu haben, verlieren Sie Ihre Zeitreiseerlaubnis.

4. Die Höhe der Rente und der Sozialversicherungsansprüche richtet sich nach den Zeiten aktiver Einzahlungen, nicht nach dem Lebensalter. Egal wie alt man ist, Leistungen aus der Sozialversicherung werden danach berechnet, wie lange man eingezahlt hat.

Nach der Einführung dieser Richtlinien begannen die Probleme, sich von selbst zu lösen. Wie unsere Relativitätszwillinge Jennifer und Bobbi ziehen es die meisten Leute vor, im selben Tempo zu altern wie ihre Freunde und Verwandten. Wir hatten zwei Freunde, die das auf sehr schmerzhaftem Wege erkennen mußten. Als Richard und Kathy noch auf der Uni waren, fuhren sie überall zusammen hin. Sie verbrachten eine Woche im viktorianischen London, einen Monat zwischen den Weltkriegen an der Nordküste Afrikas, ein halbes Jahr hier und ein halbes Jahr dort. Sie alterten zusammen und sahen ein oder zwei Jahre älter aus als ihre Freunde. Nach dem Abschluß der Uni reisten sie weiter, aber schließlich kümmerte sich Kathy um ihre Karriere, und ihre gemeinsamen Reisen wurden seltener. Richard dagegen be-

Die Pokalentscheidung

Es gab drei Gerichtsentscheidungen über das Altern, die Football-mannschaften betrafen. Die berühmteste davon ist der Fall von George Carruthers, dem Quarterback, der den Pittsburgh Steelers im 56. Pokalfinale zum Sieg verhalf. Er hatte sich entschlossen, mitten in der darauffolgenden Saison eine fünfjährige Pause einzulegen. Er kam mit dem Körper eines 41jährigen zurück, mit langsameren Reflexen und keinem nennenswerten Schlagarm. Die Steelers verklagten ihn auf Schadensersatz wegen geringerer Einnahmen und gewannen spektakulär.

Im zweiten Fall gelang es den Los Angeles Rams, noch eine zusätzliche Woche Training vor dem entscheidenden Spiel um den 58. Pokal gegen die Tokio Colts einzulegen, weil diese in Best-form waren. Direkt vor dem Spiel reisten die Rams in das Jahr 1256, schliefen auf einer flachen Weide unter freiem Himmel, aßen frisches Fleisch und kochten an großen Lagerfeuern. Die Colts machten geltend, das sei »unethischer Gebrauch« von Zeitreisen, aber das Gericht wies diese Beschuldigung zurück und schlug sich auf die Seite der Rams. Das Gericht führte in der Urteilsbegründung an, die Colts hätten ja dasselbe machen kön-nen. Die Presse behauptete, der Richter sei ein Fan der Rams gewesen, und der Spruch sei lächerlich. Er gilt aber trotzdem.

Der dritte Fall hatte mit Spielern zu tun, die merkwürdige Namen und noch merkwürdigere Biographien hatten und die in der Mannschaft der New Orleans Saints auftauchten. Allem Anschein nach hatten die Berater ihre Hausaufgaben gemacht und in der Vergangenheit den Gewinner der ersten griechischen Olympi-schen Spiele gefunden, der 100 Meter in 3,9 gelaufen war. Er wurde als Fänger eingesetzt. Drei wilde Mongolen machten sich auf der Angriffslinie breit. Wie waren die bloß durch den Zoll gekommen? Durch eine Gesetzeslücke, die es erlaubte, diese »Investitionen« als Fracht zu transportieren, nachdem man eine angemessene Summe an den Zoll gezahlt hatte! Die Gesetzeslücke wurde geschlossen und die Vorschrif-ten flugs dahingehend umgeschrieben, daß Lebewesen (der Tier- und Pflan-zenwelt) ausdrücklich von der Frachtregelung ausgenommen werden. Deshalb ist es fast unmöglich gewor-den, Tiere, Pflanzen oder Lebensmittel in die Gegenwart mitzubringen. Menschliche Wesen dürfen nur noch als Mitreisende behandelt werden.

hielt seine Reisepläne bei. Ein paar Jahre vergingen, bevor sie einander wiedersahen, und Kathy war erschüttert: Sie wußte, daß sie und Richard gleich alt waren, er sah aber zwanzig Jahre älter aus. Ihr Wiedersehen war traurig; Richard konnte nichts mehr mit Kathy anfangen, denn nun waren sie ja nicht mehr im gleichen Alter.

AUS- UND EINWANDERUNG

In die »gute alte Zeit« zurückzukehren ist der Traum vieler moderner Zeitgenossen. Das Zeitreisen macht Träume wahr, aber dabei geht auch etwas verloren. Die Vergangenheit, so wie wir uns an sie erinnern, hat etwas Magisches. Wie so vieles, das von der modernen Technik überflüssig gemacht wurde, ist einiges, das die Vergangenheit so nostalgisch, so besonders macht, für immer verlorengegangen. Sie könnten entdecken, daß die Romantik einer vergangenen Zeit, nach der Sie sich so sehr sehnen, kaum mehr als ein netter Urlaubsort ist. Wer würde mit klarem Verstand so sein ganzes Leben verbringen wollen?

Allerdings gibt es ein paar Verwegene, die das wollen. Ein Leben in der Vergangenheit hat sicher auch seine guten Seiten: Es ist nicht so komplex, es werden weniger Ansprüche gestellt, es gibt noch kein Aids, es gibt außerdem mehr Grün, mehr Gegenden, die von der wirtschaftlichen Entwicklung verschont geblieben sind, und zumindest sind nach unserem Empfinden die Leute einfach netter.

Es ist relativ einfach, in die Vergangenheit auszuwandern. Sie füllen nur ein Formular aus, geben Ihren Wohnsitz in der neuen Zeit auf, tauschen Ihre Habseligkeiten in die örtliche Währung um, bezahlen die Gebühren, und Sie werden in die Zeit und an den Ort Ihrer Wahl geschickt. Sie haben dann keinen Zugang mehr zu irgendwelchen Zeitmaschinen, Sie können nicht einmal mehr Ihre Gegenwart auf einem Zeitfernseher anschauen. Es ist eine wichtige Entscheidung und eine unabänderliche.

Es gibt zwei Gründe dafür, daß jemand in die Vergangenheit auswandert. Der erste ist der bekanntere: Man verliebt sich in jemanden aus der Vergangenheit. Da er oder sie nicht in Ihre Zeit mitkommen kann, entscheiden Sie sich für die einfachere Lösung: Sie verlassen Ihre Heimat für immer. Der zweite Grund ist auch aus Liebe, nur in einer anderen Form. Es ist eine Lebensliebe, oder genauer: Eine Liebe zu dem Leben, das zu einer bestimmten Zeit existierte. Paris in den 90er Jahren des 19. Jahrhunderts ist wegen seines Reizes, des Glanzes und der Tatsache sehr beliebt, daß es eine freie Denkkultur gibt. Biblische Zeiten und Orte sind ebenfalls sehr beliebt, obwohl wir es immer anstrengend gefunden haben. Die Landschaften Neuenglands sind auch ganz reizvoll, vorausgesetzt man kommt nach der Revolution an, oder, wenn Sie Indianer sein sollten, bevor die Kolonialherren kommen und alles ändern.

Sollten Sie auch nur den geringsten Zweifel an einer gänzlichen Übersiedlung haben, ist es wohl besser, wenn Sie erst einmal einen längeren Aufenthalt vorsehen, bei dem Sie in der Zeit leben, die Sie ausgewählt haben (und, wenn Sie sich verliebt haben, mit der Person zu-

sammenleben, für die Sie Ihre heutige Existenz aufgeben wollen). Sie können eine Erlaubnis für einen einjährigen Aufenthalt an einem Ort beantragen, um Ihre Bereitschaft zur Auswanderung zu prüfen. Die Gremien, die dafür zuständig sind, das Recht auf Auswanderung zu erteilen, bringen im allgemeinen für eine bestimmte Zeit Verständnis für unerwiderte Liebe und Leidenschaft auf und reagieren wohlwollend auf Anfragen zum Schutz von Zeugen und Opfern. Am Ende des Jahres (oder schon früher) gibt man Ihnen 30 Tage zur Klärung aller Angelegenheiten, bevor Sie für immer weggehen. Wenn es aber nicht klappt, haben Sie nichts verloren, außer der Chance, das Ganze im selben Kalenderjahr noch einmal zu machen (bei Zeitreisen dürfen Sie sich pro Kalenderjahr nur einmal Hals über Kopf verlieben).

Das IBTAS hat strenge Transportregelungen für Zeitumziehende aufgestellt. Wenn Sie einen endgültigen Umzug planen, bereiten Sie sich darauf vor, die meiste Habe zurückzulassen. Beim Umzug in eine andere Zeit können Sie nicht auf die Hilfe eines Umzugsunternehmers bauen – noch nicht.

Ein Blick in die Gelben Seiten unter Umzüge/Zeit hilft Ihnen weiter. Hier finden Sie Einträge wie »die Vergangenheitsfinder«, einer Unternehmensgruppe, die Ihnen hilft, alles vorzubereiten – vom Verkauf Ihres Eigentums bis zur Erledigung aller Formalitäten. Diese Firmen haben die besten Informationen über den Arbeitsmarkt, Wohnungen und Schulen. Wir können die »Vergangenheitsfinder« sehr empfehlen, weil es eines der wenigen Unternehmen ist, das die Hilfe eines erfahrenen Begleiters anbietet, der die ersten zehn Tage mitfährt und Ihnen beim Neuanfang hilft.

Eine Einwanderung in die Gegenwart aus anderen Zeiten ist unmöglich. Nur wenn die Umstände unerträglich sind (z. B. Sie verlieben sich in eine Frau aus der Vergangenheit, sie ist schwanger, und sowohl sie als auch das Kind werden sterben, wenn sie nicht beide in die Zukunft gebracht werden, wo sie eine angemessene medizinische Betreuung erhalten), können Sie sich an einen höheren IBTAS-Beauftragten wenden. Obwohl diese Anfragen zunächst routinemäßig abgelehnt werden, könnte der Mitarbeiter eine besondere Versicherung für eine Zeitkarte erwirken. Normalerweise ist es das bloße Durchhaltevermögen (oder besondere Vergünstigungen, wenn sie hoch genug sind), das zu einer besonderen Erlaubnis führt. Hoffen Sie aber nicht zu sehr darauf.

Obwohl die Grundlagen des Zeitreisens ziemlich einfach sind, kann es schwierig, ja manchmal sehr frustrierend sein, seinen Weg durch die vielen Regeln, Ämter und Anforderungen zu finden, die das Reisen sicher machen. Ein ganzer Industriezweig für den Zeitreisenden ist entstanden, der eine große Bandbreite an Dienstleistungen von der Kleidung bis hin zu Reisebuchungen anbietet. Sie finden unsere Vorschläge, wie Sie diese Angebote nutzen können, im nächsten Kapitel.

AGAIN FOR
THE FIRST TIME

Music by
Douglas J. Cohen

Lyrics by
Willard C. Ambi̱

Was den Zeitpolizisten zu Anfang dieses Kapitel betrifft:
 Der Mann mit dem Schnurrbart ist nicht nur ein Zeitpolizist, sondern der Ur-
großvater eines der Autoren dieses Buches. Er verließ seine eigene Zeit, um im
Boston der 1920er zu leben und zu arbeiten. Sein Name: John J. Curley, ein
Verwandter des legendären Majors.

AGAIN FOR THE FIRST TIME

Music by
Douglas J. Cohen

Lyrics by
Willard C. Ambis

Moderato with feeling

I re-

1. mem- ber the mo- ment it hap- pened, Long a-
2. stand- ing a- lone in the moon- light I was
3. came on an all too brief vis- it, From a
4. mo- ment I'll bid you fare- well, dear. And though

go on- ly just yes-ter- day; In an age ob- so- lete, I found
try- ing so hard not to care; I had firm- ly re- solved to re-
fu- ture you won't live to see; You're a dream from my past and this
time as a mas- ter is stern; I'll de- fy its com-mands,stop the

99

Noch einmal zum erstenmal

Musik von Douglas J. Cohen
Text von Willard C. Ambis
Moderato mit Gefühl

1
Ich erinn're mich, als es passierte, lang ist's her,
 es war gestern erst,
in uralter Zeit fand ich Liebe und Schutz, und die Angst,
sie schmolz einfach dahin.

2
Du standest alleine im Mondlicht (und) ich versuchte so sehr,
nichts zu sehn, erst entschloß ich mich fest,
nicht betroffen zu sein,
doch Dein Lächeln gab mir keine Chance.

3
Denn ich kam zu einem Besuch aus der Zukunft,
die Du nicht mehr erleben wirst. Du,
mein Traum früherer Zeit bist ein Traum, der nicht bleibt.
Ich gehör' einer Zeit, die erst kommt.

4
In einem Moment nehm ich Abschied, mein Lieb,
und die Zeit ist ein harter Befehl.
Ich gehorche ihm nicht, halte der Sanduhr Zeit an
und sofort bin ich wieder bei Dir.

Refrain:
Ich lieb' Dich noch einmal wie zum erstenmal,
laß Dich noch mal erobern, mein Herz.
Die vergangene Nacht hat mich glauben gemacht,
niemand trennt uns, und auch nicht die Zeit.

Coda

KAPITEL VIER

REISE-GRUNDLAGEN

*»Die Zivilisation der einen Zeit
wird der Dünger der nächsten.«*

CYRIL CONOLLY
Das Unruhige Grab

O London! Charme des viktorianischen Zeitalters. Gut ausgerüstete Kutschen werden von wunderschönen, glattgestriegelten Pferden gezogen. Das Blumenmädchen verkauft seine Blumen vor dem Covent Garden. Modische Damen schreiten in Samt und Seide vorbei auf ihrem Weg ins Theater; untadelig adrette Herren, jeder mit einem Gehstock. Die Kinder sauber geschrubbt und in Spitze verpackt, Jungen und Mädchen gleich. - Als ideales Ziel für einen Urlaub ist das viktorianische England ein Renner.

Ein genauerer Blick füllt die Lücken aus, die Hollywood vergessen hat. Sie werden bemerken, daß es hier sehr wenig Buntes gibt. Alles, von den Gebäuden über die Denkmäler bis zu den Leuten, scheint mit einer einheitlichen grauen Blässe überzogen, die von den Tausenden

Kohlefeuern herrührt, die die Luft verschmutzen. Selbst der Gang durch eine ordentlich aussehende Straße kann schnell zu einem Trauma werden; der Gestank sogar der saubersten Straße ist (mit den Worten von Shakespeares Falstaff) »höchst widerwärtig«. Die Rinne in der Mitte der Straße ist die Kanalisation, die offen liegt und niemals gereinigt wird. Putzwasser wird durch jede Tür nach draußen geschüttet, und in den meisten Gegenden machen sich die Einwohner einen Spaß daraus, auch noch ein geeignetes Ziel dafür auszusuchen.

Im viktorianischen London – wie übrigens in den meisten Zeiten der Vergangenheit – sind die Leute wahrscheinlich eher verdreckt. Viele von ihnen baden nur einmal im Jahr, ob es nötig ist oder nicht. Bereiten Sie sich darauf vor, Ihr Bett mit Flöhen, Wanzen, Läusen und fünf bis sechs weiteren Gästen zu teilen. Nachttöpfe werden nur in den besseren Unterkünften bereitgestellt. Die meisten werden täglich geeinigt. Bescheidenere Unterkünfte bieten Freiluftunterkünfte an, oft mit zwei oder drei Löchern! Obwohl diese jenen, die heutzutage an das Alleinsein am stillen Örtchen gewöhnt sind, peinlich sein mögen, sind sie allerdings – speziell bei feuchtwarmem Wetter – den Nachttöpfen vorzuziehen.

Sie wurden gewarnt! Wenn Sie auf diese Eventualitäten vorbereitet sind, können Sie die Unannehmlichkeiten vergessen und sich statt dessen auf das konzentrieren, weshalb Sie hergekommen sind. Erscheint es Ihnen aber unerträglich, Schmutzwasserkaskaden auszuweichen, auf Müllhaufen herumzulaufen und sich auf dem Klo unterhalten zu müssen, wäre es für Sie wahrscheinlich besser, Sie benutzten ein Zeitsichtgerät oder gingen zu Ihrer historischen Erbauung in ein Museum. Viele verbringen ja auch gerne ihren Urlaub im Ferienclub – vielleicht gehören Sie dazu.

Glauben Sie uns, wir versuchen Sie nicht vom Zeitreisen abzubringen, wir möchten lediglich, daß Sie wissen, was Sie erwartet. Wenn Sie sich Reisekataloge ansehen, sehen Sie nur die herausgeputzten Damen und adretten Herren. Reiseveranstalter sind dazu da, Reisen zu verkaufen, warum sollten sie sich damit aufhalten, die häßlichen Details zu erörtern und Sie damit von der Buchung abzuhalten? Erst wenn Sie sich von all Ihren Vorstellungen und Erwartungen der heutigen Zeit freimachen, dann reisen Sie mit der richtigen Einstellung.

MIT EINEM REISEBÜRO DIE REISE PLANEN

Eine Reise ohne ein Reisebüro zu planen ist fast unmöglich. Die Reisekaufleute sind Spezialisten für die Kleinigkeiten, die das Zeitreisen betreffen. Ihre Computer haben beispielsweise unmittelbaren Zugang zu den Kleidungsgewohnheiten im Weimar des 18. Jahrhunderts und nennen Bekleidungsgeschäfte, die die gewünschten Kleidungsstücke und Accessoires besorgen können. Sie nennen auch Restaurants im kolonisierten Australien, die relativ unverseucht sind.

Ihr Reisekaufmann ist ein Spezialist

Die Informationen, die Ihnen ein sachkundiger Reisekaufmann gibt, sichern nicht nur Ihre Reise, sie retten manchmal auch Ihr Leben. Ein Beispiel: Katie O'Neill plante eine Mehrfachreise nach Irland, um die Hochzeit ihrer Großeltern und deren spätere Auswanderung nach Amerika mit zu erleben. Die Heirat fand am Samstag, den 20. September 1913 statt. Ihr Reiseberater empfahl ihr, den Reisezeitpunkt sorgfältig zu planen, denn am 21. September sorgten 10 000 Streikende in den Straßen von Dublin für Aufruhr, bei dem Hunderte verletzt wurden. Nun konnte Katie während der Trauung ihrer Großeltern in die Kirche schlüpfen und befolgte dann den Rat ihres Reisefachmannes und blieb am Freitag der gefährdeten Gegend fern. Katies nächster Halt war dann im Jahre 1916, das Jahr, in dem ihre Großeltern mit ihrem damals einjährigen Sohn, Katies Vater, den Dampfer bestiegen, der sie nach Amerika bringen sollte. Wieder

bewahrte sie ihr Reiseberater vor einer Gefahr. Auf dem Weg zu den Docks vermied Katie die gewaltsamen Ausschreitungen in der Liberty Hall, wo Mitglieder der Sinn-Fein-Gesellschaft eine Reihe von öffentlichen Gebäuden stürmten. Viele hundert Passanten wurden im folgenden Getümmel verletzt. Ausgestattet mit dieser vielleicht lebensrettenden Information erfreute sich Katie einer schönen Reise.

Alle Zeitreisebüros bieten einen allgemeinen Service an. Zusätzlich bieten einige verschiedene Spezialgebiete. Katie suchte sich eines aus, das sich auf Irland spezialisiert hatte, und das man ihr beim irischen Fremdenverkehrsbüro genannt hatte. Sie hätte auch bei der ASTA nachfragen können oder beim Irish Echo, einer Zeitung für die irische Bevölkerung. Um einen geeigneten Spezialisten zu finden, brauchen Sie nur in die Anzeigen der gehobenen Reiseprospekte zu sehen. Schenken Sie Spezialartikeln über exotische Zeiturlaube in Reisemagazinen besondere Aufmerksamkeit. Aus Dankbarkeit für gute Arbeit nennen die Autoren oft den Reiseberater namentlich. Versichern Sie sich, daß der Veranstalter einen guten Ruf bei der ASTA hat und daß das Büro eine gültige FTTC- Zulassung hat.

Die Leistungen der Reisebüros

Die Dienstleistungen der Reisebüros gliedern sich in drei Klassen. Die erste ist der Zugang zur ASTA-Datenbank, die genauere Informationen über besondere Ereignisse, Daten, Orte, Modestile, Essen, Unterkünfte, sowie spezialisierte Lieferanten für Extras, wie etwa zeitgemäße Unterwäsche, enthält. Die zweite ist der Zugang zu den Vorschriften der FTTC und des IBTAS sowie ausgewählten ausländischen Agenturen. Die dritte Klasse der Dienstleistungen, TPS (Temporärer Publikations-Service), ist für den Durchschnittsreisenden am nützlichsten. Ihr Reisefachmann wird Sie an ein Computerterminal setzen, wo sie Fragen zu Ihren Lebensgewohnheiten und Ihren Vorlieben beantworten. Daraufhin stellt der Computer eine TPS Broschüre zusammen, eigentlich ein für Ihre individuellen Bedürfnisse zusammengestellter Reiseführer, der Ihnen sagt, wo man essen kann und was man dort bestellt, wo man das findet, was man vielleicht einkaufen möchte, der Spaziergänge vorschlägt, Informationen zu örtlichen Transportmitteln gibt und über die persönliche Gesundheitsfürsorge informiert. Die Broschüre enthält auch eine Videokarte mit einem Sprachkurs, der ein generelles Wortverzeichnis und das Ihren Lebensgewohnheiten und Reisevorstellungen angepaßte Vokabular enthält.

Das Reisebüro hilft Ihnen auch bei der Reiseversicherung, den Visaformalitäten, den Impfanforderungen und der Währungsinformationen. Die meisten Reisebüros haben Chronovisionsgeräte, die für die Überprüfung von Details nützlich sind. Größere Agenturen bieten Chronovisions-Überwachung und Aufnahmen an, um Ihre Reise zu verfolgen, was hilfreich ist, wenn Sie in Krisengebiete reisen, oder um einen Film aufzunehmen, in dem Sie selbst der Star sind. Da dies den Anschluß an ein großes, industriell nutzbares Chronovisionsgerät erfordert, ist es natürlich teuer. Es ist aber sein Geld wert, wenn Sie auf

eine Dinosaurier-Safari gehen oder wenn die Gefahr besteht, daß Sie als Geisel genommen werden oder gar etwas Schlimmeres passieren kann. Wenn die Reise eine besondere Reise ist (wie eine zum fünfzigsten Jubiläum oder zu Ihrer Hochzeit), ist es schön, eine Aufnahme davon zu haben, wann und wo Sie gewesen sind.

DAS ÄUSSERE ERSCHEINUNGSBILD

Authentische alte Kleidung ist teuer, und meistens benutzen Sie sie höchstens ein- oder zweimal. Deshalb kaufen die meisten Reisenden nur ein paar persönliche Dinge und mieten den Hauptteil der Garde-

robe. Es gibt einige Mietkleidungsketten. Wir haben gute Erfahrungen mit drei der größeren gemacht, nämlich »WM« (früher Wo-auch-immer-Mode), »Zeitkleidung« und »Kleidungsecke«.

Mit einem Ausstatter zurechtkommen

Leute, die sich auf zeitgenössische Kleidung für Zeitreisende spezialisieren, bezeichnen sich als »Ausstatter«. Die meisten haben einen Hochschulabschluß für einen besonderen Zeitraum und haben mindestens fünf Jahre lang als Lehrling bei einem Schneider oder Appretierer gelernt. Nennen Sie diese Experten nicht Kostümverleiher oder noch schlimmer Garderobier, sonst kann es Ihnen passieren, daß er Sie zum Aristokraten und nicht zum Bauern macht. In den Tagen des Römischen Reiches zeichnete das typische Purpurgewand Sie als Person hohen Ranges aus; und die Breite der Borte an der Toga bezeichnete die Autorität, die deren Träger verkörperte. Diese Kleinigkeiten, die scheinbar unbedeutend sind, wenn Sie vor dem Spiegel stehen und sich bescheuert fühlen, machen einen großen Unterschied, wenn Sie zu einem besonders reizvollen Ereignis Einlaß begehren.

Die meisten Reisenden möchten gerne als Mitglied einer höheren Klasse angesehen werden. Um diese Phantasie auszuleben, sei es auch nur für eine Woche, geben sie viel Geld aus. Zu manchen Zeiten war es aber üblich, daß reiche Reisende von Banditen und Wegelagerern ausgeraubt wurden. Ihr Ausstatter wird Ihnen die Grenzen und Vorzüge der Klasse erklären, die Sie sich ausgesucht haben. Dieser Rat kann zu unschätzbarem Wert gelangen. Sie werden nie einen Blick auf Katharina die Große erhaschen, wenn Sie angezogen sind wie ein russischer Bauer, und Sie können nicht sicher sein, daß Sie Ihren Kopf auf dem Hals behalten, wenn Sie im späten 18. Jahrhundert in Frankreich zu wohlhabend aussehen. Wenn Ihr Ausstatter Ihnen zu einer unauffälligeren Erscheinung rät, vertrauen Sie ihm. Für diesen Hinweis gibt es einen guten Grund: Sarah Ashton-Smith malte sich aus, sie könnte sich an der Seite Beau Brummels und Lord Byrons im Regency-England amüsieren, aber ihre Pläne wurden bereits zerstört, noch bevor

Queen Victoria Street in der Nähe des Old Central Market, Hongkong 1871–1889

110

sie ihre Heimat verließ. Sie hatte nämlich Geld sparen wollen und eine Freundin, die als Kostümdesignerin beim Theater arbeitete, um Hilfe gebeten. Als Sarah dann im Jahre 1913 ankam, war sie überrascht, daß keine anständige Frau mit ihr reden wollte und daß die sogenannten Herren unverschämt waren und ihre Worte mit sexuellen Anzüglichkeiten würzten. Sarah war wie eine Schauspielerin angezogen, doch 1913 hatte eine Schauspielerin denselben Status wie eine Prostituierte. Eine ähnliche Geschichte hörten wir von Jane Czimmer, die die wilden Zwanziger ihrer Großeltern aus Chicago aus erster Hand erleben wollte. Gegen den Rat ihres Ausstatters wählte sie die Backfisch-Ausstattung, die sie auf Fotos aus Hollywood von 1925 gesehen hatte. Unglücklicherweise hatte die Mode aus Hollywood Chicago erst ein Jahr später erreicht. Wie Sarah Ashton-Smith wurde sie als leichtes Mädchen betrachtet. Die junge Frau, die später ihre Großmutter wurde, schnitt sie und gönnte ihr nur ein förmliches: »Erfreut, Ihre Bekanntschaft zu machen.« Jane kam sehr enttäuscht nach Hause.

Mr. und Mrs. Blumenthal am Ende des Tages beim Ausstatter. Sie sind ausgestattet für ein Wochenende bei der Internationalen Weltausstellung in Philadelphia 1876.

Befolgen Sie den Rat Ihres Ausstatters. Er ist mit Sicherheit ein Experte für die bekannteren Zeiten (das Viktorianische England, das alte New York, die Belle Époque in Paris) und mindestens ein Dutzend weiterer Zeiten. Sollte er nicht der Experte für Ihre spezielle Zeit sein, recherchiert er über das Bekleidungssoftware-Netz nach.

Die Menschen trugen in der Vergangenheit ihre Kleidung tagein tagaus (aufgrund neuartiger Textilien ist das in der Zukunft genauso, aber das ist eine ganz andere Sache). Sollten Sie darauf bestehen, Ihre Kleidung täglich zu wechseln, wird man das als merkwürdig betrach-

Das
W.H.H. & S
Ellen-Terry-Korsett

Die alte Legende, daß Frauen
schon beim Anblick einer Maus
ohnmächtig werden, ist nicht
nur Gerede. Es war an der
Tagesordung, als die Damen
noch Korsetts trugen. Korsetts
beengten den Brustkorb so
sehr, daß intensives Luftholen
die Sauerstoffversorgung des
Gehirns unterbrach. Das
Ergebnis: Die Damen fielen
ständig in Ohnmacht, wenn sie
sich auch nur so erschreckten,
daß sie tief Luft holen mußten.

ten, und man wird über Ihre Herkunft mißtrauisch. Als Faustregel gilt
Nehmen Sie eine Ausstattung für den Aufenthalt draußen mit und eine für geschlossene Räume und vielleicht eine für formelle Anlässe. Das
sollte für einen einwöchigen Aufenthalt reichen. Für frühere Zeiten ist
eine einfache Toga alles, was Sie brauchen.

Wir meinen, es ist klug, den Ausstatter rechtzeitig vor der Reise zu
konsultieren, um sicherzustellen, daß alles, was Sie brauchen, auch
vorrätig ist (natürlich können Sie zurückreisen und vorher bestellen
aber der Zoll sieht diesen Mißbrauch nicht gern). Wenn Sie erst in der
letzten Minute kommen, kann es passieren, daß Sie wie ein blöder Stu-
bengelehrter aus dem 19. Jahrhundert wieder rausgehen, weil nicht
anderes mehr da war.

Wir planen normalerweise einen Großteil des Tages dafür ein, beim Ausstatter zu verbringen. Die Frauen vergleichen das immer mit dem Aussuchen des Hochzeitskleides. Es kommt auf jede Kleinigkeit an. Die Idee der wirklich bequemen Kleidung ist übrigens relativ neu. Eine modische Frau trug von 1500 bis etwa 1900 immer ein Korsett oder ein Walfisch-Knochen-Mieder. Ein Korsett kann man nicht einfach überstreifen und dann darin herumspringen. Es ist wohl am besten, Sie bestellen ein Korsett mindestens einen Monat vor Reiseantritt und probieren es zu Hause eine Weile lang aus, bis Sie sich an die neue, ziemlich anstrengenede Art zu atmen, gewöhnt haben.

Wenn Ihre normale Garderobe aus Jeans, einem lockeren Pulli und Schleichern besteht, könnte es passieren, daß die Kleidung der Vergangenheit überraschend schwer und unbequem ist. Geben Sie die paar Mark zusätzlich aus, die es kostet, die Kleidung schon ein paar Tage vorher zu bekommen, damit Sie das Tragen der Kleidung üben können. Lernen Sie, sich anmutig hinzusetzen und ohne Hilfe wieder aufzustehen. Nach einer einstündigen Gehübung in 50 Pfund Brokat ist es gut möglich, daß Sie sich für eine niedrigere Bevölkerungsschicht entscheiden möchten, speziell wenn Sie in den Sommer fahren. Die meisten Ausstatter tauschen gegen geringe Gebühr um.

Passen Sie genau auf, wenn Ihnen Ihr Ausstatter den besonderen Zweck eines Kleidungsstückes oder Accessoires und dessen Tragweise erklärt. Üben Sie eine Weile lang mit Ihrem Tuch oder der Toga und überprüfen Sie die Details. Es gibt gewöhnlich einen guten Grund dafür, daß die linke Schulter bedeckt oder die Brüste bloß sein sollten. Sogar die einfachsten Dinge, etwa, wie man eine Herrenkrawatte auf die gerade modische Weise bindet, kann sehr verwirrend sein, wenn niemand hilft. Einige Ausstatter weigern sich, die Bezahlung anzunehmen, bevor Sie nicht fähig sind, sich anständig anzuziehen. Das ist durchaus verständlich, denn ihr Ruf steht auf dem Spiel.

Schuhwerk

Fußbekleidung wird nicht vermietet. Schuhe oder andere Fußbekleidung muß gekauft werden. Wenn es die Zeit erlaubt, kaufen Sie Ihr Schuhwerk einige Monate vor der Reise und laufen es vorher gut ein. Dadurch hat sich übrigens eine Mode in verschiedenen Städten an der Ostküste entwickelt: Es ist nicht mehr ungewöhnlich, daß man in feinen Restaurants, in der U-Bahn und natürlich bei Kostümfesten verschiedene altertümliche Schuhmoden sieht. Manche laufen wirklich ihre Schuhe ein, andere tun nur so, als wären sie Zeitreisende, die sich auf ein neues Abenteuer vorbereiten.

Die Bedeutung der Accessoires

Ihr Erscheinungsbild ist ohne die richtigen Accessoires unvollstän-
dig. Wenn Sie in die 1950er reisen, brauchen Sie vielleicht nur einer
zeitgemäßen Kamm (als Mann) oder eine Baskenmütze (als Frau) und
vielleicht ein paar Zigaretten ohne Filter. Fahren Sie aber in eine
größere Stadt an der Ostküste zu Beginn des 20. Jahrhunderts, wird eine juwelenbesetzte Krawattennadel (speziell mit Diamanten) als uner-
läßlich erachtet. Der Ausstatter wird sie wieder in schwierigen Dingen beraten. Für Herren erhebt sich die Frage: »Sollte ich ein Taschentuch tragen oder die Nase gleich am Ärmel abwischen?« Für Damen
»Benutze ich den Fächer zum Flirten, und wenn ja, was bedeuten die
Signale?« Egal welcher Zeitraum: Ihr Ausstatter wird Ihnen raten, ob
Sie lieber einen Fächer oder einen Sonnenschirm, eine Schnupftabaks-
dose oder eine Pfeife, Handschuhe oder einen Muff tragen sollten. Einige Empfehlungen werden Sie überraschen. So sind zum Beispiel
kunstvolle Sporen nicht nur die angemessene Tageskleidung für die
nordamerikanische Steppe, sondern ebenfalls für den modischen
Holländer des 17. Jahrhunderts.

Männer träumen vielleicht davon, Cowboys zu sein. Die Auswahl
des Hutes, des Revolvergürtels und der Reithosen geben preis, woher
Sie kommen und wie lange Sie schon durch die Gegend reiten. Sorgen
Sie dafür, daß dieses Zubehör mit dem übereinstimmt, was Sie über
sich erzählen.

RÜSTUNG TRAGEN

Henry Higgenbottom, oder »Sir Henry«, wie er lieber genannt wird, ist ein Ritter in glänzender Rüstung im wahrsten Sinne des Wortes.

Sein Hobby ist es, Wochen, manchmal Monate in der Zeit zwischen 600 und 1600 zu verbringen und Damen zu finden, die er retten kann, oder Herren, denen er dienen kann. Abgesehen von seinem Job als Mitherausgeber der »Mittelalterlichen Zeiten« ist er ein Experte für mittelalterlichen Kampf.

Hier sind Henrys Tips für das Tragen einer mittelalterlichen Rüstung:

1. Borgen Sie sich die Rüstung nicht von jemand anderem. Perfekter Sitz ist von entscheidender Bedeutung, besonders für die Schultern und Gelenke. Metall gibt überhaupt nicht nach, deshalb lassen Sie die Rüstung nach Maß anfertigen.

2. Um Wundreiben zu vermeiden, pudern Sie alle schwitzenden Körperteile mit Babypuder ein. Wenn Sie erst einmal in der Rüstung stecken, können Sie sich nicht mehr kratzen, wenn es juckt.

3. Gehen Sie aufs Klo, bevor Sie die Rüstung anziehen.

4. Wählen Sie das Visier, das den größten Blickwinkel hat.

5. Üben Sie mit der Rüstung, bevor Sie einen echten Ritter herausfordern. Es ist leicht, das Gleichgewicht zu verlieren. Üben Sie auf jeden Fall vor einem Turnier.

6. Planen sie Ihre Reise im Herbst oder Frühling. Die Rüstung wird im Sommer unerträglich heiß, und im Winter friert die Haut an dem Metall fest.

Tip:
Nur für
Revolverhelden

Wenn eine Woche in Dodge City Ihre Vorstellung von einem tollen Urlaub ist, ist hier ein Tip für angehende Revolverhelden: Üben Sie mit Ihrem Sechslader, aber lassen Sie die erste Kammer leer! Erfahrene Schützen benutzten nur fünf Kugeln, damit sie sich nicht versehentlich die Zehen bei einem mißglückten schnellen Zug abschießen.

Frisuren und Makeup

Bei den meisten Ausstattern gibt es Experten für Frisuren und Makeup. Für viele Epochen werden sowohl für Damen als auch für Herren Perücken und Haarteile angeboten. Herrenhaarschnitte sind meist relativ einfach, vorausgesetzt, Sie halten die Haare eher lang für das Ende des 19. Jahrhunderts und eher kurz für den größten Teil des 20. Jahrhunderts (mit Ausnahme der Zeit von 1968–1976, als lange Haare gerade Mode waren). Männer lassen sich die Haare vorher am besten auf die richtige Länge schneiden, weil das dem Ausstatter größere Möglichkeiten bei der Anpassung der Frisur an die jeweilige Zeit gibt. Üben Sie auch das Pudern, Anfänger verbrauchen enorme Mengen Puder. Gesichtshaar ist auch so ein Punkt. Wenn Sie einen Bart haben, oder sich einen stehenlassen können: Wunderbar, denn Bärte, Schnurrbärte und Koteletten sind allgemein beliebt, und der richtige Schnitt vom Friseur wird Sie in die zeitgemäß richtige Form bringen. Wie üblich gibt es auch hier Ausnahmen, deshalb ist der Rat eines Experten immer eine gute Sache. Manche Kulturen des Alten Testaments tragen Vollbart, eine Rasur war ein Zeichen für Trauer.

Frisuren für Frauen sind weitaus komplizierter. Die heute bevorzugten kurzen Haarschnitte sind historisch gesehen unbeliebt mit der Ausnahme einiger kurzer Abschnitte, wie etwa den des Regency-Englands und ein paar Jahrzehnte im 20. Jahrhundert. Noch einmal: Wenn Sie eine Zeitreise planen, lassen Sie ihr Haar wachsen. Es ist besser, Sie lassen sich die Haare abschneiden oder Umformen als später Perücken oder Haarteile einzuflicken.

Die Sitten, die die Frisuren betreffen, mögen merkwürdig anmuten, aber es ist wichtig, sie den Einheimischen anzupassen. Frauen, die ins alte Ägypten reisen, werden Perücken mit kniffligen Haarbändern tragen, die mit geschmolzenem Tierfett parfümiert sind. Für einen römischen Urlaub werden Frauen mit Haarbändern ausgerüstet, die sie um den Kopf schlingen können.

Die Bezahlung der Kleidung

Es gibt für den Ausstatter zwei Arten der Preisfindung. Die meisten legen den tatsächlichen Reisezeitraum zugrunde oder den Zeitraum, für den Ihnen die Kleidung zur Verfügung gestanden hat. Bevor Sie mit

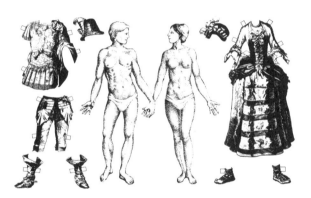
der Kleidung das Geschäft verlassen, macht der Ausstatter eine Eintragung auf Ihrer Ausweiskarte, in der auch Ihre Kreditkarte enthalten ist. Wenn Sie zurückkommen, liest er Ihr Reiselogbuch und Ihre Zeitkarte und entnimmt daraus die genaue Information über die Zeit, die Sie auswärts verbracht haben. Alles, was Sie nicht in anständigem Zustand zurückbringen, wird als Kauf verbucht. Einige wenige Ausstatter akzeptieren auch Ersatz, den Sie aus der Vergangenheit mitgebracht haben.

Die 1900er

Dreisers Sister-Carrie-Skandal; lernen Sie Cakewalk tanzen; bilden Sie sich eine Meinung zur Polygamie; Carrie Nations Krieg gegen den Alkohol; der Thaw-Mordfall und der neue Kanal in Panama; Honus Wagner, Maud Adams, Big Bill Haywood, Emma Goldman

Die 1910er

Harry Thaws Rückkehr; lernen Sie Tango; der Weg zum Brand in der Triangle-Hemdenfabrik; der Untergang der Titanic und der Lusitania; der Tod der Kinder von Isadora Duncan; Rundreise durch den Ersten Weltkrieg; Roald Amundsen, George M. Cohan, Mata Hari

Die 1920er

Die Abenteuer von Fanny und Nicky; Argumente für und gegen weibliche Ärzte; Emile Coue, Josephine Baker, Billy Sunday, Aimme Semple McPherson; wie man sich in einer Flüsterkneipe benimmt; Charleston tanzen

Die 1930er

Die besten Wirtschaftskrisen-Witze; informierte Gerüchte über Jimmy Walker; die Entführung des Lindbergh-Babys, Roosevelts »New Deal« und Sozialversicherung; ist Hitler gefährlich?; die Benutzung eines Jojos; Huey Long, Little Gloria, Marian Anderson

Die 1940er

Rundreise durch den Zweiten Weltkrieg; das große Ding mit Jane Russell; Kurzbiographien von Cordell Hull, George C. Marshall; die Zehn aus Hollywood; wie man reagiert, wenn jemand sagt, die Russen hätten die Bombe

---

Akkzent im 20. Jahrhundert

Suchen Sie sich ein Jahr aus. Irgendeins. Lernen Sie den örtlichen Klatsch, die Sitten, die Umgangssprache und die Meinung der Informierten kennen. Vermeiden Sie Peinlichkeiten. Gehen Sie heute noch zum AKKZENT in Ihrer Nähe!

Die 1950er

Das Wichtigste: Sich bei einem Atombombenangriff schützen; was man über Drive-Ins und Christine Jorgenson sagt; informierte Gerüchte über Geburtenkontrolle; Howdy Doody, Steve Allen, Jackie Gleason, Milton »Onkel Milti« Berle; was man sagt, wenn man »Roter« genannt wird oder gefragt wird, ob man einen kennt

Die 1960er

Revolutionär aussehen und sich so fühlen; den Mund halten, wenn jemand fragt, wer wohl die Kennedys umgebracht hat; der Twist; warum Sinatra und Mia so große Schlagzeilen machen; Falke oder Taube sein; Biographien von Bernadette Devlin, Christian Barnaard, Moise Tshombe

Die 1970er

Spaß in der Disko; wie man dopt, die Meldungen über Patty Hearst und die Symbionesische Befreiungsarmee; jeder spricht über Barbara Walters; Guyana, Massenselbstmord-Hilfe- Witze

Die 1980er

Warum die meisten Amerikaner Ronald Reagan mochten, und wie man so tut, als gehöre man zu ihnen; intime Geschichten über Ted Turner, Jean Harris, Bruce Springsteen, Michael Jackson, Pee Wee Herman

Die 1990er

Rezessionshumor; was man sagt, wenn man auf einen Raucher trifft; für eine nicht-japanische Firma arbeiten; Meinungen zu Vizepräsident Trumps Vorschlag, Alaska wieder an Rußland zu verkaufen und dadurch die Staatsverschuldung zu tilgen; wie man auf Leute reagiert, die behaupten, Zeitrei-

AKKLIMATISIERUNG

Die TPS- Broschüre enthält nur Ihre persönlichen Informationen. Wenn Sie in eine Ihnen unbekannte Kultur reisen, schlagen wir einen Besuch bei AKKZENT (offiziell: Akklimatisierungs-Zentrum) vor. AKKZENT, das es in jeder größeren Stadt gibt, bietet besondere Kurse für erstaunlich viele Kulturen an. Mit den Tischmanieren, die Ihre Mutter Ihnen beigebracht hat, könnten Sie in einer Pension in Philadelphia im Jahre 1875 am gedeckten Tisch verhungern. Nach einiger Zeit bei AKKZENT haben Sie gelernt, aggressiv zu essen.

AKKZENT bietet Kurse für kleine Gruppen und Einzelpersonen an. Die größeren Zentren bieten sogar Kurse für Kampf- und Kriegsstrategien, für zeitgemäßen Sport und Erholung, historische Medizin und Ahnenforschung an.

BELIEBTE NAHRUNGSMITTEL UND GERICHTE

Das Reisen durch die Zeit ist schon merkwürdig: Irgendwie scheint das Schwingen in anderen Frequenzen die meisten Leute hungrig zu machen. Bei der Ankunft dreht sich der erste Gedanke des Reisenden daher um die Frage: »Wo werden wir heute abend essen?« In griechischen und römischen Zeiten ist es günstig, ein Festmahl ausfindig zu machen, bei dem sich die Gäste gewöhnlich mehrere Tage aufhalten, und bei dem das Essen reichlich ist. Man kann sich leicht dazumogeln, vorausgesetzt, daß die Kleidung paßt und Sie nicht zuviel reden. Einige der Köstlichkeiten werden Sie kennen: Die Griechen waren im 5. Jahrhundert gut in Käsekuchen und Mohnbrötchen mit Schinken und Senf. In Rom findet man Hähnchen-Kroketten, Fleischbällchen und frischen Salat mit Öl und Essig, aber das ist erst der Anfang. Rom als Mittelpunkt eines riesigen Imperiums hatte Käse aus ganz Europa (er ist normalerweise nicht gekühlt, also kosten wir nur davon und gehen dann weiter). Eine typische Mahlzeit ist eher schwer, aber fühlen Sie sich nicht verpflichtet, jeden Gang zu essen, fangen Sie mit ein paar Artischocken an, dann vielleicht ein paar Oliven oder Trüffel, oder vielleicht Haselmäuse (glires), aber lassen Sie auf jeden Fall Platz für den Hauptgang. Häufig ist das ein Pfau, der erst kurz zuvor aus Indien eingeführt wurde und der großartig mit seinen eigenen Federn auf einer silbernen Platte angerichtet wird; oder ein Papagei aus Afrika im heißen Teigmantel.

Im Mittelalter zu essen ist etwas gewöhnungsbedürftig, weil Zucker und andere Gewürze weitaus großzügiger eingesetzt wurden als heute. Es ist dennoch nicht schwer, etwas Passendes zu finden. Pochierter

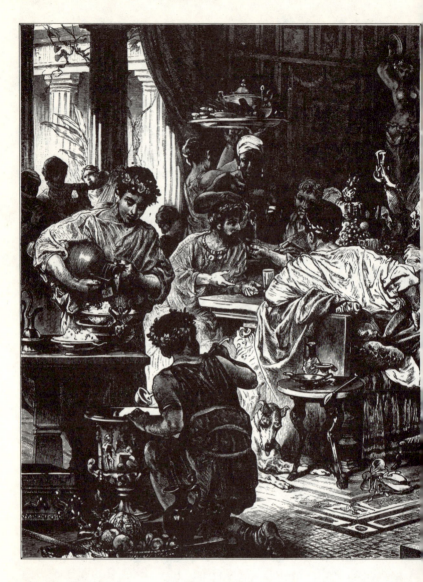

Fisch in Brühe ist ganz gut, ebenso Ente, Fasan oder Reiher in Rosinensoße. Wir mögen überbackenen Pudding und gefüllte Kuchen am liebsten.

Wenn Sie während der Fastenzeit hinfahren, werden Sie entdecken, daß die Gerichte umgeformt, manchmal sogar zusammengenäht sind, damit sie wie Fleischgerichte aussehen. Küstenvögel werden auch in der Fastenzeit gegessen, aber wenn Sie zu den Reichen gehören, wird man Ihnen wahrscheinlich eher Robbe, Wal oder Tümmler servieren (letzterer ist Königin Elisabeths Lieblingsfisch; sie aß jeden Freitag ein Fischgericht, obwohl sie nicht einmal katholisch war).

Seit Handel getrieben wird, gibt es überall Restaurants und Geschäfte, die fertig zubereitete Gerichte zum Mitnehmen anbieten. Die Qualität ist allerdings meist geringer als die der Speisen bei einem Bankett; versuchen Sie also letzteres, auch wenn es Sie ein Bestechungsgeld kostet, damit man Sie hineinläßt.

Die Restaurantkultur fängt etwa in der Mitte des 18. Jahrhunderts an, und es sollte nicht überraschen, daß die ersten Restaurants in Paris eröffnet wurden (die die etwas älteren englischen Gasthöfe zum Vorbild hatten, aber weitaus eleganter waren). »Le Grande Taverne« ist das erste wirklich ausgezeichnete Restaurant; es eröffnete 1769, wurde während der Revolution für

eine Weile geschlossen und wird 1789 wiedereröffnet. Bis 1800 gibt es in Paris eine Menge excellenter Restaurants, die alleine schon eine Parisreise in diese Zeit rechtfertigen.

Es gibt einige nützliche Faustregeln, an die wir uns halten, wenn wir in einer anderen Zeit essen. Wenn die Gegend nicht nach heutigen Maßstäben als zivilisiert betrachtet werden kann (also über funktionierende sanitäre Anlagen, sauberes Wasser und Kühlungsmöglichkeiten verfügt), beschränken wir uns normalerweise auf frisch Geschlachtetes, das gut durchgegart ist (wählen Sie immer das Teil, das durchgegart aussieht, auch wenn Sie zu Hause Halbgebratenes essen). Mit frischem Obst und Gemüse machen Sie auch nichts falsch, aber nehmen Sie welches, das geschält werden muß. Nüsse sind sogar noch besser, die meisten Reisenden entwickeln einen Geschmack für Eicheln, die von der Steinzeit bis mindestens in römische Zeiten beliebt sind. Fisch ist auch gut eßbar, aber vermeiden Sie Sushi, wenn Sie nicht in einem japanischen Seeort sind. Überhaupt ist es besser, Fisch nur an der Küste zu essen, denn sogar ein eintägiger Transport ohne Kühlung kann die natürlichen Verwesungsprozesse beschleunigen.

Nicht in jedem Fall ist es angebracht zu fragen, was das ist, das man vorgesetzt bekommt. Einer Frau auf einer Reise durch das Land des Alten Testaments wurde eine Platte mit Brot, Datteln, Rosinen, Feigen und noch etwas daneben serviert. Sie aß einige dieser knusprigen Delikatessen und fragte, was das sei. Als man ihr sagte, es wären aufgespießte Heuschrecken, fiel sie direkt in Ohnmacht. Der Reiseführer meinte dazu, gut, daß sie gar nicht erst so weit gekommen ist festzustellen, daß das Brot im Dungfeuer gebacken wurde.

Bier ist verhältnismäßig einfach zu finden, aber der Geschmack könnte etwas ungewöhnlich sein. Honigbier ist über lange Abschnitte der Geschichte hinweg beliebt. Bier ist auch das am meisten getrunkene Frühstücksgetränk in Europa bis etwa 1700, als Kaffee, Tee und Trinkschokolade aufkamen.

Schokoladensüchtige sind gut beraten, die Azteken zu besuchen, die diese Leidenschaft teilen. Im spanischen Teil der Neuen Welt gab es auch viel Schokolade, aber sie wurde gewöhnlich für besondere Gelegenheiten aufbewahrt und dann mit wildem Honig, Vanille und scharfen Gewürzen serviert. Die Karriere der Schokolade begann in Europa in den frühen Jahren des 17. Jahrhunderts, wo sie als Getränk mit Zimt, Muskat, Pfeffer oder Ingwer getrunken wurde. Mancherorts, speziell 1644 in Spanien, war Schokolade verboten und wurde nur auf dem Schwarzmarkt gehandelt. Die ersten Schokoladenkuchen tauchen etwa 1800 auf, die besten davon in französischen Bäckereien.

Informieren Sie sich über die ortsüblichen Ladenschlußzeiten. Im mittelalterlichen London konnte man beispielsweise ausländischen Käse erst nach drei Uhr nachmittags (nones) kaufen und Fleisch erst nach Sonnenuntergang (vesper).

UNTERKUNFT

Unsere Vorstellung von persönlichem Komfort ist erst wenige hundert Jahre alt und damit noch relativ neu. Vor 1600 bestehen sogar die besten Übernachtungsgelegenheiten aus einer ebenen Stelle auf dem Erdboden mit einer Decke und vielleicht einer Polsterung. Die Räume sind dunkel und nur kaum mit Kerzenlicht oder von einer stinkenden Öllampe beleuchtet. Extreme Kälte oder Hitze, Feuchtigkeit und Gestank sind üblich. Die Intimsphäre gewinnt erst vor etwa 300 Jahren Oberhand, Sie werden also wahrscheinlich Ihr Zimmer oder gar Ihr Bett mit den anderen Einwohnern teilen müssen. Was das anbetrifft, sind Sie auf sich selbst angewiesen, denn plötzliche sexuelle Übergriffe sind unter diesen Umständen eher die Regel als die Ausnahme. Der Nachttopf ist passenderweise im selben Zimmer wie die Betten.

Wenn es geht, übernachten wir lieber bei Privatpersonen, mit denen wir uns tagsüber ein wenig anfreunden. Die meisten europäischen und amerikanischen Hausbesitzer verdienen sich gern ein wenig Geld ne-

benbei, und man bekommt häufig auch noch ein gutes Frühstück. Die Unterkünfte sind normalerweise halbprivat und wesentlich zivilisierter als die örtlichen Gasthäuser sein können. Außerdem hat man so die Möglichkeit, sich besser mit den Leuten zu unterhalten, das zu essen, was auch sie essen, ihren Geschichten zuzuhören und an ihrem Leben teilzuhaben.

Tatsächlich beschleichen uns gemischte Gefühle, wenn wir in Hotels und Gasthöfen übernachten sollen. Sogar schon im alten Griechenland oder Rom wimmelten diese Orte von Prostituierten, und wenn Sie keine Prostituierte sind, haben Sie als Frau ohne Begleitung keinen Platz in einem Hotel oder Gasthof bis in die Mitte des 19. Jahrhunderts in großen Städten, und länger noch in kleineren Orten. Außerdem ist es immer schwierig, einen sicheren Platz für sein Geld oder andere persönliche Dinge zu finden.

Wenn wir keine Unterkunft in einem Privathaus finden können, su-

chen wir uns meist einen Platz in der freien Natur, vorzugsweise unter einem natürlichen Schutz. In der Geschichte waren Hotels und Gasthöfe eher etwas, wohin man ging, wenn es draußen kalt war oder es regnete und bessere Unterkunft nicht zu kriegen war.

Moderne Hotels gibt es erst seit dem späten 18. Jahrhundert, meist in größeren Städten. Einige sind sehr eindrucksvoll und können der Höhepunkt Ihrer Reise werden. Wir mögen beispielsweise das Astor-Haus in New York, eines der wenigen frühen Hotels mit eigenem Badezimmer und fließend warmem Wasser. In diesem Hotel findet man bereits Gaslicht, Brüsseler Teppiche, Möbel und Einrichtungen aus schwerer Walnuß, einen ausgezeichneten Buchladen und einen großartigen Standort: direkt gegenüber des Broadway, und des Barnum Museums und ein paar Minuten Fußweg zu Bradys Daguerreotypen-Galerie. Das Astor-Haus eröffnete 1836 und ist die folgenden zwanzig Jahre absolut wunderbar.

Bostons Tremont-Haus öffnete seine Pforten im Oktober 1829. Wir schätzen es, weil es das erste moderne Hotel ist, das abschließbare Türen hat, einen Leseraum und acht Innentoiletten im Erdgeschoß. Chicagos Palmer-Haus ist exquisit und außerdem eines der ersten, das eigene Kreditkarten für Stammkunden hatte (ab 1891). Beide Hotels sind angemessen üppig und werden nur von den besten Leuten besucht. Das St.-Charles-Hotel in New Orleans ist auch eine besondere Reise wert. Dort kann man den guten alten Süden von seiner besten gastfreundlichen Seite erleben. Sorgen Sie dafür, daß Sie während Ihres Aufenthalts ein Austernessen einlegen können. Es wird nur Montags angeboten. Wir empfehlen auch sehr den Brown-Palace in Denver, Willard's Hotel und natürlich San Franciscos Palace. An der See empfehlen wir das Hotel del Coronado, das bei San Diego liegt. Es wird bis 2012 betrieben und dann in Eigentumswohnungen umgewandelt und ist seither nicht mehr für Reisende zugänglich.

Obwohl die Vereinigten Staaten ein beliebtes Reiseziel sind, bietet der Rest der Welt ein beeindruckenderes Angebot an Hotels und an-

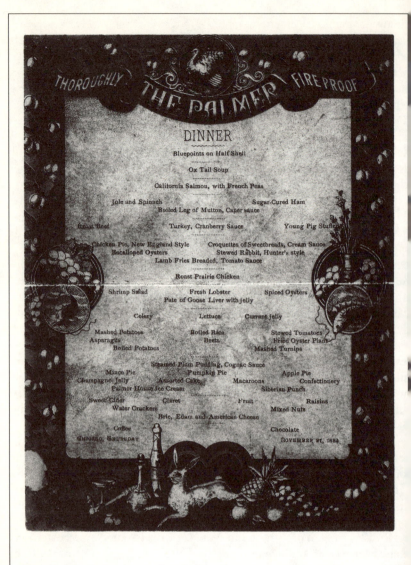

THE PALMER — THOROUGHLY FIREPROOF

DINNER.

Bluepoints on Half Shell

Ox Tail Soup

California Salmon, with French Peas

Iole and Spinach   Sugar-Cured Ham
Boiled Leg of Mutton, Caper sauce

Roast Beef   Turkey, Cranberry Sauce   Young Pig Stuffed

Chicken Pie, New England Style   Croquettes of Sweetbreads, Cream Sauce
Escalloped Oysters   Stewed Rabbit, Hunter's style
Lamb Fries Breaded, Tomato Sauce

Roast Prairie Chicken

Shrimp Salad   Fresh Lobster   Spiced Oysters
Pate of Goose Liver with jelly

Celery   Lettuce   Currant Jelly

Mashed Potatoes   Boiled Rice   Stewed Tomatoes
Asparagus   Beets   Fried Oyster Plant
Boiled Potatoes   Mashed Turnips

Steamed Plum Pudding, Cognac Sauce
Mince Pie   Pumpkin Pie   Apple Pie
Champagne Jelly   Assorted Cake   Macaroons   Confectionery
Palmer House Ice Cream   Siberian Punch
Sweet Cider   Claret   Fruit   Raisins
Water Crackers   Mixed Nuts
Brie, Edam and American Cheese

Coffee   Chocolate
CHICAGO, THURSDAY   NOVEMBER 27, 1884

Das Palmer House in Chicago ist ein Geheimtip für den Mittelwesten. Das neue Feuerschutzsystem ist beruhigend, denn das erste Palmer House brannte während des großen Feuers 1871, erst 13 Tage nach der Eröffnung, völlig ab. Diese Speisekarte wurde für das zweite Erntedankfest im wiederaufgebauten Hotel erstellt. Der Hammel und das Ferkel sind die besten Gerichte auf der Karte. Als Dessert mögen wir Plumpudding, aber die Cognacsoße ist besser zum Eintunken, deshalb bestellen wir sie immer auf einem Extrateller.

deren Unterkünften. Das Château de Marcay ist ein herrliches Anwesen in Frankreich, und seit 1150 kann man dort übernachten. Zwischen 1340 und 1370 läßt Sie unser Freund Jacques, der Verwalter, im Austausch für eine Flasche Brandy im Stall schlafen. Bringen Sie eine zweite Flasche mit, und Jacques zeigt Ihnen auch den Geheimweg von der Außenmauer in den Weinkeller.

Ein sicherer Tip, eine Unterkunft zu bekommen, ist auch das Chateau de Meyeuges in Bouches-du-Rhone. Die Kelten benutzten es 600 v. Chr. als Außenposten, aber abgesehen von ein paar Kriegsjahren mit Italien (1649-1670), als es beschossen und durch Feuer schwer beschädigt wurde, ist es ein ständiger Hit.

Wenn Sie nach Schottland fahren, probieren Sie das Murray Arms Hotel in Gatehouse-of-Fleet, Dumfreis und Galloway ab dem Jahre 1642 aus. Meeresfrüchte werden immer fangfrisch serviert, es gibt ein riesiges Jagdrevier, und die Wildblumen sind einfach wunderbar.

Wenn Sie zwischen 1410 und 1460 nach Stonehenge wollen, durchzechen Sie eine Nacht im Manor House Hotel in Chippenham, Wiltshire. Sir John Fastolf ist Gastgeber in diesem Haus. Er ist ein stabiler Kerl und sicher das Vorbild für eine von Shakespeares Figuren. In ganz England gibt es eine Menge Unterkünfte, die erwähnenswert wären, etwa The Rose and Crown Hotel in Cambridgeshire (1475 bis heute, es hieß von 1705 bis 1736 The Horn and Pheasant), das Talbot-Hotel in Leominster, Herefordshire (1470 bis heute mit einer großen Auswahl an englischem und schottischem Bier), und das Bear-Hotel in Hungerford, Berkshire (1250 bis heute; die geräucherte Forelle und die Langusten sind köstlich). Drüben in Irland versuchen Sie mal Hunter's Lodge in Rathnew, Grafschaft Wicklow. Es liegt direkt am Barty-Fluß. Wild, Braten, frischer Fisch und frisches Gemüse aus dem eigenen Garten machen Hunter's Lodge besonders empfehlenswert.

Außerhalb Europas und der Vereinigten Staaten sind die Unterbringungsmöglichkeiten für Abendländer eher begrenzt. Drei bemerkenswerte Ausnahmen, die sehr empfehlenswert sind, seien deshalb genannt: Das Oriental in Bangkok, das Peninsula in Hongkong und natürlich das Raffles in Singapur. Alle befriedigen die Ansprüche der westlichen Kundschaft. Fragen Sie Ihren Reiseberater nach den Öffnungszeiten; die meisten können Sie von Mitte bis Ende des 19. Jahrhunderts und durchgängig im 20. Jahrhundert besuchen.

GESUNDHEIT IM ZEITSTROM

Einer der Aspekte des Zeitreisens, der uns sehr bestürzt, sind die erbärmlichen gesundheitlichen Zustände, die in der Vergangenheit anzutreffen sind, sowie unsere Unfähigkeit, etwas daran zu ändern. Geschichten von chirurgischen Eingriffen mit unsterilen Instrumenten und Medikamente, die mehr schadeten als halfen, sind weithin bekannt. Dabei fühlt man sich immer wieder versucht, helfend einzugreifen oder einen guten Rat loszuwerden. Die meisten Zeitpolizisten drücken noch ein Auge zu, wenn sie Sie erwischen, wie Sie jemandem den Rat geben, die Instrumente zur Sterilisierung abzukochen, aber sie mögen es überhaupt nicht, wenn jemand ohne Zulassung als Arzt praktiziert. Zeitreisende Ärzte dürfen selbstverständlich helfen und vielleicht sogar einer berühmten Entdeckung unter die Arme greifen.

Weil Sie geimpft werden, bevor Sie abreisen, werden Sie sich wahrscheinlich nicht in der Vergangenheit anstecken. Trotzdem können Sie in der Vergangenheit krank werden. Wenn Sie sich unwohl fühlen, kommen Sie nach Hause. Tun Sie es sich nicht an, in der Vergangenheit krank zu werden, nicht einmal in der nahen Vergangenheit. Es gibt nicht vieles, das schlimmer ist, als sich in die Hände eines Arztes zu begeben, von dem Sie wissen, daß er zweitklassig ist. Wenn Sie verletzt oder in einen Unfall verwickelt sind, kommen Sie direkt nach Hause.

Wir empfinden das als sehr wichtig, so wichtig, daß wir Zeitgürtel tragen, auch wenn wir mit einem Zeitfahrzeug reisen. Das hat uns die Erfahrung gelehrt: Einer von uns wurde von einer Pferdekutsche überfahren und schwer verletzt. Es ist furchterregend, in einem Krankenhaus weit entfernt vom Zeitfahrzeug aufzuwachen. Nur durch einen glücklichen Zufall konnte er kurz vor der vorgesehenen Amputation aus dem Krankenhaus flüchten.

Auch in den meisten zivilisierten Städten herrschten ausgesprochen schlechte medizinische Zustände (in kleineren Städten sind sie geradezu schrecklich). Leute, die in der Nähe der New Yorker Canal Street lebten und arbeiteten, mußten zum Beispiel jahrzehntelang den Gestank der offenen Kanalisation ertragen. Derartige Zustände gab es aber nicht nur in den Städten. Vielleicht erinnern Sie sich, daß eine der Aufgaben des Herkules die Säuberung des Viehstalles von König Augias war, in dem sich der Mist von 3000 Ochsen über dreißig Jahre lang angesammelt hatte. Vielleicht vermittelt Ihnen das eine Vorstellung davon, wie Ochsen und andere Tiere im alten Griechenland gehalten wurden. Das Zimmer, das Sie im antiken Griechenland oder Rom mieten, liegt möglicherweise über einem solchen Stall.

Clark Kurradopolis und seine Braut planten eine absolut außergewöhnliche Hochzeitsreise. Sie wollten die Wurzeln seiner Familie bis an die Stelle zurückverfolgen, an der das Dorf lag, aus dem dann später Troja wurde. Ihr Reiseberater hatte sie davor gewarnt, daß sie mit lausigem Essen und extremer Hitze rechnen müßten und daß keinerlei moderne Einrichtungen zu erwarten waren. Worauf sie nicht vorbereitet waren, war das komplette Fehlen jeglicher auch nur elementarer sanitärer Einrichtungen. Clarks Vorfahren erwiesen sich als die schlechtesten Haushälter der Geschichte: Weil es keinerlei Müllabfuhr gab, türmte sich alles (wirklich alles) einfach auf dem Fußboden auf. Als sich dadurch das Bodenniveau anhob, versetzte sein Vorfahr tatsächlich die Türhöhe, um überhaupt hinein- und herauszukommen. Cindy weinte die meiste Zeit, und Clark schlug klugerweise vor, den Rest des Urlaubs in Disneyworld zu verbringen.

Glücklicherweise gibt es für jede dieser unglücklichen Geschichten zwei, die zeigen, wie gewitzt Zeitreisende sein können. Wenn Sie die größeren Städte erst einmal verlassen haben, sind die Gewässer sauber, und weil die Bevölkerung weit auseinander wohnt ist Müll kein Thema mehr. Wir verbringen gern bei jeder Reise einige Zeit an einem Fluß oder an einer Küste. Außerdem gibt es natürlich auch noch die öffentlichen Bäder . . .

Badekultur

Verschiedene Kulturen betrachten das Baden sowie die Angelegenheit der Reinhaltung mit unterschiedlichem Interesse. Öffentliche Bäder gibt es in einer Vielzahl von Kulturen, und die meisten Zeitreisenden werden entdecken, daß die Trennung nach Geschlechtern eher die

Regel als die Ausnahme ist. Einige Bäder sind beängstigend heiß, andere sind lauwarm, wieder andere eiskalt (ist gut für den Kreislauf, wird behauptet). Manche Bäder werden mit besonderen Substanzen oder Elixieren versetzt, um entspannend oder heilend zu wirken. Das Baden in Heilquellen ist in Frankreich, England oder anderswo ein wichtiger kultureller Aspekt.

Wir sind übrigens Badekenner geworden. An jedem Ort und in jeder Zeit, in die wir reisen, suchen wir nach öffentlichen Bädern (in Europa gibt es ein paar sehr gute zwischen den Kreuzzügen und im frühen 16. Jahrhundert, aber die meisten werden später zu Bordellen). Bäder sind großartig dazu geeignet, Leute zu treffen, den neuesten Klatsch und Tratsch zu hören, die eine oder andere gute Schlägerei zu sehen und natürlich zur Entspannung. Abgesehen von einer gelegentlichen sinnlichen Empfindung haben wir einige Merkwürdigkeiten festgestellt. So fanden beispielsweise im Mittelalter viele Trauungen in Badehäusern statt. Die Damen der Hochzeitsgesellschaft schmückten sich alle oberhalb des Nabels und ließen den Rest des Körpers zum Untertauchen frei. Kleine Spielzeugboote schwammen auf dem Wasser, auf denen kleine Häppchen, wie heute bei einem Buffet, vorbeischwammen – das ist wirklich toll. Es ist auch angenehm, einen Königshof zu besuchen und von den Höflingen gewaschen und anderweitig verwöhnt zu werden. Japanische Bäder sind die besten, allerdings werden vor dem späten zwanzigsten Jahrhundert nur wenige Abendländer eingelassen.

ÖFFENTLICHE TRANSPORTMITTEL

An Ihrem Bestimmungsort angekommen, werden Sie je nach Belieben Ihren Zeitgürtel oder auch die örtlichen Transportmittel benutzen. Meist gibt es öffentliche und private Transportmittel. Die öffentlichen Verkehrsmittel sind besser, wenn Sie sich unter das gewöhnliche Volk gesellen wollen, private Fahrzeuge sind zwar bequemer, aber auch teurer. Wir gehen am liebsten zu Fuß und benutzen die öffentlichen Verkehrsmittel nur aus purer Neugierde. Meist verirrt man sich allerdings, wenn man zu Fuß unterwegs ist, und verplempert seine Zeit damit, ohne Karte durch ein Wirrwarr von Straßen zu irren. Dabei gibt es wieder mehr und auch weniger empfehlenswerte Gegenden. Halten Sie immer die Augen offen, und tun Sie nichts Unüberlegtes.

Es gibt zwei Fertigkeiten, die Sie bald unersetzlich finden werden, wenn es gilt, Entfernungen zu überwinden, die zu Fuß zu weit sind. Erstens: Lernen Sie, mit einem Pferd umzugehen. Pferde kann man in den letzten 4000 Jahren überall kaufen oder mieten. Außerdem kann man die Grundfertigkeiten ebenso auf Esel, Lamas und andere Vierfüßler anwenden. Kamele sind etwas schwieriger; nehmen Sie Unterricht, wenn Sie nach Nahost wollen. Jedenfalls ist es gut, reiten zu lernen und ein Pferdefuhrwerk führen zu können. Zweitens sollten Sie segeln lernen. Die Größe und Formen der Schiffe sind unterschiedlich, aber die Grundtechnik wird Ihnen immer wieder helfen. Außerdem ist es gut, etwas von der Himmelsnavigation zu verstehen, denn verläßliche Navigationsgeräte und Karten gibt es erst im Mittelalter, manchmal sogar erst noch später. Wenn Sie sich an den Sternen orientieren, lernen Sie bitte nach den Sternkarten, die auf die entsprechende Zeit zutreffen. Himmelspositionen ändern sich von einem Jahrhundert zum nächsten, und ganze Konstellationen ändern ihre Form und ihren Standort im Laufe der Jahrhunderte.

Benutzen Sie Ihre Zeitmaschine, um von der einen in eine andere Stadt zu kommen, egal wie nah sie beieinander liegen. Unsere gegenwärtige Auffassung des Begriffs »Straße« ist erst weniger als 200 Jahre

Tips für Postkutschenfahrer
Erstveröffentlicht im Omaha Herald 1877
»Der beste Platz ist direkt neben dem Kutscher. Wenn die Mannschaft wegläuft, bleiben Sie still sitzen, und nehmen Sie das Glück in die eigenen Hände. Springen Sie runter, verletzen Sie sich in neun von zehn Fällen. Rauchen Sie keine starke Pfeife im Fahrgastraum, und spucken Sie immer nur leewärts. Hängen Sie sich beim Schlafen nicht über Ihren Nachbarn. Schießen Sie unter keinen Umständen während der Fahrt, denn der Krach könnte die Pferde scheu machen. Diskutieren Sie nicht über Religion oder

alt. Zuvor bauten die Römer während ihres gesamten Imperiums, aber diese Straßen sind erstaunlich holprig, und sogar gutgefederte Kutschen schützen nicht vor tiefen Schlaglöchern.

Postkutschen sind hinreißend, wenn man sie mietet. Der Fahrgastraum ist verhältnismäßig ruhig. Öffentliche Kutschen sind weit weniger angenehm, aber der Vorteil der planmäßigen Fahrzeiten (planmäßig ist sehr relativ) macht sie bei Ansässigen und Zeitreisenden gleichermaßen beliebt. Im Winter wird es meist kalt in der Kutsche, bitten Sie um einen heißen Stein, an dem Sie sich die Füße wärmen können (in England ist das üblich, aber anderswo müssen Sie danach fragen).

Schienenfahrzeuge, die von Pferden gezogen werden, sind gut geeignet für kurze Strecken, aber sie sind schwer erträglich, wenn Sie ein Tierfreund sind. Wenn Sie sehen, daß nur zwei Pferde Dutzende von Passagieren unter den widrigsten Umständen ziehen müssen, möchten Sie vielleicht lieber zu Fuß gehen. Pferdekutschen sind humaner, aber die, welche als Taxen betrieben werden, sind für die schlechte Behandlung der Pferde bekannt.

Dampfzüge sind da schon besser, vorausgesetzt, Sie sitzen in der Ersten Klasse, wo der Rauch aus der Lokomotive direkt über Ihr Abteil hinwegzieht. Wenn Sie weiter hinten sitzen, werden Sie kurz nach Reiseantritt rußgeschwärzt sein. Das Problem entfällt bei elektrischen Modellen. Obwohl es sie nur für kurze Zeit gibt, ist die Bahn eine herrliche Art zu reisen.

Man muß nicht viele Worte über Seilbahnen, Rikschas, Busse und

 andere Verkehrsmittel verlieren, die Sie bei Ihren Reisen vorfinden werden. Gegen geringes Entgelt kann man all diese Dinge ausprobieren. Wenn Sie etwas nicht wissen, fragen Sie einfach. Die meisten Bewohner geben denen, die von außerhalb kommen, gern Auskunft. Wenn wir es uns aussuchen können, fahren wir häufig mit dem Fahrrad. Man kann fahren und anhalten, wann und wo es gefällt, und man kann in einem Tag viel sehen. In Nordamerika, Europa und Asien sind Fahrräder von der Mitte des 19. Jahrhunderts an weit verbreitet, und das sind sie auch heute noch. Unsere bevorzugte Fahrradgegend sind die Champs-Élysees in den 1860ern (fahren Sie zu jedem beliebigen Sonntagnachmittag, aber nur, wenn Sie schnell genug fahren können, um mit dem Verkehr mitzuhalten). Luftbereifung und ebene Fahrbahnoberflächen sind eine relativ moderne Entwicklung.

Der Satz »hinkommen ist der halbe Spaß« sollte in Zeiten der Hochtechnologie nicht vergessen werden. Bei dreien unserer denkwürdigsten Reisen standen Transportmittel im Mittelpunkt. Die erste war eine Fahrt auf dem Schnellsegler »Great Republic« vom Bostoner Hafen aus im Jahre 1853, mit freundlicher Genehmigung des Schiffsbaumeisters Donald McKay. Auf dem polierten Schiffsdeck zu stehen, ne-

ben den vier Masten mit riesigen weißen Segeln, die majestätisch im Wind wogten, das war schon eine außergewöhnliche Erfahrung. Die zweite herausragende Reise war ein Flug im Jahre 1910. Wir flogen über Deutschland in einem Zeppelin. Es gab ungefähr ein Dutzend Zeppeline, die die Deutsche Luftfahrtgesellschaft vor dem Ersten Weltkrieg als Transportmittel benutzte. Wenn man mit 50 km/h auf Berlin zurast und aus der Gondel nach unten sieht, kann man sich nur wundern, warum diese wunderbare Art zu reisen abgeschafft wurde.

Ein siebensitziger Great Arrow Tourenwagen der George-N.-Pierce-Fabrik in Buffalo, New York. Es wurde bei seiner Markteinführung 1907 als »das amerikanische Auto für Amerikaner« beworben.

Die dritte Reise fand in einem gemieteten Stanley an einem sonnigen Sonntagnachmittag im Jahre 1911 statt. In der Zeit zu reisen, um mit einem Autoveteranen zu fahren, als er neu auf den Markt kam, ist ein äußerst beliebter Zeitvertreib unter Autofans.

Nachrichten vom einen zum anderen Ort befördern

Stellen Sie sich folgendes vor: Auf dem Weg zu einer Verabredung in der Stadt verliert Ihr Wagen ein Rad. Ein freundlicher Fremder bietet seine Hilfe an, aber das Rad ist schwer mitgenommen und braucht die Hilfe eines Stellmachers. Sie möchten einen Mann zum Abendessen treffen, aber Sie können ihn nicht erreichen, weil das Telefon noch nicht erfunden ist. Der Fremde bietet Ihnen an, gegen eine Gebühr eine schriftliche Nachricht zu übermitteln. Vertrauen Sie ihm. Er ist ein Gelegenheitsunternehmer, aber Ihre Nachricht wird wahrscheinlich dennoch ankommen. In der guten alten Zeit waren die Leute einfach vertrauenswürdiger. Tatsächlich gibt es seit den Tagen Kublai Khans bezahlte Boten. Die meiste Zeit der Geschichte richtete sich die Ge-

Appointments may be made and conversations held, giving all the advantages of a personal interview.

1000 MILES AND RETURN IN 5 MINUTES

LONG DISTANCE CABINET SOUND-PROOF BOOTH

Pay Stations
Equipped with these have been established at all principal points, and are indicated by the
SIGN OF THE BLUE BELL.

THE MAIL IS QUICK TELEGRAPH IS QUICKER; BUT **LONG DISTANCE TELEPHONE IS INSTANTANEOUS** AND YOU DON'T HAVE TO WAIT FOR AN ANSWER

Es können Gespräche angemeldet werden und Unterhaltungen stattfinden, die alle Vörzüge einer persönlichen Unterredung haben, Ferngesprächskabine mit schalldichter Zelle.
Münzgeräte, die damit ausgestattet sind, gibt es an allen wichtigen Orten. Man erkennt Sie an der blauen Glocke.

1000 Meilen und zurück in fünf Minuten
Die Post ist schnell, das Telegramm ist schneller, aber das Ferngespräch ist augenblicklich – und Sie müssen nicht auf eine Antwort warten.

schwindigkeit der Übermittlung nach dem schnellsten vorhandenen Transportmittel. Die Lage verbesserte sich erst in der Mitte des 19. Jahrhunderts, als man überall in und zwischen größeren Städten Telegraphenkabel zog. Für Büros und Privatadressen gab es glücklicherweise zu Beginn des 20. Jahrhunderts Telefone, aber bis in die frühen neunziger Jahre kann man seinen (oder seine) Gesprächsteilnehmer noch nicht sehen.

Die Qualität der Postzustellung ist sehr unterschiedlich. Meist können Sie jemanden anwerben, der eine Botschaft oder ein Paket an seinen Bestimmungsort bringt. Es gibt allerdings keine Garantien, denn Wegelagerer, Gier, ungeeignete oder nicht vorhandene Straßen, Aberglaube und eine Vielzahl weiterer Umstände können die Beförderung und eine sichere Zustellung vereiteln. Wenn Sie aber einfach einen Brief aufgeben wollen, können Sie das innerhalb Europas von etwa 1600 an tun. In den Städten der Vereinigten Staaten spricht man von einer verläßlichen Beförderung erst ein Jahrhundert später. In den Städten wird die Post mehrmals täglich eingesammelt und zugestellt. Beförderungen an abgelegene Orte in ländlichen Gegenden Amerikas klappen nicht so gut. Vor 1900 ist ein privater Kurier besser.

Datenfernübertragung ist bis zum Ende des letzen Jahrhunderts buchstäblich unmöglich, also muß man sogar die kürzeste Nachricht aufschreiben, in einen Umschlag stecken und in den Briefkasten werfen, damit sie dort abgeholt und dann verteilt wird. Noch eine Schlußbemerkung: Wenn Sie in den Vereinigten Staaten zwischen 1985 und 2000 ein Paket verschicken wollen, benutzen Sie lieber den privaten »Federal Express« als die Bundespost.

EINKAUFEN

Es gibt nur wenig Dinge, die mehr Spaß machen, als in anderen Zeiten einzukaufen. Die Auswahl an Waren ist wahrhaft erstaunlich, und die Preise sind einfach aus einer anderen Welt, speziell wenn Sie geschickt verhandeln können oder genauer: wenn Sie gut feilschen. Durch alle Zeiten hindurch war Feilschen der geeignete Weg, Waren und

Dienstleistungen aller Art zu erstehen. Bevor Sie ein Geschäft betreten, nehmen Sie sich ein paar Minuten Zeit, damit Sie den Wert des Geldes richtig einschätzen. Es gibt in der Vergangenheit keine Taschencomputer zum Umrechnen – das Rechnen muß Ihr Kopf übernehmen. Eigentlich brauchen Sie sich nur eine Zahl zu merken: den Betrag, den Sie in örtlicher Währung dabeihaben. Vor 1900 waren Preisschilder ungebräuchlich. Fragen Sie den Verkäufer nach dem Preis, aber greifen Sie nicht gleich nach dem Geld. Statt dessen machen Sie ihm ein Gegengebot für die Hälfte. Jetzt wird er Sie beschimpfen, Ihr Elternhaus mit wüsten Schmähungen verwünschen, aber schließlich wird er seinerseits ein Gegenangebot eröffnen, das etwa 5-10 % unter seiner ersten Forderung liegt. Erwidern Sie mit etwa 10 % mehr als Ihr erstes Angebot, sprechen Sie Ihrerseits einige Verwünschungen aus, und schließlich bezahlen Sie 65-75 % des ursprünglich geforderten Preises, was natürlich von Ihrer und seiner Geschicklichkeit sowie von der allgemeinen Marktsituation abhängt. Versuchen Sie nicht, die Verhandlungen abzukürzen- es läuft darauf hinaus, daß Sie schließlich mehr bezahlen. Alles wird bar bezahlt und mitgenommen. Kreditkarten, Euroschecks und Reiseschecks sind der Zeitrechnung widersprechend, schon der Zoll wird Sie damit nicht durchlassen. Sie können aber vor Ort ein Bankkonto eröffnen und die üblichen Zahlungsmittel, etwa persönliche Schecks, benutzen, wenn Sie diese bevorzugen (und wenn es sie bereits gibt). Wir machen das gewöhnlich bei längeren Aufenthalten.

Wenn Sie Kleidung kaufen, verlassen Sie sich nicht darauf, daß die Größenangaben stimmen. Nehmen Sie sich die Zeit, sie anzuprobieren, auch wenn man Sie dabei sehen kann. Das macht jeder so. Und denken Sie daran: Sie können es nicht umtauschen, weder Kleidung noch sonst etwas. Quittungen gibt es erst Mitte des 20. Jahrhunderts, und selbst dann sind die Händler nicht erpicht darauf, ihre Ware wieder zurückzunehmen. Und nur weil Sie 1498 ein Schnäppchen gemacht haben, heißt das noch lange nicht, daß Sie auch nach Ihrer Heimatzeit günstig eingekauft haben. Machen Sie sich mit den Preisen daheim vertraut, und informieren Sie sich über den Zoll, der dazukommt. Wir kaufen normalerweise nur, was wir auch tragen können, und selbst dann gehen wir erst am Ende einer Reise einkaufen.

NOTFÄLLE

Trotz sorgfältigster Planung können Unfälle und andere Notsituationen auftreten. Es ist gut, darauf vorbereitet zu sein.

Körperliche Auswirkungen des Zeitreisens

Selbst Zeitreiseveteranen geben zu, daß sie noch immer Ehrfurcht empfinden, wenn die Frequenz beschleunigt wird und die Zeit buchstäblich vergeht. Der bekannteste Krankheitszustand ist das sogenannte Ausfrequentieren. Manche Reisende fühlen einen Schwindel, ähnlich der Trunkenheit, andere empfinden Beschwerden, die man mit gewöhnlicher Reisekrankheit vergleichen kann. In den meisten Fällen vergeht das Brummen der Frequenzbeschleunigung innerhalb einer Stunde. Dennoch ist es besser, sich in der neuen Zeit nicht gleich in Aktivitäten zu stürzen. Nehmen Sie sich etwas Zeit für die Verlangsamung der Frequenz und die allgemeine körperliche und geistige Anpassung. Leiden Sie längere Zeit nach der Zeitveränderung immer noch unter Nebenwirkungen (Schwindelgefühl, Ohrenklingeln, Kopfschmerz, Benommenheit, Brechreiz, Frösteln), kehren Sie direkt zum Zoll zurück. Dort wird Sie ein Ärzteteam behandeln. In den meisten Fällen läßt man Sie nach ein paar Stunden wieder gehen. Einige wenige Reisende leiden dauernd unter der Frequenzbeschleunigung. Es ist bekannt, daß sie auch den Stoffwechsel anregt, die Schleimbildung fördert, erhöhten Adrenalinausstoß auslöst, Überdruck erzeugt und manchmal sogar den Tod herbeiführt. Deshalb ist es das beste, Sie fragen Ihren Arzt, wenn Sie sich nicht ganz sicher sind, daß Sie eine Zeitveränderung überstehen.

Michaels Zeit-Pause
Die sichere Lösung für
Zeitreisekrankheit
100 ml

Reisende, die einfach nicht mit den Nebenwirkungen der Frequenzbeschleunigung fertig werden, können Zeitpausen-Medikamente nehmen (gibt es nur auf Rezept), um in einen Zustand der Bewußtlosigkeit versetzt zu werden. Wir mögen diese Medikamente nicht, denn es dauert einen ganzen Tag, bis ihre Wirkung aufhört, und sie können Reflexe verlangsamen, eine Gefahrenquelle, wenn Sie sich in unbekannter Umgebung aufhalten. Jedenfalls sollten Sie nicht alleine reisen, wenn Sie Zeitpausen-Medikamente nehmen, sondern nehmen Sie dann auf jeden Fall einen Freund mit. Die alte Geschichte von Sven Hansen, der ein Zeitpausen-Medikament nahm, ist ein typischer Fall: Er ging auf die Suche nach seinen Wikinger-Vorfahren und kam bewußtlos an. Als er aufwachte, fand er sich auf einem brennenden Boot wieder, das auf dem Meer trieb.

Eine andere Unpäßlichkeit im Zusammenhang mit Zeitreisen ist der Reisehieb (die Zeitreiseentsprechung der Verzögerung beim Fliegen, Jetlag) und der Zukunftsschock (man fühlt sich seiner eigenen Zeit nach längerem Aufenthalt in der Vergangenheit entfremdet) und TMS (Temporäres Mißregulierungs-Syndrom, das ist die Unfähigkeit, sich an die alte oder wieder an die jetzige Zeit anzupassen). Abhilfe ist bei den intertemporären Ärzten oder Ihrem Hausarzt zu haben.

Notsituationen

Die Kardinalregel des Zeitreisens lautet: »Bei Zweifeln nach Hause kommen.« Zu Hause ist nur einen Knopfdruck weit entfernt, vorausgesetzt, daß Sie in Reichweite Ihrer Zeitmaschine sind.

Sollte es zu einer Notsituation kommen, und Sie können nicht einfach nach Hause fahren, wird es Ihnen bessergehen, wenn Sie eine Zeitreiseversicherung abgeschlossen haben. Die Überwachungscomputer sind eine Weiterentwicklung der Chronovisionsgeräte. Sie beobachten jeden versicherten Reisenden überall und jederzeit (sogar an intimen Orten) und sind darauf programmiert, eine generelle Gefahr auf ein Signal hin zu erkennen. Wenn der Computer das Signal sieht, schickt er eine Bergungsmannschaft mit Experten los, die gemeinhin als Bernhardiner bekannt sind. Ihre Aufgabe ist der Skirettungswacht in den Alpen ähnlich. Der Service ist allerdings nicht kostenlos. Man erwartet, daß Sie die Differenz zwischen dem Umfang Ihres Versicherungsschutzes und den tatsächlichen Kosten Ihrer Rettung tragen. Eine einfache Rettung kann viele tausend Dollar kosten,

139

und eine kompliziertere kann Sie in den Ruin treiben. Unserer Meinung nach sollte eine Versicherung nicht freiwillig abgeschlossen werden können: sie sollte ein absolutes Muß sein. Glücklicherweise verlaufen die meisten Zeitreiseabenteuer ohne Zwischenfälle. Verantwortungsbewußte Reisende machen die Erfahrung, daß nur wenig wirklich schiefgeht, wenn man sich angemessen vorbereitet hat. Es ist nichts anderes als bei einer dreidimensionalen Reise. Man hat nie genug Zeit, alles zu erledigen.

KAPITEL 5

ZIELE

>*Die Zeit vergeht, sagst du?*
O, nein! O, weh, die Zeit bleibt, wir vergehen.«

AUSTIN DOBSON
Das Paradox der Zeit

Gleich, wie weit man in Raum und Zeit reist, das Sonntagsessen mit der Familie bleibt ein stetiges Vergnügen.

Nach Wochen der Vorfreude erhalten Sie schließlich Ihre gelbe Zeitkarte. Endlich können Sie alleine reisen. Sie sagen alle anderen Verabredungen ab, machen sich auf in einen Zeit-Deines-Lebens-Laden und kaufen sich den Zeitgürtel Ihrer Träume.

Wohin fahren Sie jetzt zuerst?

Die meisten machen einen Testdurchlauf, gehen nur ein paar Minuten zurück. Viele tun das. Erinnern Sie sich an den letzten öffentlichen Ort, an dem Sie gewesen sind, programmieren Sie Ihren Gürtel, und weg sind Sie. Nach dem obligatorischen Stop beim Zoll können Sie sich selbst sehen, wie Sie glücklich den Laden verlassen.

Wenn Sie sich etwas sicherer fühlen, entscheiden Sie sich vielleicht für einen Besuch in Ihrer eigenen Vergangenheit, Ihre Hochzeit, Ihren Abschlußball, oder die Feier, nach dem grandiosen Sieg Ihrer Schulmannschaft im Basketballfinale. Es macht Spaß, aber beim erstenmal war es besser; Sie sehen so unreif aus, so naiv. Es ist Ihnen schließlich so peinlich, daß Sie nach Hause fahren.

Als nächstes probieren die meisten ein paar Zeitschleifen. Spielen Sie Verstecken mit sich selbst. Gehen Sie an irgendeinen öffentlichen Ort und progammieren Sie Ihren Gürtel so, daß Sie alle fünf Minuten an denselben Ort kommen. Dann suchen Sie nach einer etwas älteren Version von sich selbst. Nach weiteren fünf Minuten sind Sie zurück, und Sie beginnen, sich vor Ihrem jüngeren Selbst zu verstecken. Nach fünf Minuten bringt Ihr Gürtel Sie wieder zurück, und Sie haben zwei Versionen von sich selbst, vor denen Sie sich verstecken. Zuerst ist es einfach, weil Sie sich erinnern, wohin Sie gesehen haben, aber wenn Sie immer mehr Versionen von sich dazugeben, wird es kompliziert. Während Sie sich vor den Jüngeren verstecken, suchen Sie sich gleichzeitig als ältere Version. Schließlich sind Sie derartig verwirrt, daß Sie aufgeben und heimfahren.

Nach diesen obligatorischen Ausflügen (jeder macht ungefähr dieselben ersten Reisen), sehen Sie sich die eigene Familiengeschichte ein bißchen an. Vielleicht möchten Sie Mama und Papa beobachten, als sie noch poussierten, oder vielleicht mal mit der merkwürdigen Großtante reden, die Senatorin war. Aber sehen Sie nicht zu genau hin, es könnte sich herausstellen, daß Ihr Vater nicht gerade ein Held war und Ihre Mutter keine Heilige.

Der nächste Schritt ist schon spannender: An exotische Orte fahren. Wenn Sie einen Urlaub in Ihrem eigenen Land planen, dessen Sprache und Sitten Sie bereits kennen, planen Sie Ihre Reise mit einem Reisebüro, gehen Sie bei einem Ausstatter vorbei, schauen Sie bei AKKZENT rein, und fahren Sie alleine los. Sollten Sie allerdings Leute und Orte sehen wollen, die bereits vor Jahrhunderten ausgestorben sind, machen Sie die erste Reise besser mit einer Reisegruppe oder mit einem privaten Führer. Der billigste, einfachste und sicherste Weg für einen Reiseanfänger, einen neuen Zeitraum auzuprobieren, ist eine Rundfahrt mit einem Reiseleiter. Er kennt bereits die Sprache und die Sitten, und die Ausstattungskosten sind geringer, weil Garderobe zur Verfügung steht und nicht erst angefertigt werden muß. Diese Reiseangebote beschränken sich aber auf Zeiten, in denen eine Gruppe unbemerkt bleibt. Gruppenreisen führen häufig zu sportlichen Ereignissen, Theateraufführungen, Schlachten, öffentlichen Hinrichtungen oder an andere Orte, an denen sich Menschenmengen versammeln.

RUNDREISEN

Ob Sie mit einer Gruppe oder alleine fahren: Reisepläne machen es einfacher. Wenn Sie alleine reisen, führen Sie sich bitte vor Augen, daß Sie sich alleine um alles kümmern müssen, auch wenn in Ihrer Broschüre steht, daß sich der Reiseleiter um Pferd und Wagen kümmert.

Dies sind die fünf beliebtesten Reisen, die von der ASTA zusammengestellt wurden. (Bei dieser Gelegenheit vielen Dank an die Leute von American Express für ihre Hilfe beim Zusammenstellen der Reisepläne.)

Die Bergpredigt

Die Gelehrten haben über dieses Ereignis, das mit Abstand die Hauptattraktion in der Erdgeschichte ist, etwas merkwürdiges herausgefunden. Bei der Bergpredigt waren nur 22 Ortsansässige dabei, alle anderen waren Touristen. Das beantwortet die Frage, die Theologen seit Jahrhunderten beschäftigt hat: Woher wußten all diese Leute, daß sie sich dort einfinden sollten?

Die Predigt dauert nicht einmal eine Stunde, und deshalb ist sie meist nur der Höhepunkt in einem Reisepaket mit religiösen Attraktionen.

Erster Tag: Ankunft in Wittenberg, Deutschland, am Morgen des 30. Oktober 1517. Besuch in einem Gasthaus, in dem Salzhändler und Pilger verkehren, die die Reliquien ansehen möchten. Nachmittag im Augustinerkloster, in dem 5005 Reliquien aus dem Heiligen Land ausgestellt sind, einschließlich eines Dornes aus der Dornenkrone und Zähnen von Heiligen. Abendessen in einem Wittenberger Gasthaus: Metzelsuppe, eine Wurstsuppe mit Speck und Sauerkraut, die mit verschiedenen Brotsorten und einer Auswahl an Bier verzehrt wird.

Zweiter Tag: Sehen Sie zu, wie Martin Luther seine 95 Thesen an die Tür der Schloßkirche schlägt. Essen in einem feudalen Schloß. Sie haben die Wahl zwischen Hase oder Rebhuhn, mit einer üppigen Portion Thüringer Wurst.

Dritter Tag: Reise nach Rom im Jahre 250, als die Christenverfolgung durch den Imperator Decius auf dem Höhepunkt ist. Verbringen Sie den Tag mit christlichen Anführern im Untergrund; benutzen Sie das Zeichen des Fisches, um als Christ erkannt zu werden. Besuchen Sie einen Gottesdienst in einer der Katakomben; danach Abendessen im Haus eines Gläubigen.

Vierter Tag: Besuchen Sie das Kolosseum, und sehen Sie die Opferung von Christen. Ihr Reiseleiter wird einen Block mit guten Plätzen reservieren.

Fünfter Tag: Fahrt nach Kapernaum am nördlichen Ufer des Sees Genezareth. Es gibt keine Gasthäuser, aber Ihr Reiseleiter wird Privatunterkünfte besorgen. Für den Camper stehen Ziegenfellzelte zur Verfügung.

Sechster Tag: Sie sind bei der Bergpredigt dabei. (Stellen Sie sich auf einen längeren Fußweg von der Unterkunft oder dem Zeltplatz zur Predigt und zurück ein.)

Siebter Tag: Verbringen Sie den Vormittag damit, den neuesten Klatsch am Dorfbrunnen in Kapernaum aufzuschnappen. Dann geht es zurück nach Hause. Für Katholiken sind die ersten beiden Tage normalerweise den Heiligen gewidmet, anstatt Martin Luther. Die meisten finden es schön, dem heiligen Franziskus zuzuhören, wenn er in mehreren kleinen Orten um Assisi herum in wundervoller italienischer Landschaft predigt. Andere finden es erheiternd, den heiligen Georg bei der Tötung des Drachen zu sehen (es war eigentlich kein Drache, aber sehen Sie sich das selbst an!) Die letzten Tage der heiligen Johanna haben große religiöse Bedeutung; der Film wird ihr überhaupt nicht gerecht. Manche Heilige sind begabte Redner, und wenn Sie den Namen eines Heiligen tragen, möchten Sie vielleicht Ihren Namenspatron einmal hören. Die meisten Reisenden nimmt das sehr mit, und sie kommen dann zur Sterbeszene.

Die amerikanische Revolution

Nach »USA Today« zu urteilen sind die beiden beliebtesten Rundreisen durch die amerikanische Geschichte »die Wiege der Freiheit« von American Express (36 % der befragten Reisenden haben diese oder eine ähnliche Reise gemacht) sowie Thomas Cooks »Geteiltes Haus« (31 %). Andere Ziele, etwa die verschiedenen Feiern um die Freiheitsstatue, die Feiern zum Kriegsende und besondere Schlachten (wie die bei Alamo) machen die Liste der zehn besten aus.

Hier ist der Reiseplan für »Wiege der Freiheit«:

Erster Tag: Fahrt nach Marblehead, Massachusetts, am Morgen des 15. Dezember 1773; verbringen Sie den Tag mit einer Fahrt nach Boston. Abends gehen Sie ins Bostoner »Brasler Inn« zum Essen; gehen Sie früh ins Bett.

Zweiter Tag: Fangen Sie den Tag mit Frühstücksbier oder Apfelwein und einer Schüssel Milchsuppe an (Maismehl mit Milch, in Melasse gekocht). Verbringen Sie den Tag mit Einkaufen. Weihnachtsschmuck im Kolonialstil finden Sie in der Change Alley. Gehen Sie auch zu Paul Revere's Silbergeschäft am Anfang von Clark's Warenlager. Mit-

tagessen in der »Corn Court Tavern«. Am Abend: Stoßen Sie zu den 8000 Leuten, die sich in der Nähe der Old South-Kirche versammelt haben und sich allesamt weigern, den überhöhten Zoll zu zahlen, der gefordert wird, um den Tee von der »Dartmouth« zu laden. Sehen Sie

Sam Adams' »Mohikanern« zu, wie sie den Tee vom Schiff werfen und eine Schlägerei anzetteln. Protestieren Sie laut mit − schließlich sind Sie Amerikaner!

Dritter Tag: Ein Morgen im Jahre 1773. Am Nachmittag: Fahrt zu den Wäldern vor Lexington am 17. April 1775. Gehen Sie in die »Munroe Tavern«. Nehmen Sie sich einen Tag frei, während Ihr Reise-

leiter Pferde und Kutschen für den kommenden Abend mietet. Abendessen im Earl-Percy-Saal des Hauses, der in den Kolonien für seine Fischsuppe berühmt ist. Vierter Tag: Schlafen Sie ein bißchen länger, damit Sie es abends länger aushalten. Verlassen Sie das Hotel abends pünktlich um 9 Uhr, damit Sie sich ein Versteck an der Straße nach Boston oder Concord sichern können. Je nach Standort werden Sie folgendes sehen: Paul Revere, der die Nachricht in alle Dörfer und auf alle Farmen von Middlesex schickt; oder: Paul Revere warnt Sam Adams und John Hancock kurz vor Lexington, oder aber: Eine britische Patrouille verhaftet Paul Revere, nicht aber seine Gefährten William Dawes und Dr. Samuel Prescott.

Fünfter Tag: Fahren Sie am 7. Juli 1776 nach Philadelphia. Wohnen Sie in der »A Man full of Trouble Tavern« auf der Spruce Street. Der Gastwirt, Colonel Blaithewait Jones, trägt die Verantwortung für unse-

re Verteidigung des Delaware River. Lassen Sie sich nicht anmerken, daß Sie zuviel wissen, er könnte Sie sonst als britischen Spion verhaften lassen.

Sechster Tag: Am nächsten Morgen mischen Sie sich unters Volk und hören sich vor dem State House die erste öffentliche Verlesung der Unabhängigkeitserklärung an. Achten Sie auf den Jungen, der an der Tür steht, er gibt das Signal für das Läuten der Freiheitsglocke. Angebotene Abendbeschäftigung: Springen Sie zum 11. Dezember, als Washington seine Truppen über den Delaware führt. Ziehen Sie sich warm an!

Siebter Tag: Gehen Sie auf Souvenirsuche auf dem High-Street-Markt. Die Tintenfässer des Goldschmieds Philip Syng sind sehr fein gearbeitet und ein beliebtes Geschenk. Wenn Sie noch Zeit haben, besuchen Sie die Mittagsauktion in der nordwestlichen Ecke des Gerichtshauses auf der Second Street.

Achter Tag: Frühes Frühstück mit Trockenfisch und Keksen, dann Heimfahrt.

Die Anfänge der modernen Zivilisation

Was historische Rundreisen anbetrifft, mögen wir die am meisten, die das antike Griechenland und die römische Kultur vereinen. Das aus mehreren Gründen: Erstens ist das Geschichtsgefühl ist nahezu überwältigend. Zweitens ist das Essen gut. Drittens ist das Wetter fast ausnahmslos erstklassig. Verbringen Sie einige Zeit an den Stränden von Pompei (vor 79) – die voll von Sonnenhungrigen unserer Tage sind (der

Geruch von Sonnenmilch, die in zeitgemäßen Fläschchen verborgen ist, verrät dem heutigen Beobachter den Zeitreisenden). Diese Strände sind übrigens zum Treffpunkt für den Jetset geworden.

Erster Tag: Fahrt nach Piräus, sechs Kilometer vor Athen. Gesunder Spaziergang in die Stadt durch das farbenfrohe Zweipfeilertor (sprechen Sie die Damen am Tor nicht an, es sei denn, Sie möchten für einen Abend in ihrer Gesellschaft bezahlen). Schlendern Sie am Nachmittag über den Basar. Essen Sie außerhalb, dann mischen Sie sich unter die Hotelgäste auf dem Dach.

Weiblich? Einsam?
Auf der Suche nach Abenteuer?
Versuchen Sie Sparta!

Euripides sagt: Sparta ist kaum berühmt für keusche Frauen. Sie stehen ständig auf der Straße, spärlich bekleidet, stellen nackte Gliedmaßen aus. ... Sie wetteifern und ringen mit den Strichern. Wenn Sie alleinstehend sind und abenteuerlustig, lassen Sie Athen aus und kommen Sie gleich nach Sparta. Und für die wirklichen Abenteurer buchen wir Trips nach Lesbos zur Gesellschaft von Sappho.

Dionysos Reisen
Büros in den meisten Städten um den Erdball.

Zweiter Tag: Frühlingsfest. Eine Auswahl an dionysischen Riten mit Wein und Trinkgelagen; oder verehren Sie spielerisch die Göttin der Liebe beim legendären Fest der Aphrodite (nur für Erwachsene).

Dritter Tag: Ein Vormittag auf dem Marktplatz von Agora. Gutes Angebot an Schmuck in Silber und Lapislazuli, Elfenbein-Kinkerlitzchen, Bronzekelche, Parfümöle und Keramik. Besuchen Sie einen Friseur, sehen Sie sich eine Sitzung im Gerichtshof an, und sehen Sie bei den Aktivitäten am berühmten beschriebenen Portal vorbei, wo reisende Gelehrte revolutionäre Ideen verbreiten. Nachmittags ein Besuch im Theater des Dionysos. Durchgängige Aufführungen. Vielleicht erwischen Sie Lysistrata oder Antigone von Sophokles.

Vierter Tag: Tagesausflug an die Akropolis nach den Renovierungsarbeiten im Jahre 432 v. Chr. Der Reiseleiter wird eine Teilnahme an einem Symposion buchen (was eine vertrauliche Trinkfeier in einem Privathaus ist), mit philosophischer Diskussion und allem, was dazugehört. (Wenn Sie mal nicht klarkommen, bringen Sie einen Trinkspruch auf Zeus aus.)

Fünfter Tag: Ein Sprung nach Rom 46 v. Chr.; quartieren Sie sich in der »Nigro Pullo« (schwarze Henne) ein, einer beliebten Unterkunft. Dann ab in den Circus Maximus zu einem Tag mit ludi circenses (Triumphwagenrennen). Nach den Rennen gehen Sie am späten Nachmittag in die Bäder von Caracalla. Ziehen Sie sich um, nehmen dann ein Schwitzbad, um alles auszuschwitzen, gefolgt von einer heißen Dusche. Der Höhepunkt: Abbürsten durch einen Sklaven, gefolgt von einem Sprung ins kalte Wasser. Die Bäder haben auch Sporthallen, Geschäfte, Gärten, Büchereien, Kunstgalerien und Masseure (bitte beachten: In manchen Jahren sind die Bäder ge-

151

Wenn man in Rom ist . . .
Tips, wie man es so macht,
wie es die Römer auch machen

1) Am Tag ist die Toga Ihre Kleidung, bei Nacht ist es Ihre Decke. Waschen Sie sie in einem Fluß, wenn sich die Gelegenheit dazu bietet.

2) Versuchen Sie, tagsüber ein kleines Nickerchen einzulegen. Wegen der Verkehrsstaus in Rom hat Cäsar Lieferwagen am Tag verboten, also fahren sie die ganze Nacht lang und liefern Waren aus.

3) Sollten Sie wert auf ein Frühstück legen, kaufen Sie am Abend vorher ein. Ein typisch römisches Frühstück besteht nur aus einem Glas Wasser.

4) Die Fässer mit parfümiertem Wasser in Ihrem Zimmer sind zum Waschen. Trinken Sie es nicht! Wenn Sie Glück haben, findet Ihr Reiseleiter eine Unterkunft mit fließendem Wasser, das illegalerweise von einem Aquädukt abgezweigt ist.

5) Wenn Sie zum Essen eingeladen sind, rülpsen Sie nach dem Essen laut und vernehmlich.

6) Die Flamingo-Feder neben Ihnen ist dazu gedacht, daß Sie den hinteren Teil Ihres Rachens derart kitzeln, daß Sie danach mit leerem Magen weiteressen können.

7) Wenn Ihr Besuch in die Zeit Neros fällt und Sie sich einem Sänger nähern, der ein ausgeprochen schlechtes Lied singt, geben Sie ihm auf jeden Fall ein Trinkgeld. Das Lied wurde wahrscheinlich vom Imperator höchstpersönlich verfaßt, und jeder, der seine Sänger nicht belohnt, wird des Verrates beschuldigt.

8) Da wir gerade von Nero sprechen: Bleiben Sie seinen Festen fern, wenn Sie Christ sind. Wenn es dunkel wird, könnte er Sie aufspießen und als Fackel verbrennen, damit Sie sein Fest erleuchten.

mischt; wenn Sie schüchtern sind, fahren Sie ins zweite Jahrhundert, als Hadrian die Trennung der Geschlechter per Gesetz befahl).

Sechster Tag: Gladiatoren, Tierkämpfe und Gefangene, die ihre Kräfte gegen verschiedene Tiere messen, gewürzt mit zwischenzeitlichen Striptease-Einlagen der ansässigen Prostituierten. In einem Wettkampf wird Zuschauerbeteiligung erwartet, also Daumen rauf oder runter für die Entscheidung zwischen Tod oder Leben. Dann weiter zu Caesars triumphaler Rückkehr nach Rom mit einer der besten Paraden in der Geschichte und einem Fest an 22 000 Tischen. Noch mal zurück zum Kolosseum für Claudius' Seeschlacht (anno 52); mit zwei Flotten und 10 000 Mann.

Siebter Tag: Einkauf bei den Straßenhändlern am Forum. Baumwollschleier aus Zypern und Syrien, Seide aus Damaskus, Rohseide aus China, auch Perlen, Bücher, Spiele einschließlich Würfel und Knöchelspiele. Die Wasseruhr ist ein tolles Geschenk. Besuchen Sie auch einen babylonischen Wahrsager, oder lehnen Sie sich einfach zurück und hören den Straßenmusikanten zu. Mittagessen mit Brot und Wein in jeder beliebigen Taverne in der Nähe. Aber kaufen Sie bitte keinen Slaven am Tempel von Castor und Pollux, der Zoll schickt ihn (oder sie) ohnehin wieder zurück.

WELTSTÄDTE

Obwohl es sehr reizvoll ist, hier und da ein altes Schloß zu besuchen, findet das Leben in den Weltstädten statt. Hier findet man Musik, Theater, Sportereignisse, Einkaufsgelegenheiten, Restaurants und viele historische Ereignisse. Da hier alle Leute zusammenkommen, ist es außerdem einfacher, sich unterzumischen.

Es gibt viele Weltklassestädte, die eine längere Reise wert sind, aber wir fanden es sehr schwierig, wie die Einheimischen und die Händler durch Tokio, Kalkutta, Kairo, Peking, Bangkok und Schanghai zu laufen. Da die meisten Leser dieses Buches Abendländer

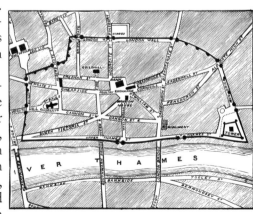

Beachten Sie den »Römischen Wall« auf dieser Karte von London.

153

sind, beschränken wir uns auf unsere beiden Lieblingsstädte: London und New York.

London

Die Geschichte Londons ist so lang und farbenfroh, daß man ein Leben lang in ihrer Vergangenheit verbringen kann. Hier ist unser Reiseplan, der die wichtigsten Attraktionen Londons umfaßt:

Erster Tag: Reisen Sie ins römische London. Schauen Sie sich auf der Spitze des Cornhill um, wo sich Römer, Gallier, Spanier und Britannier trafen, um über alles mögliche zu reden, von der Regierung bis zum Wetter.

Es ist nur ein kurzer Fußweg zu den öffentlichen Bädern in der Upper Thames Street. Unterkunft in einem nahen Gasthof, der von Handelsreisenden benutzt wird.

Mr. Dickens bei der Arbeit

Zweiter Tag: Fahrt ins 14. Jahrhundert. Bleiben Sie im »Tabard« in Southwark. Gehen Sie durch Aldgate in die City, direkt unter Chaucers Mietzimmer durch. Kaufen Sie auf dem lebhaften Markt in East Cheap ein, schlendern Sie dann durch die vielen verschiedenen Marktbuden in Cheapside. Später sehen Sie sich Turniere und Schwertkämpfe an, wo Sie auf andere modische Zuschauer treffen, die in der Steingalerie an der Nordwand von St. Mary-le-bow sitzen.

Dritter Tag: Fahren Sie ins Jahr 1600, und quartieren Sie sich

154

beim »Anchor Inn« in Southwark ein. Gehen Sie ins Globe-Theater zur Eröffnungsvorstellung von »Was Ihr wollt«. Der Vorhang hebt sich um 1 Uhr mittags (Aufführungen finden bei Tageslicht statt). Wenn Sie die Schauspieler hören wollen, setzen Sie sich in eine der drei Galerien. Wenn Sie lieber anzügliche Kommentare dazwischenrufen und mit faulem Gemüse werfen wollen, stellen Sie sich zum Fußvolk. Versuchen Sie, am Abend William Shakespeare oder Ben Johnson in einer ihrer Lieblingskneipen zu erwischen, der »Mermaid« in Cheapside oder dem »George« in Southwark.

Vierter Tag: Fahrt ins Jahr 1838 für einen Eindruck von Dickens' London. Beziehen Sie Quartier im »White Heart« auf der Borough High Street, wo Mrs. Pickwick Sam Weller zum erstenmal traf. Gehen sie vormittags an Dickens' Haus in der Doughty Street Nr.48 vorbei, wo der Dichter gerade an »Oliver Twist« schreibt (die roten Geranien am Fenster sind seine Lieblingsblumen). Gehen Sie am Nachmittag in

Sie können sich das Savoy nicht leisten? Das »Nag's Head« ist einer von vielen Gasthöfen, der sich um Reisende mit kleinerem Geldbeutel kümmert.

den »Old Curiosity Shop« in der Portsmouth Street. Nehmen Sie das Abendessen in »The Old Horn Tavern« in der Knightrider Street ein, wenn Dickens gerade dort ist.

Fünfter Tag: Gehen Sie zu einer öffentlichen Lesung mit Charles Dickens in der St. James' Hall. Dann geht es in die frühen 1890er, um das neue Savoy -Hotel auzuprobieren, als es von Cesar Ritz geführt wurde. Sie können sich eine Zeit aussuchen, in der so berühmte Persönlichkeiten wie Mark Twain, Sarah Bernhardt, Gugliemo Marconi, Enrico Caruso oder Theodore Roosevelt hier wohnen. Zum Abendessen lohnt eine Zeitreise zu Auguste Escoffier. Hier gibt es derart viele außergewöhnliche Gerichte, daß eine Entscheidung schwerfällt (Sie könnten natürlich noch mehrmals herkommen): Königlicher Lachs, Wachteln in Weinlaub, Wild am Spieß und Krebssoufflé auf florentinische Art, um nur einige zu nennen.

Sechster Tag: Fahren Sie in die 1980er, um eines der Andrew-Lloyd-Webber-Musicals zu sehen.

Siebter Tag: Zurück zum Zoll und dann in die Heimatzeit.

New York

New York City ist jünger als 400 Jahre, aber ihre kurze Geschichte ist mit Höhepunkten gefüllt, die man kaum beschreiben kann. Die Frühgeschichte ist hier so ziemlich wie anderswo auch: sanft rollende Hügel, wo später Hochhäuser stehen (es ist aufregend, am Rande des gurgelnden Baches zu stehen, der eines Tages die 42. Straße sein wird).

Vielleicht möchten Sie eine der frühen Schlachten sehen, aber wir lassen das Kolonial-New York meistens aus und fangen erst nach der Revolution an. Hier ist ein Beispiel für einen möglichen Reiseplan, den wir für Erstreisende empfehlen:

Erster Tag: Washingtons Amtseinweihung am 30. April 1789. Unterkunft wird schwer zu finden sein, übernachten Sie besser auf den Brooklyn-Höhen, und nehmen Sie am nächsten Morgen in aller Frühe ein Boot über den East River. Die Feierlichkeiten beginnen in der gesamten Stadt um 9 Uhr, die Amtseinweihung ist für 12 Uhr vorgesehen. Wenn Sie

Niblo's Garden

drinnen einen Sitzplatz bekommen wollen, gehen Sie früh zum Federal
Hill. Die Feier fängt mit Verspätung an. Sie werden die Stadtväter sich
streiten hören: »Ich dachte *du* bringst die Bibel mit!«

Zweiter Tag: 1800–1805. Ankunft in Greenwich Village, als es noch
ein Dorf war (man kann auf der Bleeker Street noch Brombeeren
pflücken). Streifen Sie durch das malerische holländische Viertel in der
Bowery. Geben Sie vier Cent für die Pferdefähre von Manhatten nach
Brooklyn aus, und kaufen Sie ein Exemplar des ersten New Yorker Rei-
seführers von Dr. Samuel Lathan Mitchell (der Schreibstil ist ausgesprochen schwülstig, das gehört dazu!). Springen Sie in die 1850er, und
hören Sie Jenny Lind im Hippodrome singen, oder sehen Sie im Jahre
1867 eine skandalöse Aufführung des »Schwarzen Gauners« in Niblo's
Garden. Damen ohne Begleitung werden nicht hineingelassen!

Tip: New York zurechtstutzen

Wir empfehlen einen Ausflug ins Jahr 1822, als Tausende New
Yorker von einem Mann zum besten gehalten wurden, den alle
nur als Lozier kennen. Horden von Leuten kamen zu den an-
gekündigten Stellen in Manhatten, um dabeizusein, wie er das
Battery-Stück von der Insel absägen wollte, um es im Hafen
umzudrehen und an der anderen Seite wieder anzuflicken. So
sollte das südliche Ende der Insel nicht mehr – durch die schweren
Häuser in der Bowery bedingt – absinken. Wie erwartet ward
Lozier nie wieder gesehen.

Dritter Tag: Fahren Sie am 24. Mai 1883 zur Eröffnung der Brooklyn-Brücke – das ist eine der größten und besten Parties in der Geschichte der Stadt! Egal, wie nah Sie auch herankommen, die Reden hören Sie nicht. Also verbringen Sie den Tag an Bord eines Ausflugbootes oder auf irgendeinem Dach mit guter Aussicht. Behalten Sie die Brücke im Auge, kurz bevor es dunkel wird, dann wird die Beleuchtung zum erstenmal eingeschaltet. Darauf folgt ein atemberaubendes einstündiges Feuerwerk über dem East River. Stellen Sie sich rechtzeitig an (23.15 Uhr), damit Sie um Mitternacht zu den ersten Füßgängern gehören, die die Brücke überqueren.

Vierter Tag: Logieren Sie im eleganten Waldorf-Astoria, das am

Eine Einladung zur Eröffnung der Freiheitsstatue ist sehr begehrt.

heutigen Standort des Empire State Building steht. Das Datum können Sie zwischen 1897 und 1929 aussuchen. Es ist nur ein kurzer Fußweg zu Delmonico's an der Ecke der 44. Straße/Fifth Avenue und einem großartigen Essen in einem der besten Restaurants aller Zeiten. Danach fährt man entweder mit dem Auto in die Stadt oder in den Cotton Club in Harlem, speziell an Duke Ellingtons Premiere am 4. Dezember 1927. Wenn Sie lange ausbleiben wollen, erzählen Ihnen gern die Künstler, wo die heutige Mietparty stattfindet. Jeder (auch Weiße) muß Eintritt bezahlen, womit Unterhaltungskünstler ihren Freunden helfen, die Miete zu bezahlen. (Die Parties sind meist ausschweifend.)

Die Fifth Avenue in den 1930ern. Machen Sie auf jeden Fall am Empire State Building halt. Die Bauarbeiten sind übrigens einen Zeitraffer wert.

Fünfter Tag: Nach einem späten Frühstück sehen Sie sich die Häuser an der Fifth Avenue an. Nachmittags: Einkaufen in Ihrer bevorzugten Gegend, danach Abendessen. Und schließlich waren Sie nicht in New York, wenn Sie nicht im Theater waren! Vielleicht sehen Sie sich Fanny Brice's ersten Auftritt in den »Ziegfeld Follies« an, bei denen ein junger Mann namens Irving Berlin Klavier spielt. Oder nehmen Sie etwas, das später im Jahrhundert liegt, wie etwa Zero Mostels unvergeßliche Darstellung von Tevje in »Anatevka«. Oder vielleicht ein gruseliger Abend im Grand Guignol bei Stephen Sondheims »Sweeney Todd: Der dämonische Friseur der Fleet Street«.

Sechster Tag: Frühstück bei Lindy's. Halten Sie am Schaufenster des

»Florida Showcase« an, um Dave Garroway bei seiner täglichen Show zuzuwinken. Gehen Sie durch das RCA-Gebäude, sehen Sie die Rockettes und die Vormittagsvorstellung in der Radio-City-Hall, danach vielleicht ins Kino. Dann Heimfahrt.

Zusammentreffen mit bemerkenswerten Leuten

Sehen wir den Tatsachen ins Auge: Wenn Sie an einen anderen Ort und in eine andere Zeit fahren, werden Sie als Fremder behandelt. Sie können nicht einfach hereinspazieren und an König Arthurs rundem Tisch Platz nehmen oder Kleopatra zu einer Paddeltour auf Ihrer Barke ausführen. Gegen geringe Gebühr können Sie allerdings einen professionellen ortskundigen Vermittler engagieren, der Sie vorstellt. Wenn Sie beispielsweise einen richtigen, echten Regency-Ball miterleben wollen, wird Lady Anne Layton (die Regency-Romanzen schrieb, bevor sie sie selbst lebte) Ihnen einen Gutschein für eine Soiree bei Almack's oder Einlaß in den White's Club für Herren verschaffen.

Besondere Wünsche für private Treffen sind möglich, aber auch teurer. Um ein Treffen mit Kleopatra einzufädeln würden Sie einen Experten für ägyptische Geschichte anstellen, der ins Jahr 40 v. Chr. fährt. Er würde sich einen Namen machen und nach und nach das Vertrauen der Leute erringen, die die Königin umgeben. Er würde mehrere Jahre damit verbringen, die Grundlagen für Ihr Treffen zu schaffen. Die Kosten? Wenn Sie danach fragen müssen, können Sie es sich ohnehin nicht leisten.

Natürlich können Sie Ihr Opfer auch mit Chronovision ausfindig machen, warten, bis es alleine ist, und es dann überraschen. John Trapp benutzte diese Methode, um Abraham Lincoln auf einer New Yorker Fähre am 25. Februar 1860 zu treffen. Sie unterhielten sich während der Überfahrt, und als das Boot an Land anlegte, schüttelten sie einander die Hände und gingen wieder getrennte

Wege. Marsh Williams erwischte auf diese Weise Mark Twain vor dessen Haus in der Farmington Avenue Nr. 351 in Hartford, Connecticut, im September 1883. Twain hatte blendende Laune, weil er gerade die Überarbeitung von Huckleberry Finn fertig hatte. Er lud Williams zu einem Rundgang durch sein ungewöhnliches Heim ein, gefolgt von einer Runde Billard.

REISEN MIT KINDERN

Am Anfang wurden die Reiseveranstalter durch Fragen nach Reiseplänen für Kinder derart überfordert, daß sie einfach empfahlen, die Kinder zu Hause zu lassen. Soll man die Kinder auf eine altmodische Farm schicken? Das könnten sie auch heute. Ein Zirkus vielleicht? Ist es für ein Kind denn anders als heute, 1690 in einen Zirkus zu gehen? Historisch wichtige Puppenspiele? Jahrmärkte? Zoos? Tatsache ist: Kinder zu unterhalten wird erst vor etwa einem Jahrhundert wichtig, also sind die Möglichkeiten ziemlich begrenzt. Sogar ganztägig zur Schule zu gehen ist, historisch gesehen, eine junge Idee. Sobald sie alt genug waren, taten sie das, was ihre Eltern auch taten: Sie gingen zur Arbeit.

Ein paar unbelehrbare Eltern nahmen ihre Kinder dennoch mit auf eine Zeitreise. Gibt man ihnen die Gelegenheit, finden Kinder immer andere Kinder, und ungeachtet kultureller oder sprachlicher Unterschiede finden sie schnell eine Gemeinsamkeit.

Als Paul und Michelle Mecaskey, acht und zehn Jahre alt, mit ihren Eltern für eine Woche ins antike Griechenland fuhren, fühlten sie sich bald von den Tempeln gelangweilt. Sie fanden ein paar Nachbarskinder und spielten mit ihnen Apodidraskinda. Sie kannten natürlich die Regeln. Welches Kind kann nicht Versteckspielen? Als das Spiel vorbei war, fand jemand einen Ball, und sie verbrachten den Rest des Nachmittags damit,

Zwei Dinge haben durch Zeit und Raum Bestand: Kinder spielen, und Kinder machen sich dreckig.

Dielkustinda – Völkerball – zu spielen. Es stellte sich heraus, daß römische und ägyptische Kinder mit Murmeln spielten und daß die meisten Kinder im Mittelalter Bockspringen und Stockpferdreiten kannten. Napoleon spielte als Kind »König auf dem Berg«. Eine Variation von Kästchenhüpfen kannten die christlichen Kinder schon immer, doch es gibt dabei eine tiefere religiöse Bedeutung: Das

Persönliche Lieblingsreisen:
Ein Wochenende in Brooklyn 1932

Auf der Keap Street gibt es drei Straßenlaternen: eine an der Ecke Wythe Avenue, eine an der Ecke Bedford Avenue und eine direkt bei der Veranda der Keap Street 97, dem vornehmen Sandsteinhaus, in dem mein Ururgroßvater Norman aufwuchs. Eine Straßenlaterne vor dem Haus zu haben war wichtig, es versicherte die Beliebtheit bei der Nachbarschaft. Das waren noch Zeiten, als Normans Vater, Harry, noch Blumenthals Phonographen und Radios auf der Lee Avenue (direkt an der Roebling Street) gehörten. Als mein achtjähriger Sohn Michael und ich ankamen, war Harry im Gefängnis, schon wieder. Offensichtlich verbrachte er eine Menge Zeit im Gefängnis. Er war kein Trunkenbold oder Dieb. Er war ein Witzbold. Er trieb seinen Schabernack mit anderen Leuten.

Harry war nicht rechtzeitig zum Abendessen zurück, also rief seine Frau Pauline (meine Urururgroßmutter) bei der Polizeistation an. Sie war sicher, daß Sergeant O'Reilly und seine Männer Harry wieder einmal eingesperrt hatten wegen der Sache in Mr. Lastfogels Schneiderei. Sergeant O'Reilly versprach Pauline, daß die Streife bald vorbeikommen würde und Harry rechtzeitig zum Abendessen wieder zurück wäre.

Wir fragten, was Harry Mr. Lastfogel getan hätte? Pauline kicherte und erzählte uns dann, daß Harry zusammen mit ein paar befreundeten Polizisten die halbe Nacht damit verbracht hatten, nicht nur seinen Laden mit Brettern zu vernageln, sondern auch noch ein Schild mit der Aufschrift »beschlagnahmtes Eigentum« aufgestellt hatten. Als der alte Mr. Lastfogel, der kaum zwei Jahre zuvor aus Rußland ausgewandert war, seinen Laden am nächsten Morgen sah, fiel er fast tot um.

Ein paar Minuten später kam ein Polizeiauto vorbei. Harry kam rauf, wusch sich und setzte sich an den Tisch. Das Essen war nichts Besonderes, Hühnersuppe mit Backerbsen und danach ein Rest vom gestrigen Hackbraten mit Rüben. Weil Norman darauf bestand, gingen wir alle zum Dessert nach unten. In diesem Teil von Brooklyn gibt es zwei Eismänner. Norman, der mit seinen 9 Jahren schon ganz gerissen war, machte uns klar, daß »Good Humor« zu teuer wäre und wir lieber auf »Bungalo Bar« warten sollten. Harry lachte und erzählte uns dann, was es damit auf sich hatte: Er hatte einmal eine gebrannte Mandel gewonnen, weil in seinem Eis einen Gutschein steckte, und er hoffte, daß das heute abend noch einmal passieren würde. Der Wagen mit dem spitzen Dach kam vorbei, und wir kauften unsere »Bungalow Bars«. Wir setzten uns auf die Veranda, und das Eis tropfte überall hin, aber keiner fand einen Gutschein.

Zu der Zeit versammelten sich dann ein paar Nachbarn unter der Straßenlaterne. Mr. Lucas, der deutsche Vermieter, führte seinen Collie aus. Jemand machte einen Witz darüber, daß er Deutscher war. Ein Freund von Norman, Seymour Schnitzer, fuhr in einer Seifenkiste die Straße hinunter, die er aus einer Gemüsekiste, zwei Achsen und einem Rollbrett mit Kugellagern gebastelt hatte. Michael war klein genug, um reinzupassen, also fuhr er eine Runde damit. Ein paar von den älteren

Kindern versuchten, Schlagball zu spielen, bevor es zu dunkel wurde. Normans Bruder, Larry, vierzehn, wurde Spielführer. Gleich beim erstenmal schlug er den Ball in den Kanal – das gab einen home run. Am nächsten Morgen standen wir früh auf. Norman forderte Michael zu einem Spiel »Skelly« heraus- Michael fand es blöde, frühmorgens an einem Gulli zu sitzen und Flaschenverschlüsse schwimmen zu lassen. Norman gewann vier Flaschenverschlüse, die er zu seiner schnell wachsenden Sammlung legte. Nach diesem Spiel sahen wir zu, wie er mit seinem Freund Milty Baseballkarten schnippte. Diese gewann Norman auch. Dann gingen wir alle in die Delancey Street. Die Bahn, Williamsburg Bridge Local, kostete 3 Cent. Wir entschlossen uns, das Geld zu sparen, und gingen zu Fuß. Als wir über den Fluß kamen, hatten wir alle Hunger. Wir gingen direkt auf Levi's Frankfurter-Stand zu und aßen einen Hot-dog und Kartoffelbrei und tranken etwas Orangensaft. Das kostete jeden 15 Pence. Ich holte einen Zwanziger aus meiner Tasche. Der Kerl hinter der Theke sah mich lange an und ging dann zum Geschäftsführer. Offensichtlich trugen die Leute nicht soviel Geld mit sich herum, der Geschäftsführer war sicher, es wäre Falschgeld (1932 war die Wirtschaftskrise, und es gab eine Menge Blüten). Ich kratzte 60 Cent in Kleingeld zusammen und machte mich davon; Norman und Milty sahen mich an, als wäre ich entweder nicht ganz richtig im Kopf oder sehr reich, sie waren sich nicht sicher, welches von beiden.

Wir kamen alle um vier Uhr nachmittags zurück und spielten etwas Prellball (Regeln wie beim Baseball, mit einem alten Tennisball gespielt, dessen weiche Beschichtung am Bordstein abgewetzt wird). Dann fingen ein paar Großtuer aus einem anderen Block an, mit Juckpulver herumzualbern, und steckten es einem hinten in die Pullover. Michael und Norman wurden ganz schön wütend. Ich wollte mich da heraushalten, also setzte ich mich auf die Veranda und las den »Brookly eagle« und überließ die Kinder sich selbst.

Eines, was man beim Zeitreisen lernt, ist, daß das eigene Verständnis von Geld sich sehr von dem der Einheimischen unterscheiden kann. Die Familien aus der Kap Street gehörten nicht zur Mittelklasse, sondern sie waren arm. Pfennige waren wichtig. Ich versuchte nett zu ihnen zu sein und lud sie alle zu einem Essen bei Peter Luger ein, einem tollen Steakhaus am anderen Ende von Williamsburg. Harry wurde richtig wütend auf mich. Er sagte, wir wären Gäste in seinem Haus, und wenn er sich auch so ein vornehmes Resaurant wie das Luger nicht leisten könnte, so gäbe es doch jede Menge gutes Essen im Haus.

Ich lernte etwas sehr Wichtiges von ihm. Sicher hätten wir ein gutes Essen in einem netten Restaurant haben können, aber noch einmal um diesen Tisch herum zu sitzen, mit meinem Sohn Michael auf der einen Seite, meinem neunjährigen Ur-Ur-Großvater auf der anderen Seite, mit Harry am Kopf des Tisches und Pauline in der Küche, das alte Atwater-Kent-Radio spielte irgendeine Big-Band-Musik im Hintergrund.– das war etwas ganz Wundervolles. Ich sah zu Michael und wunderte mich. Er nahm alles als ganz selbstverständlich. Morgen in der Schule fühlte er sich möglicherweise gekränkt, weil seine Freunde das Wochenende in »Six Flags« verbracht hatten. H.J.B.

Feld wird als eine Art Weg in den Himmel gesehen und heißt »Himmel und Hölle«.

Die letzten Ungeheuer

Kinder jeden Alters lieben Dinosaurier. Nach Angaben der ASTA sind Dinosaurierfahrten die meistgebuchte Familienreise-Kategorie. Man braucht keine Sprachen zu lernen und sich nicht um ortsübliche Sitten zu kümmern. Man kann anziehen, was man will, und man muß sich um den Parkplatz keine Sorgen machen. Man kann Spuren einer Dinosauriergruppe mit dem Chronovisionsgerät ausfindig machen und dann mit dem Zeitgürtel hinfahren, aber dieser Aufwand ist kaum gerechtfertigt. Es gibt so viele ausgezeichnete Rundreisen, jede mit dem Vorteil eines Reiseleiters, der Sie an die besten und sichersten Aussichtspunkte führt. Er weiß auch, an welche Dinosaurier man sich heranwagen darf, welche man mit der Hand füttern darf und was sie gern fressen. Jede Reisegruppe macht normalerweise mehrmals Station innerhalb eines Wochenendes. Es überrascht ausnahmslos alle, daß Dinosaurier nicht alle gleichzeitig gelebt haben. In einer Einführungsreise springen Sie etwa 150 Millionen Jahre zurück, um den Brontosaurus und den Stegosaurus aus dem Jura zu sehen, dann, vor etwa 100 Mil-

lionen Jahren, sehen Sie den massigen Tyrannosaurus Rex und den Triceratops mit seinem Knochenschild und drei großen Hörnern. Andere Reisen bieten zusätzlich fliegende Reptilien und einen groben Überblick über interessante Säugetiere wie etwa Säbelzahntiger oder wollige Mammuts.

Wenn man in prähistorische Zeiten reist, kann man alles mitnehmen, einschließlich Sofortbildkameras. (Nehmen Sie eine Sofortbildkamera, herkömmliche Filme überleben die Wurmlöcher nicht.) Aber bringen Sie alles wieder mit nach Hause, einschließlich Verpackungen und anderen Müll.

Noch zwei abschließende Hinweise. Erstens: Kaufen Sie gute hüfthohe Gummistiefel (solche, wie Angler sie tragen). Viele Dinosaurier leben in Sumpfgebieten. Zweitens: Warten Sie mit der Dinosaurierreise, bis Ihre Kinder ungefähr neun Jahre alt sind. Diese Tiere sind riesig und können ganz schön furchteinflößend sein. Bei kleineren Kindern treten häufig Alpträume auf.

Auf in den Wilden Westen!

Cowboy und Indianer spielen kann auf dem Hinterhof oder auf dem Spielplatz Spaß machen, aber in Wirklichkeit ist es ziemlich blutig und gefährlich. Ihr Reiseveranstalter kann eine Woche in einer Westernstadt buchen. Es gibt nicht viel vorzubereiten, es sei denn, Ihre Kinder mögen keine Pferde. Die meisten Westernstädte haben einige schlecht bestückte Läden und vielleicht ein durchschnittliches Restaurant. Das große Geschäft findet in den Saloons statt. Frauen werden dort nicht

Wildwest-Shows sorgen für
Wildwest-Stimmung ohne Unannehmlichkeiten.

hineingelassen, es sei denn, sie
bieten ihre Dienste an. Kinder
sind nirgends zu sehen.

Wenn Ihre gesamte Familie von
der Lebensart im Wilden Westen
besessen ist, ist es das beste, Sie
mieten einen geschlossenen Wagen und wählen eine Reiseroute,
bei der Sie ein paar Indianer sehen
(aber bei der Sie nicht etwa durch
einen Überfall aus dem Hinter-
halt ein Kind verlieren). Einen
Großteil des Tages verbringen Sie
auf holperigen Straßen, aber die
Abende unter freiem Himmel
sind ein Vergnügen. Wenn Sie
den richtigen Wagentreck finden,
kann es sein, daß Sie auch brauch-
bares Essen vorfinden.

Weltausstellungen

Ausstellungen sind ein idealer Fa-
milienurlaub. Es gibt eine Menge
zu sehen, viele Attraktionen für
Kinder, und die Unterkunft ist
kein Problem, vorausgesetzt, Sie
buchen früh genug.

Die ersten Weltausstellungen sind
nicht so interessant für Kinder:
Die einzelnen Länder brüsten
sich mit ihren neuesten Errungenschaften. Bei der ersten Weltausstellung, die 1851 in Londons
riesigen und prunkvollem
Chrystal Palace stattfand, zeigten
die USA McCormicks Mähma-
schine und falsche Zähne. Die erste Ausstellung in New York 1853
bietet ungefähr dasselbe und blieb
nur deshalb in Erinnerung, weil
der Kristallpalast bis auf die

Der Brand in New Yorks Kristallpalast, am Dienstag, den 5. Oktober 1858, einige Jahre nach der Weltausstellung. An seine Stelle, Fifth Avenue Ecke 42. Straße, wurde später die öffentliche New Yorker Bibliothek gebaut.

Grundmauern abbrannte, obwohl das größte Wasserreservoir der Stadt direkt daneben lag.

Erwarten Sie auch nicht viel von der Weltausstellung in Philadelphia 1876. Bells Telefone funktionieren kaum, und die neue Schreibmaschine ist nur als Antiquität interessant. Der neue Aufzug ist witzig, und wenn man nur die Besucher staunen sieht.

Die guten Ausstellungen beginnen erst mit der Kolumbianischen Weltausstellung in Chicago 1893. Mr. Ferris baute sein erstes Riesenrad, und es ist immer noch das beste. Es hat 36 Gondeln, jede groß genug für 36 Leute. Das Rad ist sieben Etagen hoch, und es ist spannend, damit zu fahren. Gehen Sie auf jeden Fall in die Kalifornien-Ausstellung und sehen sich den Ritter in Rüstung an, der ganz aus Dörrpflaumen gemacht ist, und gehen Sie in den China-Pavillon und lassen sich vom weisen Mann die

Das Riesenrad von Ferris ist eine der besten Fahrten auf der Weltausstellung. Das erste original »Riesenrad« ist immer noch das beste, aber die Fahrt in einem »Riesenreifen« ist ein Höhepunkt beim Besuch der New Yorker Weltausstellung 1964/65.

Zukunft sagen (er ist lustig und der Liebling jedes Kindes auf der Weltausstellung).

Die Universalausstellung 1904 in St. Louis ist ideal für Kinder. Hier waren die Leute vom Fliegen fasziniert, also gibt es regelmäßig alle möglichen Luftschauen mit Flugzeugen, Ballons, Drachen und Gleitern. Gehen Sie auf jeden Fall in das »Tiroler Dorf« und, wenn es nur der Geschichte zuliebe ist, probieren Sie eines der Eiscremehörnchen.

Wenn Sie die besten Ausstellungen gesehen haben, fahren Sie zurück nach San Francisco 1915, San Diego 1915/16, Chicago 1933/34 und San Francisco 1939/40.

Die beiden besten Ausstellungen im zwanzigsten Jahrhundert fan-

Eine Luftansicht der Handels- und Verwaltungs-Gebiete der 1939/40er Weltausstellung in New York mit der symbolischen Dreieckssäule und der Perisphäre in der Mitte. Das ist eigentlich nur die Häfte der Ausstellung, das enorme Vergnügungsviertel mit 72 zusätzlichen Attraktionen erstreckt sich noch weitere eineinhalb Kilometer nach rechts.

den beide in New York statt. Die anderen Ausstellungen können Sie in ein oder zwei Tagen schaffen, aber für den Flushing-Meadow-Park sollten Sie mindestens drei oder vier Tage einplanen.

Auf der 1939/40er Ausstellung sehen Sie sich unbedingt GM's Futurama an, das einen Panoramablick auf die Superschnellstraßen einer Science-fiction-Welt zeigt. Fahren Sie im Theater für Zeit und Raum (allerdings mehr Raum) mit einem simulierten Raketenschiff durch das Sonnensystem und die Milchstraße. Wir mögen auch Admiral Bird's Pinguininsel, Billy Roses Aquakade (ein Wasserballett in großem Stil; gehen Sie abends hin) und den »Sieben-Fuß-Elektro-Motor-Mann« im Westinghouse-Pavillon. Im Vergnügungsviertel sind die besten Fahrten mit dem lebensrettenden Fallschirm-Turm (75 Meter hoch,

Die Luftansicht des industriellen Geländes der 1964/65er Weltausstellung. Der Kodak-Pavillon ist vorn, und General Electrics Karussell des Fortschritts liegt direkt links dahinter. Was so aussieht wie ein Haufen Marshmallows, sind Schnellrestaurants mit Messingreling. Sie sind teuer, und das Essen ist nicht gut. Versuchen Sie statt dessen das International Plaza, das nur fünf Minuten zu Fuß entfernt am Brunnen auf der linken Seite liegt.

wie der auf Coney Island), der Riesen-Sicherheits-Achterbahn und die Flugzeugfahrt mit den »Drive-a-Drome«.

Die Ausstellung 1964/65 ist genauso spektakulär. Besuchen Sie hier auf jeden Fall die Autoabteilung im Transportgelände. Chrysler bietet eine phantastische Multimedia-Marionettenschau, und Ford bietet eine großartige Bahnfahrt, die draußen um die ganze Messe herumfährt und dann wieder drinnen einen Einblick in die Glaskuppelstädte der Zukunft zeigt. Der Kodak-Pavillon ist einer der interessantesten im industriellen Gebiet. Abgesehen von einem Blick auf die neuen Sofortbildkameras kann man die gesamte Geschichte der Photographie verfolgen sowie Vorführungen von futuristischen Technologien, etwa Faksimile (Fax-) und Satelliten-Übertragung miterleben. General Electrics Karussell des Fortschritts zeigt die unterhaltsame Geschichte häuslichen Lebens durch das Wunder der Elektrizität (mit menschlichen Robotern von Walt Disney). Du Ponts chemische Komödie ist eine der besten Vorstellungen der Ausstellung: tolle Zaubereien und Spezialeffekte. Im Erholungsgebiet kümmern Sie sich nicht um die Wasserski-Schau aus Florida, die in der alten Aquakade stattfindet. Sehen Sie sich statt dessen das Original an. Die beste Fahrt ist die mit dem Baumstamm durch die Wildwasserbahn.

Es gibt noch ein paar andere Ausstellungen, aber keine ist so unterhaltsam (und nur wenige sind so groß) wie die in New York. Die Brüsseler Weltausstellung 1958 ist sehr geschäftig und unglaublich langweilig. Die in Seattle 1962 ist nicht schlecht, und Montreals Expo '67 bietet ein paar gute Karussellfahrten. Die Expo '85 in Tsukuba, Japan (50 km nordwestlich von Tokio) versucht, aus Bildung Spaß zu machen, sieht aber aus, wie der Alptraum eines Geometrie-Lehrers mit pastellfarbigen Kegeln, Halbkugeln, Kugeln, Pyramiden Zylindern und Würfeln. Die Ausstellung 1986 in Vancouver ist unterhaltsam, aber keine auf unserer Liste (wenn Sie aber nach Vancouver fahren, vermeiden Sie die eingleisige Bahn – Sie kommen zu Fuß schneller ans Ziel). Die beste Tageszeit, auf eine Messe zu gehen, ist der Vormittag. Gehen Sie direkt zu den beliebtesten Attraktionen, um lange Schlangen zu vermeiden. Sie könnten sich auch mit dem Chronovisionsgerät einen regnerischen Tag aussuchen, dann können Sie sich die beliebtesten Ausstellungen ansehen, ohne daß es voll wäre.

Bestimmt *nicht* für Kinder

Ihr Reisebüro wird Sie vor einer Reihe von Veranstaltungen warnen, bei denen das Reisen mit Kindern nicht angezeigt ist. Der Kinder-Kreuzzug im Jahre 1212 ist ein Beispiel. Es mag sich anhören wie ein tolles religiöses Abenteuer in einer facettenreichen Zeit. Eine Armee von Kindern verließ Frankreich und eine andere Deutschland, sie und marschierten südlich ans Mittelmeer und dann ins Heilige Land. Viele starben auf dem Weg. Die meisten der Kinder waren jünger als 12 Jahre; nicht eines erreichte das Heilige Land, und nur ganz wenige kehrten nach Hause zurück. Die Siedlung an der Massachusetts-Bucht in den 1600ern und frühen 1700ern ist ebenfalls zu meiden. Dort war es den Kindern verboten, in irgendeiner Form zu spielen. Kinder für anscheinend bedeutungslose Vergehen auszupeitschen war in dieser Zeit im »charmanten« Neuengland gängige Praxis.

SPORT

Wenn Ihr Herz bei dem Gedanken an den Baseballschlag des »Splendid Splinter« schneller schlägt oder wenn Golden Jet den Puck schießt, wenn Big Red dem ganzen Feld davonrennt oder der Braune Bomber den Kerl des Monats k. o. schlägt, kann Zeitreisen schnell zur Sucht werden. Auch wenn die Karten zu den großen Ereignissen teuer sind, man kann immer welche kriegen.

Baseball

Obwohl der Rekord bereits vor Jahren gebrochen wurde, ist der sechzigste Home-Run von Babe Ruth immer noch das beliebteste Ba-

seballspiel für Zeitreisende. Wenn Sie zu dem Spiel wollen (30. September 1927, Yankee-Stadion), kaufen Sie sich eine normale Eintrittskarte, und setzen Sie sich ungefähr 4 Meter oberhalb der Aus-Mauer der rechten Zuschauertribüne. Bringen Sie ein Taschentuch mit, damit Sie mit der Menge winken können, wenn Babe die 60 trifft. Kaufen Sie sich einen »Homer 60« – Hut für zu Hause (der kostet zwar Gebühren beim Zoll, aber er ist es wert).

Für einen umfassenderen Überblick über die Baseballspiele empfehlen wir wärmstens »Was für ein Spiel«, den Zeitreiseführer für 150 Jahre Baseball von einem der Hauptmitarbeiter an diesem Buch, Stewart Wolpin.

Football

Das Meisterschaftsspiel der Bears gegen die Redskins 1940 ist beeindruckend, weil die moderne T-Formation des Trainers George Hallas die Fans verblüffte, und die Bears das Spiel dadurch mit 73:0 gewannen. Oder sehen Sie sich Johnny Unitas mit den Baltimore Colts an, wie sie die New York Giants in der ersten Verlängerung der Nationalen Football-Liga schlagen. Spiele in College-Stadien sind beliebte Ziele, besonders für Geschäftsleute mittleren Alters, die den Ruhm ihrer College-Spielfeld-Karriere wieder aufleben lassen wollen. Unser liebstes College-Spiel ist am 11. November 1933. Iowa spielt gegen Michigan in Ann Arbor, wobei Gerald Ford für Michigan spielte, und Ronald Reagan die Radioansagen machte.

Basketball

Fast jedes Spiel der Celtics in den frühen 1960ern ist phantastisch (sie gewannen sieben aufeinanderfolgende NBA-Titel von 1959–1966, das ist ein Meisterstück, das noch nicht einmal die Lakers bis zur Niederschrift dieses Buches im Jahr 2038 geschafft haben). Wir empfehlen, sich zu den 5000 Leuten zu gesellen, die in der kleinen Arena in

Hershey, Pennsylvania, Wilt Chamberlain gegen die Knicks am 2. März 1962 100 Punkte machen sahen.

Boxen

Der Kampf am 7. September 1892 zwischen Gentleman Jim Corbett und John L. Sullivan ist wichtig. Es war der erste öffentlich gerichtete Kampf, der erste, gemäß der neuen Marquess-of-Queensberry-Regeln, der erste, bei dem moderne Handschuhe getragen wurden und – das Wichtigste von allem – es war ein phantastischer Kampf. Corbett gewinnt in der 21. Runde mit einem Knock-out.

Gehen Sie zu Soldier's Field in Chicago, und bringen Sie eine Stoppuhr mit zum Kampf des langen Auszählens, am 22. September 1927. Nachdem Jack Dempsey Gene Tunney niederschlug, wartet der Schiedsrichter wirklich drei Sekunden, bevor er zu zählen anfängt? Sollte Dempsey den Kampf da etwa gewonnen haben? Bilden Sie sich eine eigene Meinung – sehen Sie es sich selbst an!

Pferderennen

Die beste Wette: Man O'War schlägt John P. Grier beim Dwyer-Preis 1920. Es ist das einzige Rennen, in dem »Big Red« jemals über sich hinausgewachsen ist. Oder da ist Buckpassers wundersamer Zielgeradenlauf im Flamingo-Preis 1966. Am Anfang der Zielgeraden meint man, er hätte keine Chance; bei der Viertelmarke kann er vielleicht dritter werden, aber an der Ziellinie ist er erster. Gleich, wie oft wir dieses Rennen sehen, wir können unseren Augen nicht trauen.

Für das bloße Vergnügen an einer knappen Entscheidung sehen Sie sich an, wie Affirmed und Alydar im 1979er Triple Crown kämpfen. Wenn Sie lieber das 1979er Derby ansehen wollen, kommen Sie bei uns vorbei. Wir stehen im Innenfeld an der Ziellinie; halten Sie nach unserem Freund Andy Ausschau (1,90 m groß). Wir sind ab 10.30 Uhr dabei und trinken Pfefferminzgetränke aus Andenkengläsern.

Autorennen

Während viele Autorennen-Fans gern Ray Herroun das erste Indianapolis 500-Rennen am 30. Mai 1911 gewinnen sehen, gehen Kenner lieber zur Eröffnung der Speedway-Rennen am 21. August 1909, also zwei Jahre vorher. Die Speedway-Strecke wurde speziell für das Fahrer-

As Barney Oldfield gebaut, der allen Erwartungen gerecht wurde, indem er nicht weniger als fünf Weltrekorde an einem Nachmittag brach. Sitzen Sie nicht in der Südkurve. Im letzten Rennen platzt Charle Merz ein Reifen und tötet zwei Zuschauer und einen Mechaniker. Der Unfall, der durch die Zersetzung des Pistenbelags im Laufe des Rennens verursacht wurde, brachte die Rennbahnbesitzer auf die Idee, die Strecke mit mehr als 3 200 000 Ziegelsteinen neu zu belegen. (Sie heißt tatsächlich deswegen »Brickyard«).

Die Olympischen Spiele

Die Zeitfernsehteams waren besonders gewissenhaft bei der Aufzeichnung der frühen griechischen Olympischen Spiele. So sehr, daß diese Spiele kaum eine Reise wert sind. Zeitfernsehkarten sind auch überall erhältlich. Fangen Sie statt dessen mit den Spielen im Jahre 67 an, bei dem Nero jeden Wettkampf gewann, bei dem er antrat. Als er in einem Rennen vom Streitwagen fiel, hielten alle anderen Mitstreiter an und warteten, bis er wieder seinen Platz an der Spitze eingenommen hatte. Der pausbäckige Imperator gewann das Rennen; übrigens auch den Preis als bester Sänger, Lyra-Spieler und Vorträger. (Anmerkung: Frauen sind nicht als Zuschauer zugelassen.)

Verbringen Sie ein langes Wochenende um die besten Ereignisse der modernen Olympischen Spiele zu erleben. Einer der aufregendsten Anblicke ist Jesse Owens' Leistung am 25. Mai 1936 in Berlin. Seien Sie zwischen 3 und 4 Uhr nachmittags im Stadion und sehen Sie Adolf Hitlers finsteren Blick, als Owens vier Weltrekorde in 45 Minuten bricht.

Wenn wir Ihren Lieblingssport nicht genannt haben, haben Sie bitte noch etwas Geduld. Bereits in der nahen Zukunft gibt es eine Anzahl von umfassenden Führern für verschiedene Sportarten.

Musik

Es gibt nichts, was vergleichbar wäre mit der Spannung, die man fühlt, wenn man bei der Uraufführung eines musikalischen Werkes dabei ist, von dem man weiß, daß es ein Klassiker wird. Eine unserer Lieblingsreisen führt uns in die Ospedale della Pieta, ein Waisenhaus in Venedig im frühen 18. Jahrhundert. Bei den Sonntagnachmittags-Konzerten spielt das 40köpfige Mädchenorchester Stücke ihres musikalischen Direktors Antonio Vivaldi. Seine 500 Konzerte wurden speziell für die Begabungen einiger der Mädchen geschrieben.

Bach

Dann besuchen Sie vielleicht einen Gottesdienst in Arnstadt, Sachsen. Die Gemeinde wurde oft von dem verunsichert, was ein zeitgenössischer Kritiker »die seltsame Variation im Choral und merkwürdige Töne« nannte, die aus der Orgel kamen, die von einem jungen Mann namens Johann Sebastian Bach gespielt wurde.

Konzerte von der Europatournee des sechsjährigen Wolfgang Amadeus Mozart sind genauso ein Muß wie die Premiere von Beethovens Neunter Sinfonie am 7. Mai 1824 im Kärntnertor-Theater in Wien.

Tip: Händel helfen

Die erste öffentliche Aufführung von Händels »Messias« in der Dubliner Music Hall auf der Fishamble Sreet am 13. April 1742 ist sicherlich eine Reise wert. Fahren Sie bereits eine Woche früher hin, am 6. April, wenn die Karten bei dem Komponisten zu Hause, auf der Abbey Street, zu haben sind. Der Komponist bittet die Damen, auf Reifröcke zu verzichten, und die Herren, ihre langen Schwerter zu Hause zu lassen. Durch diese Mithilfe passen mehr Leute in den Saal, und er braucht das Geld.

Die Samstagabendschau war einfach großartig. Warum also nicht zurückfahren und die Freitagabendschau auch noch sehen? Das ist möglich, vorausgesetzt, Sie nehmen sich genug Zeit, Karten zu kaufen, bevor sie ausverkauft sind. Zeitreisen hat etwas mit Flexibilität zu tun.

Zusätzlich zum Hörgenuß werfen Sie einen Blick auf den Komponisten. Er wird so mitgerissen, daß er in der Luft herumfuchtelt und jeden Teil des Chors mitsingt und alle Instrumente selbst spielt.

Wir können nicht über große Premieren sprechen, ohne Strawinsky's »Frühlingsweihe« am 29. Mai 1913 im Theatre du Champs-Élysées in Paris zu nennen. Wenn Sie die Musik genießen wollen, gehen Sie in eine spätere Aufführung. Wenn Sie eine unvergeßliche Erfahrung machen wollen, mischen Sie sich in den Aufruhr ein, der anfängt, gleich nachdem der Vorhang aufgeht, aber passen Sie auf und lassen sich nicht von einem herumfliegenden Stuhl treffen.

Wenn Sie einen Zeitgürtel besitzen, können Sie an jedem Abend der Woche eine einmal-im-Leben-Erfahrung machen. Werden Sie mit den »bobby soxers« hysterisch, als der 28jährige Frank Sinatra sie im Oktober 1944 im Paramount in New York hinreißt. Versuchen Sie nicht, Elvis oder die Beatles in der »Ed Sullivan Show« zu sehen, die 800 Karten wurden per Los aus einer Menge von 7000 Interessenten für Elvis und 60 000 für die Großen Vier gezogen. Sehen Sie sich statt dessen Elvis' ersten Fernsehauftritt in der Tommy and Jimmy Dorsey Bühnenshow bei der CBS am 28. Januar 1956 an. Wenn Sie früh hin-

SENSATIONSREISEN

Für manche reicht der Reiz, durch die Zeit zu reisen, nicht aus. Sensationsreisen ist die Zeitreisevariante des Abenteuerurlaubs. Eine oder mehrere Personen reisen an einen bekannten Katastrophenschauplatz und bleiben beispielsweise bis zum letzten Augenblick beim Ausbruch des Krakatau oder dem Erdbeben von San Francisco. Auf der sinkenden Titanic auszuharren, oder am 1. September 1906 auf den Straßen von Hongkong zu lustwandeln und den Leuten zu sagen, daß der Taifun über sie hinwegblasen

wird (10 000 Leute kamen dabei um), ist nach unserer Meinung eine krankhafte Form von Unterhaltungssucht.

Aber unter den richtigen Umständen kann es Spaß machen. Mit Hilfe des Zeitreisens können Sie mit einem Faß die Niagarafälle hinunterfallen und kurz vor dem Aufprall entkommen oder sogar von der Spitze des Chicagoer Hancock-Tower springen – natürlich immer unter der Voraussetzung, daß Sie entweder Ihre Rückreise vorprogrammiert haben (dabei müssen Ihre Berechnungen genau stimmen) oder daß Sie den Rückkehrknopf gerade rechtzeitig drücken.

Noch haarsträubender sind die Hasenfußspiele beim Zeitreisen vor einer großen Explosion oder dergleichen. Die Regeln sind dieselben wie auf der Straße: Wer zuerst den Rückkehrknopf drückt, hat verloren. Frankreich im Zeitalter der Guillotine ist der beliebteste Spielort.

Urlaub in Atlantis 12500 vor Christus

Die Reise, die mein Leben veränderte, war ein Besuch in Atlantis, direkt bevor der Kontinent im Ozean versank, der seinen Namen trägt. Die Atlanter waren geistig und intellektuell so hoch entwickelt, daß sie wußten, wer wir waren und woher wir kamen, deshalb gab es keinen Grund, uns zu verstellen. Sie hießen Besucher aus dem 21. Jahrhundert willkommen, aber weil sie so hochentwickelt waren, behandelten sie uns herablassend. Sie konnten unsere Gedanken lesen und perfekt miteinander kommunizieren, ohne ein Wort zu sagen.

Mein Mann John und ich verbrachten zwei Wochen auf der Rundreise durch Atlantis, wo wir kristallklare Strände vorfanden und Pflanzen, die so exotisch waren, daß sogar die lebhaften Farben und Aromen von Hawaii oder Tahiti im Vergleich blaß erscheinen. (Meine Lieblingsblume war eine, die roch wie eine Mischung aus frisch gebackenem Brot und einem neuen Auto).

Die Städte sind großartig, besonders die Hauptstadt, die frei übersetzt Königsstadt heißt. Ihre Gebäude sind weiß, schwarz und in Rotschattierungen aus einem marmorähnlichen Stein gebaut, aber sie gleichen in nichts dem, was die Katastrophe überstanden hat. Die ehrfurchterregenden Pyramiden gleichen denen der Azteken, sie sind aber viel viel größer. Nach einem Bad in den heißen Quellen, gefolgt von dem Besuch einer Maschine, die die Aura wiederherstellt, fühlt man sich, als hätte man einen neuen, verbesserten Körper erhalten.

Aber die Sinnesfreuden, gleich wie phantastisch sie auch sein mögen, sind nur eine Seite der Geschichte. Ein Erlebnis, das wir hatten, war nicht nur entscheidend für unsere Reise, sondern es veränderte unsere Wahrnehmung nachhaltig.

Wir trafen eine junge Frau auf einem öffentlichen Platz (wie ein Platz in einer Stadt, nur runder), die viele unserer Fragen über das unglaubliche Bewußtsein beantwortete, das die Atlanter über die Welt um sie herum besaßen. Sie erklärte uns, daß ihr drittes Auge in der Mitte über den beiden normalen Augen ihnen ermöglichte, telepathisch miteinander zu kommunizieren. Sie gab jedem von uns einen kleinen Kristall und zeigte uns, wie man sich auf den Kristall konzentriert, bis wir ein kribbelndes Gefühl zwischen den Augen fühlten. Für die nächsten Minuten war alles, was wir sahen, klarer, leichter zu verstehen. Wir haben die Kristalle mit nach Hause genommen, und immer, wenn wir über einem schwierigen Problem brüten, benutzen wir sie.

Sie erbat und erhielt die Erlaubnis, uns in einen Tempel mitzunehmen, der eigentlich nur Priestern einer hohen spirituellen Entwicklungsstufe vorbehalten war. Beim Anlegen der obligatorischen weißen Robe und des (gewichtslosen) goldenen Gürtels fühlte ich die Ausdehnung meines Bewußtseins. Plötzlich sah ich alles aus einer globalen Perspektive und konnte Wichtiges von Unwichtigem unterscheiden (wichtig ist die Ernährung der Menschheit, das neueste Fluggerät zu kaufen ist unwichtig). Sie erkannte, daß unser Verstand nicht die volle Erfahrung verkraften konnte, deshalb durften wir nur 30 Sekunden bleiben. Nachher erklärte sie uns, daß die Ältesten ihr erlaubt hatten, uns in den Tempel zu lassen, weil sie erkannt hatten, daß wir aus einer unruhigen Zeit kommen, einer Zeit zwischen Überleben und Zerstörung, zwischen Hoffnung und Verzweiflung. Sie wußten, daß Atlantis letztendlich nicht überleben würde, und sie wollten uns helfen, unsere tiefen Verbindungen mit einer Welt zu verstehen, die wir alle teilen, und uns inspirieren, diese Welt zu retten. Als ich heimkam, sah ich alles mit einer anderen Einsicht, besonders den Mißbrauch, den unsere Zivilisation unserem unersetzlichen Planeten aufbürdet. Ich mußte mit Schrecken erkennen, daß wir nichts aus der Ozonkrise der 90er Jahre gelernt hatten. Was ich aus Atlantis mitbrachte, war ein Kristall und eine Mission, und ich hoffe, Sie verstehen sie mit derselben kristallenen Klarheit. All die Leute vom Sierra Club, von Greenpeace, die die Wale zu retten versuchten und damit scheiterten, die als Ozonwächter gearbeitet haben, hatten immer recht. Wir müssen auf sie hören! Wir sind die Verwalter unseres einzigen, einzigartigen Planeten, und wir zerstören unsere ohnehin eingeschränkten Möglichkeiten. Wir müssen die Lektion aus Atlantis lernen, bevor wir uns den Göttern der Fortschrittstechnologie opfern.   D. F. C.

Atlantis

kommen, kriegen Sie noch einen Platz. Und besuchen Sie eines der beiden Beatles-Konzerte in der Carnegie-Hall einige Wochen nach ihrem historischen Auftritt in der Sullivan-Show. Karten werden für 3 $ und 5.50 $ verkauft. Mit sorgfältiger Planung können Sie zur Vorstellung, danach Zolldurchgang, dann sind Sie immer noch rechtzeitig daheim, um den Babysitter nach Hause zu fahren. Die besten Auftritte sind bekannt, aber in den örtlichen Büchereien liegen heute Verzeichnisse über empfehlenswerte Aufführungen aus.

REISEN FÜR SPEZIELLE INTERESSENGEBIETE

Nach einigen Reisen zu gewöhnlichen Zielen möchten viele etwas Spezielleres. Die Mitglieder der »Amerikanischen Sonnenbade-Vereinigung« genossen beispielsweise Sonnenbäder an den schönsten und abgeschiedensten Stränden der Geschichte. Der kalifornische »Staatsgefängnis-Verein« reiste nach Babylon 1686 v. Chr. um die Enthüllung der Gesetzessammlung des Hammurabi zu sehen. Mitglieder des Vereins Amerikanischer Botaniker und Baumkundler sahen sich die berühmten hängenden Gärten der Semiramis an.

Die Reisegesellschaft »Outward Bound« (auf der Ausreise) macht großzügigen Gebrauch von der zerklüfteten Landschaft jenseits der heutigen Zeit. Tatsächlich gibt es heute schon mindestens ein Dutzend Pauschalreisen, die sich auf Zeitreise-Ausflüge für private Gruppen und Tagungsversammlungen spezialisiert haben.

Zum Einkaufen geboren

In einer Untersuchung, die von der ASTA in Auftrag gegeben wurde, gaben erfahrene Zeitreisende als beliebteste Reisetätigkeit das Miterleben historischer Ereignisse an. Einkaufen stand an zweiter Stelle. Eines unserer bevorzugten Einkaufsziele ist der Hafen von Konstantinopel im 10. Jahrhundert. Wir verbringen den Vormittag gewöhnlich damit, durch die Marmorarkaden in der Mese zu schlendern. Das Mittagessen besteht aus Kamelfleisch am Spieß, das wir von dem Händler kaufen, der am saubersten aussieht. Den Nachmittag verbringen wir damit, mit den Straßenhändlern in der Agora, dem Marktplatz, zu feilschen. Die Seide und die aufwendigen Mosaike sind die besten Schnäppchen, aber man kann die erstaunlichsten Dinge in Konstantinopel kaufen, von elfenbeinernen Parcheesi (Backgammon-)Spielen

Konstantinopel

bis zu den Diensten eines normannischen Söldners. Man erzielt die besten Preise, wenn man es schafft, wie ein Armenier, Georgier, Italiener, Araber, Normanne oder Türke auszusehen.

Mitte des 16. Jahrhunderts in Flandern ist ebenfalls ein hochrangiges Einkaufsparadies. Die Designer des 21. Jahrhunderts haben einige der wunderbaren Textilien kopiert, die es hier gibt. Bringen Sie sich Meterware mit, und schneidern Sie sich ein zeitgenössisches Kleidungsstück; das Ergebnis wird beeindruckend sein. Kunstliebhaber bringen Gemälde von Künstlern mit, die gerade die Grundtechniken der Ölmalerei entdeckt haben. Kaufen Sie kein Werk eines berühmten Künstlers, wenn Sie sich den Zoll dafür nicht leisten können. (Anmerkung: Wie jeder Marktplatz hat auch der hier seine Bettler. Vermeiden Sie diejenigen mit Rasseln, das sind Aussätzige).

Ostia am Tiber, der Haupthafen Roms, ist besonders geeignet für Raumausstatter, die häufig ihre Kunden hierher begleiten. Alle Güter, die nach Rom kamen, mußten durch Ostia, also findet man hier Kostbarkeiten aus allen Ecken des Imperiums. Die Auswahl an qualitativ hochwertigen Gütern ist erstaunlich: Kupfer und Zinn aus Britannien, Glas und Leder aus der Levante, Pergament und Pferde aus Kleinasien, Wein und Honig aus Griechenland, Eisen und Bauholz vom Balkan und Edelsteine und Gewürze aus Ceylon. Wir kauften einen eindrucksvollen Rubinring mit passendem Anhänger und ein Stück Marmor, aus dem wir einen kleinen Kaffeetisch machen möchten. Unser Chili ist ein unschlagbarer Hit in unserem heutigen Freundeskreis, wenn wir es mit diesem unidentifizierbaren Gewürz zubereiten, das es hier gibt.

In New York gibt es sagenhafte Geschäfte, aber es kann dort ziemlich voll werden. Wir kaufen normalerweise vormittags ein und vermeiden Ferienzeiten. Verbringen Sie einen Tag in New Yorks spätem 18. Jahrhundert, und sehen Sie sich die von den Piraten der ganzen

LORD & TAYLOR,

Importers and Wholesale and Retail Dealers in

DRY GOODS.

Nos. 255, 257, 259 & 261 Grand Street, cor. Chrystie, N. Y.

Lord & Taylor Importeure und Groß- und Einzelhändler für Textilien
Grand Street Nr-255-261 Ecke Chrystie, New York

Welt erbeuteten Waren an. (Was aussieht wie ein gewöhnlicher Orientteppich, wird zum Thema der Party, wenn Sie Ihren Gästen erzählen, daß Kapitän Kidd ihn von einem holländischen Handelsschiff

»befreit« hat.) Die angenehmste Zeit, in New York einzukaufen, ist die Zeit direkt vor dem Bürgerkrieg, als A.T. Stewart, Tiffany und Company, Lord & Taylor und eine ganze Anzahl von ausgezeichneten Warenhäusern sich auf dem Broadway, dem jetzigen Soho, entwickeln. Ein wenig später entdecken Sie vielleicht die kleinen Apparate, die die Viktorianer so liebten; unsere Lieblingsstücke sind die mechanischen Spardosen, bei denen ein Affe einen Penny verschluckt oder ein Akrobat ein Fünfcentstück in die Luft wirft, das dann in den Schlitz fällt. Von unserer letzten Reise kamen wir mit einem Heim-Medizin-Apparat nach Hause, bei dem der »Patient« zwei Metallpfähle in der Hand hält, die an eine Batterie angeschlossen sind. Sie erzeugt Ströme von unterschiedlicher Stärke und heilt jeden garantiert von Arthritis und Unfruchtbarkeit. Mittagessen bei Taylor's, Broadway 365, ist ein Muß, wenn nicht des Essens wegen (Omelettes, belegte Brote und andere alltägliche Ware), dann wegen der sechs Meter hohen Wasserpyramide, die von Gaslicht angeleuchtet wird. Denken Sie daran: Alle Händler erwarten örtliche Währung. Wenn Ihnen das Geld ausgeht, können Sie entweder zur Wechselstube beim Zoll zurück, oder Sie müssen sich einen Teilzeitjob suchen.

Geschäftsreisen

Obwohl es strenge Einfuhrbeschränkungen gibt, hat das Zeitreisen zu einem Anwachsen vieler Geschäftszweige geführt.

Eine der Verheißungen des Zeitreisens, die bisher unerfüllt blieb, ist, einige Fertigkeiten der hohen Handwerkskunst aus der Vergangenheit in die Gegenwart zu bringen. Gino Demasculi reiste zurück ins Jahr 1720 und diente dort als Lehrling bei Antonio Stradivari, dem bekannten Violinen-, Violen- und Cellobauer. Als Meister mit erstaunlichem Gedächtnis brachte Demasculi Stradivaris Bautechniken mit in die Gegenwart. Er verbrachte Monate damit, die richtigen Materialien zu finden, und baute dann ein ausgezeichnetes Instrument, leider war es keine echte Stradivari.

Die Wissenschaftler sind sich nun ziemlich sicher, daß die magische Zutat für die Instrumente das Holz war, das in der Gegend wuchs. Da es aber unmöglich ist, die genaue Bodenzusammensetzung und die klimatischen Bedingungen wiederherzustellen (und sich Versuche, das Originalmaterial durch Wurmlöcher zu transportieren, als erfolglos herausgestellt haben), wird das Wunder der Stradivaris eines seiner eigenen Zeit bleiben.

Szenenwechsel 1576

Ich machte diese Reise während meines Studiums für Theaterwissenschaften an der Universität von Connecticut. Ich hatte mich bereits entschieden, eine Aufführung im Stil der Commedia dell'Arte als Thema für meine Abschlußarbeit zu nehmen, aber ich hatte das Gefühl, daß ich noch etwas Erfahrung aus erster Hand benötigte, um mich dieser schwierigen Aufgabe stellen zu können.

Es war in Venedig 1576 – Karnevalszeit! Das allein ist Grund genug, durch die Zeit zu fahren, aber meine Reise diente einem bestimmten Zweck. Ich hatte meine Ankunft genau programmiert, denn ich wußte, daß die Commedia-Truppe »I Gelossi« einen neuen Lehrling suchte. »I Gelossi« (»Die Begeisterten«) waren erst seit weniger als drei Jahren im Geschäft, aber unter der Leitung von Flaminio Scala blühte die Truppe auf. Und ihm stellte ich mich an diesem Februarnachmittag vor. Weil nur noch eine Stunde bis zur nächsten Vorstellung blieb, hatte er weniger Bedenken dabei, einen völlig Fremden an seine Dekoration zu lassen, als normalerweise, aber er hatte keine große Wahl.

Das Drehbuch (kein Textbuch, nur eine grobe Richtlinie für die improvisierte Handlung) für diesen Nachmittag war »Der Gehörnte Ehemann«, ein relativ einfaches Stück vom dramatischen Standpunkt aus gesehen, aber voll von dem, was die Commedia so fesselnd macht. Ich konnte beobachten, wie Simone als Harlekin ihre Späße über Selbstmord machte – eine Darstellung, die moderne Mimen vor Neid erblassen ließe. Ich lachte, als ich die Darstellung der Dunkelheit sah, bei der alle Darsteller vorsichtig umhertasteten, als wäre es absolut dunkel. Und ich war überrascht über die blitzschnelle schlagfertige Antwort bei der Darstellung des Mißverständnisses, bei dem Arlecchino Pantalones Anweisungen mißversteht. Ständig mußte ich daran denken, daß diese Vorführung ganz spontan und ohne bindende Vorlage gespielt wurde.

Wir waren eine Woche lang in Venedig. Wir spielten unter anderem »Der Falsche Zauberer« und »Die Kapitänszwillinge«, und Flamino spielte natürlich in beiden Aufführungen den prahlerischen Kapitän Spavento. Wir spielten auch eine frühe Version des »Verzauberten Waldes«, bei der ich alle Hände voll damit zu tun hatte, die Rauchschwaden für den Feuergrotteneffekt auf die Bühne zu pumpen und den Bühnenboden für das Erdbeben herzurichten. Zwischen meinen Pflichten konnte ich immer wieder einen Blick auf Pasquale werfen, als er den Pantalone darstellte. Während wir in Venedig spielten, wurde die Truppe an den Hof König Heinrichs III. in Frankreich gerufen. Ich hätte besser vor der Reise wieder verschwinden sollen, aber die Neugierde übermannte mich, und deshalb war ich dabei, als die Truppe nach Frankreich abreiste.

Glauben Sie mir, von den Hugenotten ins Gefängnis geworfen zu werden, ist kein Picknick, besonders wenn man sich in der Begleitung winselnder Primadonnen befindet. Wir wurden für zwei Wochen in einer feuchten Höhle in La-Charité-sur-Loire festgehalten, bevor das Lösegeld des Königs eintraf. In dieser Zeit fielen mir die Ähnlichkeiten zwischen der Persönlichkeit der Schauspieler und ihren Rollen auf. Flamino legte halbüberzeugende gespielte Tapferkeit auf. Simone nannte ihn einen Großkotz und stichelte unbarmherzig. Pasquate nörgelte ständig herum, und unsere Primadonna Lydia flirtete vergeblich mit unseren Wächtern. Ich verbrachte meine Zeit damit, die Ledermasken zu flicken und mit geringen Mitteln die längst überfälligen Dekorationen zu reparieren. Unsere Aufführungen im Staatssaal kamen bei Hof gut an. »Die Prinzessin, die den Verstand verlor« war besonders beliebt und ließ mich durch die besonderen mechanischen Effekte (z. B. bei der Seeschlacht) kaum zur Ruhe kommen. Das Wasser war aus Stoff und die Schiffe aus Pappmaché, aber es gab ein echtes Kanonenfeuer und eine dramatische Versenkung. Ich hatte sogar einen kurzen Auftritt als Charakter: ein volltrunkener Franzose (übrigens ein Hugenotte), der sich irgendwie durch das Stück zog.

Als nächstes spielten wir in Paris. Das Parlament versuchte, unser Theater zu schließen, weil wir die Jugend Frankreichs sittlichen Verfall lehrten. Aber wir hatten die Genehmigung des Königs, also war das Parlament machtlos. Zu dieser Zeit verließ ich die Truppe unter dem Vorwand, ich suche einen Verwandten in Paris. Als ich vom Hotel de Bourbon wegging, konnte ich Flamino hinter mir herrufen hören; er versuchte, mich zum Bleiben zu überreden, indem er versprach, mir größere und bedeutendere Rollen zu geben.

Jetzt, wo ich hier in meinem Studio sitze und über diese Zeit schreibe, muß ich zugeben, daß ich vor einer wichtigen Entscheidung stehe. Wenn ich das nächstemal hinfahre, wird es nicht eine einjährige Bildungsreise werden, sondern ich verbringe 20 Jahre lang als Hauptdarsteller in der größten Commedia-Truppe der Geschichte und werde in die Gegenwart als 58jähriger, glücklicher Mann zurückkehren.   B. W.

Eines der frühesten Gewerbe, das mit dem Zeitreisen verbunden war, ist die Identifikation von Kunst und Antiquitäten. Gegen eine Gebühr sucht ein Museum oder eine Agentur das Original bei der Herstellung auf und markiert es mit einer nicht löschbaren ultravioletten Tinte. Der Vertreter kommt dann in die Gegenwart zurück und untersucht den Gegenstand.

Das Gutachtenwesen ist schnell angewachsen. Die Ford-Stiftung hat herausgefunden, daß, von einer Ausnahme abgesehen, die Urheberschaft aller Shakespeare-Schauspiele gesichert ist. Momentane Untersuchungen zur Bedeutung von Stonehenge und den Osterinseln dauern noch an, aber Ergebnisse werden noch innerhalb dieses Jahrzehnts erwartet. Auf dem privaten Sektor hat die »Geschichtsvereinigung« mit innovativer Nutzung des Zeitreisens für die Entwicklung von gesellschaftlichen und militärischen Strategien den Weg bereitet. Die Filmindustrie beauftragt freiberufliche Mitarbeiter aus dem Bereich Kostüm- und Architektur-Design mit Nachforschungen für historische Filme. Obwohl der Oberste Bundesgerichtshof noch nicht über die Zulässigkeit von Beweismitteln durch Zeitreise-Untersuchungen entschieden hat, beschäftigen viele Anwaltskanzleien Rechtshelfer, die erweiterte Befugnisse haben und Fakten und Eindrücke sammeln, die für die Aufklärung eines Falles wichtig sein können (in Japan, Frankreich und Neuseeland sind diese Methoden bereits zugelassen).

Abschließende Gedanken

Als drei, die dabeigewesen sind, können wir nur hoffen, daß Sie mit Abenteuerlust, intelligenter Vorsicht und echtem Respekt vor den Rechten und Gesetzen der Menschen, die vor Ihnen auf der Welt waren, durch die Zeit reisen.

Isaac Newton sagte einmal: »Wenn ich weiter gesehen habe als andere, ist es nur deshalb geschehen, weil ich auf den Schultern von Riesen gestanden habe, die schon vor mir da waren.« Wir haben nicht nur auf den Schultern der Riesen gestanden, wir haben sie beobachtet und mit ihnen gesprochen. Wenn es etwas gibt, das wir aus den Reisen in die Vergangenheit gelernt haben, dann das, daß wir letztendlich weder besser noch schlechter sind als die Menschen vor uns. Unsere Welt ist so groß, das sie jeden einschließt, der jemals auf dem Raumschiff Erde gelebt hat. Wir können nur hoffen, daß die Einladung, in die Vergangenheit zu reisen, nie rückgängig gemacht wird und daß der uneingeschränkte Zugang zur Zukunft einen Hauptteil der nächsten Ausgabe dieses Buches ausmachen wird.

KAPITEL SECHS

FRAGEN UND ANTWORTEN

»Du sagtest, es würde sich verrückt anhören,
wenn wir erst mal damit angefangen haben.«
Lee holte tief Luft.
»Ja, aber ich meinte nicht sooo verrückt.
Tatsächlich ist es so verrückt, daß es sogar wahr sein könnte.«

JAMES P. HOGAN
Thrice upon a Time

Entschuldigung, haben Sie die genaue Zeit?/Tut mir leid, ich bin nicht von hier.

Vertreter der AAA und der ASTA haben uns freundlicherweise einen Querschnitt aller Fragen zur Verfügung gestellt, die am häufigsten über Zeitreisen gestellt werden. Wir hoffen, daß unsere Antworten einige Ihrer Sorgen zerstreuen.

Zeitmaschinen

Frage: Was bedeutet der Begriff »hinplumpsen«, und wie sorge ich dafür, daß es mir nicht passiert? M. M., Chicago IL

Antwort: »Hinplumpsen« tritt ein, wenn Ihr Zeitgürtel ohne Sie nach Hause kommt (»Plumps« ist das Geräusch, das der Gürtel macht, wenn er auf den Boden fällt). Nehmen wir einmal an, Sie sind zum 16. Oktober 1813 losgefahren und haben den Gürtel auf automatische Rückkehr für den 1. November, 12 Uhr mittags, gestellt. Wenn Sie jetzt Ihren Gürtel abgelegt haben oder Ihnen in der Vergangenheit irgend etwas passiert ist, wird Ihr Gürtel automatisch zur eingestellten Zeit zurückkommen, auch ohne Sie. Der Zeitgürtel kommt den Bruchteil einer Sekunde später an, genau an dem Tag, an dem Sie abgereist sind. Für einen außenstehenden Beobachter, der in der Echtzeit zusieht, wirkt es, als würden Sie verschwinden. (Da allerdings der Gürtel einen Bruchteil einer Sekunde später zurückkommt, sieht es so aus, als verschwänden nur Sie, aber nicht der Gürtel.) Wie vermeiden Sie das? Ganz einfach: Wenn Sie den Zeitgürtel wirklich einmal ablegen müssen, schalten Sie die automatische Rückkehr aus.

Frage: Kann ich mit einer Zeitmaschine zu anderen Planeten reisen? J. M., Springfield, MO

Antwort: Eines Tages vielleicht. Denken Sie daran: Der Zeitgürtel findet die Vergangenheit der Erde durch Wurmlöcher auf, die die Erde hinterlassen hat, als sie sich ihren Weg durch den Weltraum bahnte. Wenn die Erde einen Platz einnimmt, den einer der anderen Planeten zu einer anderen Zeit innehatte, könnten Sie theoretisch durch das Wurmloch der Erde zurückkreisen und auf eines stoßen, das vom Mars oder der Venus stammt. Sie müßten hierzu aber alle automatischen Erdsuchfunktionen in der Software Ihrer Maschinen ausschalten.

Allgemeine Fragen

Frage: Ist Zeitreisen teuer? R. K. Kitchener, Ontario, Kanada
Antwort: Das kann es sein. Die Gebühren fallen in Kategorien: Erstens bezahlen Sie eine IBTAS-Gebühr bei jedem Zolldurchgang (sowohl Ein- als auch Ausreise). Zweitens müssen Sie regelmäßig Batterien kaufen. Drittens ist es wie bei jeder anderen Reise gut möglich, daß Sie eine Menge Geld für Unterkunft, Verpflegung, Transportmittel und natürlich für Einkäufe (und Zoll) ausgeben. Schließlich müssen Sie eine Gebühr für Ihren Reiseveranstalter einkalkulieren, neben den anderen Spezialisten, die Ihnen bei der Vorbereitung und Durchführung der Reise geholfen haben.

Frage: Kann ich meine Zeitmaschine benutzen, um meinen Cousin in Duluth zu besuchen? D. M., Salt Lake City, UT
Antwort: Es scheint eine tolle Sache zu sein, fünf Minuten in die Vergangenheit zu reisen und jemanden zu besuchen, der Tausende Kilometer weit entfernt wohnt. Nach den Regeln der IBTAS stellt das jedoch einen Mißbrauch Ihrer Reiseprivilegien dar.
Es gibt allerdings auch Ausnahmen. Als ein MIT-Professor für künstliche Intelligenz bemerkte, daß die Notizen für seine Doktorarbeit verlorengegangen waren, durfte er in sein Büro im Laufe der vergangenen Woche zurückkreisen. Dort borgte er das Manuskript aus, machte sich eine Kopie und kehrte mit ihr in die Gegenwart zurück. Ihr örtliches IBTAS-Büro hilft Ihnen bei derartigen Fragen gern weiter.

Frage: Ich habe den Ausdruck »Pfeil der Zeit« gehört. Ist das etwas, das an mir vorbeischießen könnte? B.T., Eureka, CA
Antwort: Dieser überbeanspruchte wissenschaftliche Begriff ist eigentlich ziemlich einfach. Die Zeit verfliegt wie ein Pfeil in eine, und nur in eine Richtung. Der Lauf der Welt ist eine ähnliche Vorstellung: Er schlängelt sich durch alle erreichbaren Ereignisse in der Vergangenheit bis zu einem einzigen Punkt, der die Gegenwart ist, und bewegt sich dann auf alle erreichbaren Ereignisse in der Zukunft zu. Das Minkowski-Diagramm (siehe Abbildung) macht das Konzept klar.

Ein Minkowski-Diagramm zeigt den Pfad der Zeit durch die Gegenwart und in die Zukunft. Alle Punkte, die nicht für Ihren eigenen Lauf der Welt ausgewählt sind, können die Grundlage für den Lauf der Welt anderer Menschen oder alternativer Realitäten bilden.

Frage: Wenn ich immer wieder an denselben Ort zur selben Zeit fahre, treffe ich mich dann immer wieder?

Antwort: Ja, das ist auch nicht schlimm, aber vielleicht möchten Sie Tagebuch darüber führen, wo Sie wann sind.

Frage: Wann werden Zeitschließfächer erhältlich sein? L.S.T., Aspinwall, PA

Antwort: Sobald die rechtlichen Details geklärt sind. Die Idee der Zeitschließfächer ist etwa ein Jahr alt. Sie dienen dazu, unbelebte Gegenstände in andere Zeiten zu transportieren. Ein Beispiel: Sie verbringen den Tag damit, in der Stadt einzukaufen. Sie haben zuviel gekauft, um es zu tragen, also wickeln Sie einen Zeitgürtel um den schwersten Gegenstand und transportieren ihn damit an einen geeigneteren Ort und Zeitpunkt. Mit einem Zeitschließfach entfällt die Hautidentifizierung, der Zwischenstopp beim Zoll, überhaupt alle Unannehmlichkeiten.

Obwohl sich das äußerst angenehm anhört, gibt es dennoch Probleme. Zeitschließfächer machen das Schmuggeln zu einem Kinderspiel. Außerdem können Terroristen mit ihrer Hilfe in der Vergangenheit Angst und Schrecken verbreiten, indem sie Bomben aus der Zukunft senden. Wenn diese Probleme erst einmal gelöst sind, werden Zeitschließfächer möglicherweise ein fester Bestandteil unseres täglichen Lebens.

Frage: Ich glaube, mein Vater kommt aus der Zukunft. Ich kann seine Geschichte nicht verfolgen, und es gibt keine Babyfotos von ihm. Wenn er aus der Zukunft ist, habe ich dann die Staatsbürgerschaft dieser Zeit, und kann ich dorthin fahren? P.D., Burlington, VT

Antwort: Nein, das können Sie nicht! Es ist möglich, daß Ihr Vater ein Flüchtling vor der Zeitpolizei ist, aber es ist weitaus wahrscheinlicher, daß er einfach ein häßliches Baby war und man deshalb keine Fotos gemacht hat.

Frage: Kann ich mit Besuchern aus der Zukunft über deren Zeit reden? J. P. M., Newport RI

Antwort: Theoretisch nicht. Es ist gegen die IBTAS-Regeln, daß ein Besucher aus der Zukunft sich als solcher zu erkennen gibt. Zeitpolizisten sind überall. Es wäre sehr gefährlich für einen Besucher aus der Zukunft, irgend etwas Derartiges mit Ihnen zu besprechen. Außerdem arbeitet das RS mit den Zeitpolizisten zusammen, um Personen zu identifizieren, die bei Lotterien, bei Pferderennen oder anderen Formen legalisierten Glücksspiels große Summen gewinnen. Während ein großer Gewinn als Glück angesehen wird, müssen Sie mit einer Untersuchung darüber rechnen, ob Sie Kontakt zu einer Person aus der Zukunft hatten, wenn Sie mehrmals viel gewinnen.

Historische Belange

Frage: Mein Freund sagt, ich wäre bei einem Knöchelchen-(Würfel) Spiel mit drei Männern, die wir in Pompejii trafen, betrogen worden. Er glaubt, die Knöchelchen waren gezinkt. Hat man so etwas schon vor so langer Zeit gemacht? T. D., Calgary, Alberta; Kanada

Antwort: Die Methoden haben sich nicht wesentlich geändert. Eine Seite jedes Würfels ist leicht abgeschliffen, so daß sie in einer bestimmten Weise fallen. Vor den größten Casinos gibt es meist kleinere manipulierte Glücksspiele. Ein Tip: Der größte Betrag, den Sie gewinnen können, übersteigt nie den Betrag, den Sie mitgebracht haben (einschließlich Waren).

Frage: Als Frau mache ich mir Gedanken darüber, wie ich in anderen Kulturen und früheren Zeiten behandelt werde. Was kann ich tun, um sicherzustellen, daß meine Reisen erfreulich werden? D. G. M., Camillus, NY

Antwort: Da Frauen historisch gesehen als Untergebene des Mannes betrachtet werden, schlagen wir Ihnen den uralten Trick vor, sich zu kleiden wie ein Mann, damit Sie das Beste aus Ihrer Reise machen. Das kann riskant werden, also ist es ratsam, immer einen Zeitgürtel für einen schnellen Abgang zu tragen. Außerdem müssen Sie Bäder und andere Orte meiden, an denen Ihr Körper gesehen werden kann, wenn Sie es nicht außerordentlich geschickt anstellen (beispielsweise das Bad als Mann betreten, die Kleidung ablegen und sich in den Frauenbereich schleichen, männliche Freunde vermeiden und auf dem Weg zurück dieselbe Prozedur, nur umgekehrt). Wenn Sie Ihre Identität als Frau beibehalten möchten, machen Sie Ihre Hausaufgaben gründlich und versuchen Sie, eine Zeit und einen Ort zu finden, an dem eine Frau nicht nur als Haushaltssklavin und Dirne angesehen wird.

Es gibt für zeitreisende Frauen eine Menge Abenteuer. Suchen Sie sich Ihre Ziele sorgfältig aus, und Sie finden sich als Pilotin und nicht als Krankenpflegerin wieder.

Frage: Mein Nachbar kam von einer Reise ins alte Heilige Land zurück und schwärmte vom üppigen Grün. Also, ich bin in Israel gewesen und das meiste war trostlose Wüste. M. D., Pikestown, MD

Antwort: Der Anblick des Heiligen Landes vor Jahrhunderten ist ein hervorragendes Unterhaltungsthema. Israel und dessen Nachbarstaaten waren mit üppigem Zedern- und Pinienwäldern, mit endlosen Hainen aus Oliven-, Feigen-, Granatapfel-, Zitronenbäumen und mit Weingärten und Weizenfeldern bedeckt. Während der römischen Kriege wurde die Bäume alle abgeholzt, und die verbleibende Umwelt brach daraufhin auch zusammen. Über die Jahrhunderte hinweg verlor das Land seine Flora und wurde unfruchtbar. Machen Sie einen Zeitraffer, dann sehen Sie, was passiert ist.

Frage: Ich habe von primitiven Stämmen gehört, die Bilder von modernen Flugzeugen verehren. Ist das vielleicht entstanden, als Zeitmaschinen alten Kulturen begegnet sind? L.M. Minneapolis, MN

Antwort: Obwohl sich die meisten Zeitreisenden anderen Kulturen gegenüber respektvoll verhalten, sind Zeitmaschinen ziemlich groß und sicher bereits von Einwohnern der Vergangenheit gesehen worden. Es ist daher durchaus wahrscheinlich, daß Zeitmaschinen einen Platz in den Sprachen und möglicherweise sogar in der Kunst und Religion anderer Kulturen haben.

Frage: Obwohl Zeitreisende wissen, was mit ihnen passieren wird, wenn sie erwischt werden, ist es vielleicht dennoch bekannt, ob jemals einer als Prophet oder Wahrsager gearbeitet hat? S. R., Venice, CA

Antwort: Aber ja! Und der Trick dabei ist, daß die Zeitpolizei nichts dagegen machen kann, wenn die Vorhersage hinreichend ungenau ist. George Francis Train war ein solcher Prophet. Er hielt einen Vortrag in Chicagos Farwell Hall am Samstagabend, den 7. Oktober 1871, in dem er sagte: »Dies ist der letzte öffentliche Vortrag in diesen Wänden! Ein schreckliches Unheil steht der Stadt Chicago bevor. Mehr kann ich nicht sagen, ich traue mich nicht, es auszusprechen. Direkt am näch-

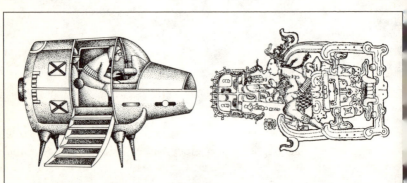

Toby O'Briens »Schweinchenruder«-Zeitmaschine (links) ist berühmt. Mit einem der ersten unabhängig gebauten Fahrzeuge fuhr O'Brien zurück in die präkolumbianische Yukatan-Halbinsel. Die Zeichnung rechts basiert auf einer Skulptur der Mayas. Es ist wahrscheinlich, daß O'Briens Maschine dem Künstler als Modell gedient hat. Die Tatsache, daß das »Schweinchenruder« ohne seinen Erbauer ins Jahr 2026 zurückgekehrt ist, hat zu weiteren Spekulationen geführt und schließlich die Idee entstehen lassen, O'Brien hätte den Bau einer Riesen-Zeitmaschine der Mayas überwacht, mit der sie die gesamte Zivilisation in eine andere Dimension entführt haben.

sten Abend machte ein großes Feuer Farwell Hall dem Erdboden gleich und tötete mindestens 300 Menschen. In einem nachfolgenden Zeitungsinterview sagte Train verbindlich: Ich wußte, daß Chicago durch ein großes Feuer oder eine Flut zerstört würde, und in der fraglichen Nacht hatte ich die Vorahnung, daß ein schlimmes Schicksal über der Stadt hing.« Wir wissen es besser.

Gesundheit

Frage: Ich bin anfällig für Reisekrankheit. Wird das Zeitreisen mich diesbezüglich betreffen? S. B., West Hempstead, NY
Antwort: Überhaupt nicht! Obwohl eine Zeitmaschine Ihren Körper beträchtlich in Schwingung versetzt, geschieht das nur für einen Moment. Die meisten Leute erreichen ihr Ziel mit einem angenehm kribbelnden Gefühl. Trotzdem nehmen manche Reisende eine halbe Stunde vor der Reise eine Meindrama-Tablette und stecken sich für die Rückreise auch eine ein.

Frage: Kann ich während meiner Periode reisen? J. K., Mobile, AL
Antwort: Ja, mit Einschränkungen. Da weibliche Hygiene in der Vergangenheit häufig damit verbunden war, dicke Binden unter der Kleidung zu tragen, raten wir davon ab, dies wie in der alten Zeit zu handhaben. Der Zoll erlaubt moderne Hygieneprodukte, aber sie müssen die ganze Zeit über versteckt bleiben. Wenn man Sie erwischt, wie Sie einen Tampon benutzen, sind Erklärungen so gut wie unmöglich. Auch der Müll stellt ein Problem dar.

Frage: Mein Mann und ich erwarten in fünf Monaten ein Baby. Ist es für mich sicher, zu reisen? C. S., Cirleville, OH
Antwort: Obwohl die Frequenzbeschleunigung dem Fötus nicht schaden wird, empfehlen wir nicht, während der Schwangerschaft zu reisen. Warum wollen Sie die Gesundheit Ihres Kindes riskieren, falls ein Notfall die Behandlung nach heutigem Standard erfordert. Auch sind sich die Ärzte nicht sicher, ob das ununterbrochene Tragen eines Zeitgürtels gut für das ungeborene

Obwohl das Reisen in der Schwangerschaft nicht empfohlen wird, können kleine Kinder die Vorfahren sehr glücklich machen.

195

Warum es keine gute Idee ist,
an den 6. Oktober 1582 zu reisen

Einer der ersten IBTAS-Standards war die Übernahme des Gregorianischen Kalenders, des Standardkalenders der meisten westlichen Länder, der 1581 beginnt, sowie des Julianischen Kalenders von 48 v. Chr. bis 1581. Frühere Zeiten basieren wieder auf dem Gregorianischen System.

Die Ägypter hatten während ihres Imperiums ein 365tägiges Jahr, aber die Römer brachten alles mit ihrem zehnmonatigen Kalender durcheinander. Der bestand aus einem 304tägigen Jahr, bei dem 60 Wintertage völlig ungezählt blieben. Das wird mit jedem Jahr schlimmer: im Jahre 740 v. Chr. ist der Dezember da, wo eigentlich der August sein sollte. Glücklicherweise hat Julius Cäsar die Dinge in die richtige Richtung gelenkt, indem er den Astrologen Sosigenes anheuerte, um zu errechnen, was falsch gelaufen war. Der neue Julianische Kalender fügte zwei Monate hinzu: Juli (Sie wissen, für wen) und August, nach dem Imperator Augustus, der, als er auf den Kalender blickte, befand, daß sein Monat zu kurz sei, und kurzerhand dem Februar einen Tag wegnahm, damit sein Monat genauso lang war wie der Juli. Augustus ordnete auch an, daß jedes vierte Jahr einen Extratag erhalten sollte und daß das Jahr mit dem Januar und nicht mit dem März beginnt. Um die wenig brillanten Berechnungen der früheren Römer auszugleichen, erhielt das Jahr 46 v. Chr. 445 Tage (Zeitmaschinen führen diese und andere Kalender-Unregelmäßigkeiten mit einem speziell benannten Monat auf). Der Julianische Kalender wird bei allen Zeitmaschinen von 48 v. Chr. bis 1581 als Standard verwendet.

Sosigenes war bemerkenswert genau, besonders wenn man die zur Verfügung stehende Technik bedenkt. Tatsächlich weicht er nur 11 Minuten und 14 Sekunden vom tatsächlichen Sonnenjahr ab. Unglücklicherweise häufte sich nach 1500 Jahren die kleine Ungenauigkeit so auf, daß die Tagundnachtgleiche zehn Tage früher eintrat. Papst Gregor beseitigte das Problem, indem er erklärte, daß der Februar in allen glatten Hunderterjahren, die durch vierhundert teilbar sind, also beispielsweise 1600 und 2000, einen zusätzlichen Tag erhalten solle. Die Ungenauigkeit des Julianischen Kalenders wurde per Beschluß bereinigt: Dem 4. Oktober 1582 folgte direkt der 15. Oktober 1582, der errechnete Tag der Herbsttagundnachtgleiche. Die elf Tage dazwischen existieren nicht; Ihre Zeitmaschine springt direkt auf den 15. Oktober.

Kind ist. Unser Rat: Warten Sie ein paar Jahre und nehmen Sie das Kind mit.

Frage: Werfen wir wirklich unseren Müll in die Sümpfe von Pleistozän? F. F., Niagara Falls, Ontario, Kanada
Antwort: Nicht mehr.

Das Raum-Zeit-Kontinuum

Frage: Meine Frau will nicht durch die Zeit reisen, weil sie Angst hat, in einem parallelen Universum zu landen. Sie kann doch unmöglich recht haben bei all der modernen Technik. Stimmt's? L. E., Casper, WY
Antwort: Stimmt! Aus einem ganz einfachen Grund: Ihre Zeitmaschine benutzt genau dieselben Wurmlöcher, sowohl in als auch aus der Vergangenheit.

Frage: Warum kann ich nicht in die Zukunft reisen? J. C., Galveston, TX
Antwort: Technisch gesehen können Sie das, wenn Sie entweder eine Maschine finden, die das kann, oder selbst eine bauen. Der Hauptgrund, warum das Reisen in die Zukunft so riskant ist und es in allen IBTAS-Mitgliedsstaaten verboten ist, ist der, daß es keine Garantie gibt, daß das Wurmloch, das die Maschine auf dem Hinweg benutzt, tatsächlich in die Zukunft dieser Welt führt. Das Wurmloch bringt Sie irgendwann hin, aber wenn Sie versuchen zurückzukommen, könnten Sie sich in einer parallelen Version unserer Welt wiederfinden.

Frage: Wie kann ich erkennen, ob ich in einer parallelen Welt angekommen bin? U. H., Scottsdale, AZ
Antwort: Es ist nicht immer einfach, das festzustellen. Normalerweise hat man so ein schleichendes Gefühl, und dann bemerkt man feine Unterschiede zwischen der parallelen Welt und der eigenen. Stellen Sie sich eine Welt vor, in der das menschliche Ohr für höhere Frequenzen eingestellt ist und in der Sie die kreischenden Stimmen ganz verrückt machen. Oder eine Welt, in der die Körpersprache ein bißchen anders ist und Sie als knackiger Zwanziger von jeder Frau in den Po gekniffen werden, ohne zu wissen, warum.

Frage: Muß ich in der Nähe eines Wurmloches sein, um durch die Zeit reisen zu können, oder kann ich von zu Hause abreisen? J. C. Baltimore, MD

Antwort: In den Kindertagen des Zeitreisens war es nötig, zu einem der größten Wurmlöcher der Erde zu fahren (beispielsweise dem Bermuda-Dreieck, Mount Shasta, dem Japanischen Meer oder deren Entsprechungen auf der anderen Seite der Erde). Als aber erst einmal die grundlegende Technologie vorhanden war, entwickelten Ingenieure Maschinen, die es ermöglichten, durch Wurmlöcher jeder Größe und von jedem Ort aus zu reisen.

Frage: In einer Zeitschrift las ich kürzlich einen Artikel über einen Mann, der einen Zeitgürtel benutzte und – wie soll ich es sagen – mit zwei Körperteilen weniger nach Hause kam. Wie kann ich sichergehen, daß mir so etwas nicht passiert? C.T., St, Lawrence, PA

Antwort: Das bezieht sich wieder auf die frühen Tage des Zeitreisens, als Softwarefehler dazu führten, daß ein Arm oder Bein das Wurmloch verpaßte. Außerdem muß Ihre Ausrüstung von einem professionellen Team gewartet bzw. von einer erstklassigen Vermietung geliehen werden. Es ist wie beim Fallschirmspringen: Wenn Sie sicher zurückwollen, vergewissern Sie sich, daß der Fallschirm sorgfältig gepackt ist.

Frage: Was ist der Unterschied zwischen einem Wurmloch und einer Zeitverwerfung?

Antwort: Sie sind gleich. Zeitverwerfung ist ein antiquierter Begriff.

Jenseits von Zeitmaschinen

Frage: Ich habe einmal einen Artikel über Frauen gelesen, die Versailles in der Zeit von Ludwig XIV. besucht haben, ohne eine Zeitmaschine benutzt zu haben. Ist das möglich? D. R. K., Youngstown, OH

Antwort: Wir haben mehrere Berichte über Leute gelesen, die versehentlich in eine andere Zeit getreten sind, ohne dabei irgendeinen Apparat benutzt zu haben. Um ehrlich zu sein, stehen wir erst am Anfang unserer Kenntnis über Wurmlöcher, also ist es durchaus möglich, daß ein natürliches Phänomen diese Reisen möglich macht. Es kann auch andere Methoden geben, durch die Zeit zu reisen, die bisher noch nicht entdeckt wurden.

Frage: Ich habe mir selbst beigebracht, mit astraler Projektion durch den Raum zu reisen. Jetzt versuche ich, es noch weiter zu treiben und auch durch die Zeit zu reisen. Haben Sie je von erfolgreichen Zeitreisen mit astraler Projektion gehört? R.W., Bristol, CT

Antwort: Es könnte möglich sein, aber es gibt keine zuverlässigen wissenschaftlichen Berichte, die diese Behauptung stützen. Bitte halten Sie uns über Ihre Erkenntnisse auf dem laufenden. Wenden Sie sich bitte außerdem an das Intertemporäre Forschungsprojekt bei der IBTAS in Paris. Man kann Sie dort vielleicht mit anderen in Kontakt bringen, die an derselben Sache arbeiten.

Frage: Ich kenne eine Frau, die behauptet, sie könne durch Selbsthypnose durch die Zeit reisen, indem sie auf einen Ort starrt, der sich seit Jahren nicht verändert hat. Ist das möglich? L. S., Grand Rapids, MI

Antwort: Dieses Phänomen nennt sich Standbild-Zeitreisen und wird derzeit untersucht. Einzelne können es unter idealen Bedingungen erreichen. Nach unserem heutigen Kenntnisstand ist es aber unkontrollierbar und unzuverlässig.

Frage: Wird das Zeitreisen die Touristikindustrie zerstören? Warum sollte man schließlich historische Stätten besuchen, wenn man ebensogut in die Zeit zurückreisen kann, in der alles passierte? T.B.,Bellingham, WA

Antwort: Historische Stätten werden immer beliebt bleiben. Sie sind sogar seit der Einführung der Zeitreisen und dem damit verbundenen zunehmenden Interesse an internationaler, nationaler und örtlicher Geschichte noch beliebter geworden. Viele offizielle historische Stätten haben Chronovisionsstände, die es dem Besucher erlauben, an historischen Ereignissen teilzuhaben.

Das Schicksal und die Veränderung der Geschichte

Frage: Ich bin verwirrt durch die Möglichkeit, ein paralleles Universum zu schaffen. Erschaffe ich nicht jedesmal eines, wenn ich zeitlich zurückreise? S.W., Tom's River, NJ

Antwort: Wenn wir eine eindeutige Antwort auf dieses Problem hätten, wären wir schon längst auf und davon und würden das Geld aus unserem Nobelpreis ausgeben. Es gibt dazu so viele Meinungen wie Experten; hier der Weisheit letzter Schluß: Ihre Anwesenheit und Handlungen werden Teil eines flexiblen Zeitstroms. Kleinere Handlungen können absorbiert werden, größere aber nicht. Die folgende Analogie soll das verdeutlichen: Wenn Sie eine Tasse giftiger Substanz in einen Fluß kippen, könnten Sie damit einen oder zwei Fische töten, aber Sie werden drei Kilometer flußabwärts keine Wirkung mehr finden. Sie haben zwar die Zusammensetzung des Flusses verändert, aber die Veränderung ist so gering, daß die Auswirkungen unwesentlich sind. Kippen Sie jedoch Tonnen derselben Substanz in den Fluß, töten Sie damit Fische und Algen, die Menschen und Tieren als Nahrung dienen, und lösen damit eine Kettenreaktion aus, die das Tier- und Pflanzenleben am ganzen Fluß zerstört. Sie könnten die gesamte Ökologie des Flusses so sehr schädigen, daß er sich nicht mehr selbst regenerieren kann.

Der Zeitstrom ist wie ein Fluß. Während kleinere Änderungen absorbiert werden können, laufen Sie Gefahr, ein paralleles Universum zu schaffen, wenn Sie wichtige Ereignisse abändern oder Menschen beeinflussen, die über Hunderte oder Tausende anderer Macht haben.

Reisen Sie als Tourist und beobachten die Leute nur oder leben einfach mit ihnen, kippen Sie nur eine Tasse voll Änderung in den Zeitstrom. Greifen Sie in Ereignisse ein, die viele Leute betreffen, schütten Sie mehr in den Zeitstrom, als er verkraften kann.

Frage: Was ist ein OO-Teil? K. U.,Tokio, Japan

Antwort: Es ist ein Gegenstand, der aus einer anderen Zeit stammt, beispielsweise eine Alkali-Batterie, die im Jahre 100 v. Chr. im Irak gefunden wurde und die dort wahrscheinlich von einem unvorsichtigen Zeitreisenden zurückgelassen wurde. Die bekannteste Geschichte ist die von Issak Newton, der plötzlich zu arbeiten aufhörte, als er einen Taschenrechner aus dem Jahre 1978 sah. Er war sicher, Teufelswerk gesehen zu haben, und verbrachte den Rest seines Lebens in religiöser Abgeschiedenheit.

ANHANG

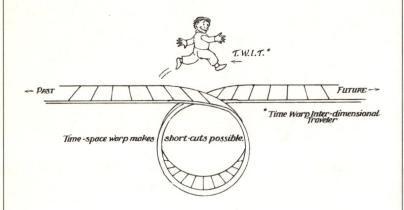

T.W.I.T.

← PAST · · · · · · · · · · · · · · FUTURE →

* Time Warp Inter-dimensional Traveler

Time-space warp makes | short-cuts possible.

Time travel concepts made simple.

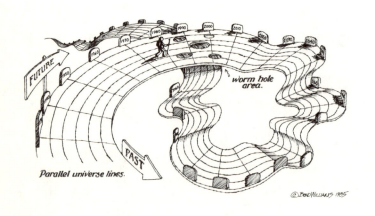

FUTURE

worm hole area.

Parallel universe lines.

PAST

©BRAD WILLIAMS 1995

Zeitreisekonzepte einfach dargestellt

Dieser Anhang besteht aus drei Teilen, die sich, wie wir hoffen, nützlich für den Reisenden erweisen werden. Der erste Teil ist ein Glossar, der zum schnellen Nachschlagen von Begriffen gedacht ist, die beim Zeitreisen häufig benutzt werden. Der zweite Teil ist eine Liste empfohlener Literatur. Der dritte Teil ist eine Auswahlliste von Organisationen, sowohl professioneller als auch Amateurgruppen, die Ihnen helfen soll, Ihre nächste Reise erfolgreicher zu planen.

I. GLOSSAR

Akkzent: Kurz für Akklimatisierungszentrum; dort gehen Sie hin, um die Sprache und die Sitten anderer Kulturen zu lernen.

Stiefelschlaufen-Syndrom: Die merkwürdige Erfahrung, daß Sie sich selbst in einem anderen Alter zwar sehen, aber nicht erkennen.

Zeitpolizist: Umgangsprachlicher Begriff für einen Überwachungsangestellten der Zeitbehörden.

Chronovision: Ein patentiertes System, mit dem der Benutzer einen hoch interaktiven tachyonischen Konverter (oder Tischtennisball) in die Vergangenheit schickt, der dreißig Bilder pro Sekunde einfängt und sie auf den Bildschirm wirft.

Dimension: Eine Messung in beliebiger Richtung. Viele Jahre lang wurde dieser Begriff nur für solche Dimensionen benutzt, die mit einem Lineal gemessen werden konnten (Breite, Höhe und Länge). Wissenschaftler haben jedoch theoretisch weitaus mehr als drei Dimensionen gefunden.

Sonstwann: In einer anderen Zeit; die zeitliche Entsprechung für »sonstwo«. Der Science-fiction-Autor Robert Heinlein prägte diesen Begriff in einer Kurzgeschichte.

Vierte Dimension: Zeit wird normalerweise die vierte Dimension genannt. Es ist jedoch einfacher, die Zeit als erste Dimension zu betrachten und die drei räumlichen Dimensionen als zweite, dritte und vierte.

Frequenz-Ohnmacht: Vorübergehendes Unwohlsein, Reisekrankheit und verwandte Beschwerden, die durch die Beschleunigung der Frequenz entstehen.

FTTC: Federal Time Travel Commission (Bundeszeitreisen-Kommission), die US-Behörde, die das Zeitreisen regelt, überwacht und sicherstellt.

Großvater-Paradox: Die alte Weisheit, daß man selbst nicht existiert, wenn man zurückreist und seinen eigenen Großvater umbringt.

Hyperwürfel: siehe Tesseral

Hypermedien: Dieser Begriff bezieht sich auf traditionelle Druck- und elektronische Medien, die per Computer miteinander verbunden werden können.

IBTAS: Internatinal Bureau of Time and Space (Internationales Büro für Zeit und Raum), der Zusammenschluß internationaler Zeitreisekommissionen, das den Zoll durchführt, die Zeitpolizei beschäftigt und den Zeitgerichtshof unterhält.

Lichtjahr: Die Abstandseinheit, die Licht innerhalb eines Kalenderjahres zurücklegen kann. Das ist eine Längenmessung und keine Zeitmessung (es sind übrigens 5,88 Billionen Meilen). Proxima Centauri, unser nächster Stern, ist 4,3 Lichtjahre entfernt; Teile unserer Milchstraße sind 80 00 Lichtjahre entfernt.

Zeitschleifen: Dabei besuchen Sie eine bestimmte Zeit und einen bestimmten Ort mehrmals in unterschiedlichen Altern. Beispielsweise besuchen Sie im Alter von 25 sich selbst im Alter von 10 Jahren. Dann, im Alter von 30 Jahren, entscheiden Sie sich, noch einmal denselben Ort zur selben Zeit zu besuchen. Dort gibt es Sie dann dreimal, immer in einem anderen Alter.

Parallele Welt (Universum): eine Wirklichkeit, die ihrer eigenen gleicht, manchmal sogar nicht unterscheidbar von ihr ist.

Relativität, Allgemeine Theorie: Einsteins Theorie, die besagt, daß die Beschleunigung ein Äquivalent der Schwerkraft ist und umgekehrt.

Relativität, Spezielle Theorie: Einsteins Theorie, daß Bewegung und Messungen relativ sind, daß aber die Lichtgeschwindigkeit konstant bleibt.

T- Reisender: Zeitreisender

Tachyon: Ein Partikel, das kleiner als ein Atom ist und sich beträchtlich schneller bewegt als mit Lichtgeschwindigkeit. Wegen seiner Geschwindigkeit bewegt sich das Tachyon in der Zeit rückwärts. Tachyonen bewegen sich in Wurmlöchern; wenn Sie ein Tachyon gefunden haben, haben Sie ein Wurmloch gefunden.

Zeitcomputer: Ein in Computer, der die Informationen auf der Zeitkarte liest, sie auf den Bildschirm weiterleitet und begrenzt die Möglichkeit der Eintragungen bietet.

Tesseral: Ein vierdimensionales Objekt, das in unserer dreidimensionalen Welt schwer vorstellbar ist. Ein Hyperwürfel ist beispielsweise ein Tesseral, dessen Seiten mit acht umgebenden Würfeln versehen sind.

Zeitgürtel: Ein zehn Zentimeter breites Band, das man um die Taille trägt. Er ist für eine Einzelperson vorgesehen.

Zeitkarte: Eine Plastikkarte, ungefähr in der Größe einer Kreditkarte, die den Zeitchip enthält.

Zeitchip: Ein holographisches Gedächtnis, das persönliche Daten und Führerschein-Klassen-Informationen enthält, die für das Zeitreisen wichtig sind.

Zeit-Deines-Lebens-Laden:
Einzelhandelskette, die Zeitreisebedarf deckt. Teilinhaber ist das IBTAS; dient zur Deckung der IBTAS-Kosten.

Zeitmaschinen: Ein Oberbegriff für Zeitsichtmaschinen, Zeitgürtel und Zeitfahrzeuge. Der Begriff wurde von H.G. Wells geprägt.

Zeitsichtgerät: Ein Oberbegriff für Zeitfernsehen und Chronovision, also verschiedene Arten, in andere Zeiten zu sehen, ohne selbst hinzufahren.

Zeitpfeil: Eine relativ einfache Idee, aber eine wichtige: Die Zeit geht von einem Zeitpunkt in der Vergangenheit zur Gegenwart und von da aus weiter in die Zukunft.

TMS: Temporäres Mißgewöhnungs-Syndrom; die Unfähigkeit des Zeitreisenden, sich wieder an seine Gegenwart zu gewöhnen.

TPS: (Früher bekannt als Temporärer Publikatios-Service). Ein personalisierter Zeitreiseführer, der von einem TPS-Computer erstellt wird, nachdem man Fragen zum eigenen Lebensstil beantwortet hat. Jeder TPS enthält Vorschläge für Spaziergänge, Geschäfte und Restaurants und örtliche Transportmittel.

TTV: Time Travel Viewing, oder besser Zeitfernsehen. Man kann Zeitfernsehkarten mit vielen verschiedenen historischen Ereignissen in vielen Buchläden kaufen. Diese Karten werden in speziellen Zeitfernsehgeräten abgespielt, die an gewöhnliche Fernseher angeschlossen werden können.

Videokarte: Eine Plastikkarte mit vier magnetischen Streifen, mit der man bis zu zehn Stunden qualitativ hochwertige Videoprogramme aufnehmen oder abspielen kann. Sie ersetzte 2005 die bis dahin verwendete Videokassette.

Wurmloch: Eine Unbeständigkeit im Zeitmaterial, die durch das Verschwinden eines subatomaren Schwarzen Loches entsteht. Wurmlöcher ermöglichen das Reisen durch die Zeit. Das Bermuda-Dreieck ist eines der größten Wurmlöcher der Erde.

II. ZEITREISELITERATUR

Bei der Literaturrecherche für dieses Buch haben wir eine Bibliothek mit Klassikern der Zeitreiseliteratur zusammengetragen. Bücher sind empfehlenswert für den interessierten Zeitreisenden, allerdings mögen einige in Ihrer Gegenwart schwer zu finden sein. Wir haben die Erscheinungsdaten hinzugefügt, falls Sie einige Titel in der Vergangenheit nachlesen möchten. Dies ist eine Liste unserer persönlichen Lieblingsbücher.

About Time (Über die Zeit) von Jack Finney, Buch: Fireside, 1986
Diese Kurzgeschichtensammlung ist das zweitbeste Buch über Zeitreisen (tatsächlich erzählen nur etwa die Hälfte der Geschichten über Zeitreisen, aber alle sind lesenswert). The Third Level (Die Dritte Ebene) erzählt über einen unterirdischen Teil des Grand-Central-Bahnhofs, der in der Vergangenheit stehengeblieben ist und der gut ein Eingangstor sein könnte (falls Sie den Weg dahin finden). »Such Interesting Neighbours« (So Interessante Nachbarn) ist Anschauungsunterricht dafür, wie man sich Leuten von anderen Planeten gegenüber verhält. »Of Missing Persons« (Von Vermißten Personen) beschreibt

eine zeitgenössische Zeitreise-agentur, die Reisen in die Vergangenheit anbietet, aber nur denen, die sofort dazu bereit sind. In der Geschichte »Where the Cluetts Are« (Wo die Cluetts wohnen) wird aus einem viktorianischen Haus eine Zeitmaschine. »Second Chance« (die Zweite Chance) benutzt statt dessen ein Oldtimer-Auto. »The Face in the Photo« (das Gesicht auf dem Photo) ist eine von Finneys besten Geschichten, eine Detektivgeschichte, die die Grenzen der Zeit überschreitet. In jeder dieser Geschichten zeigt Finney, wie sehr er die merkwürdigen Gefühle versteht, die wir alle bezüglich des Zeitreisens haben. Seine Zeitreisen haben ihm sehr bei seinen Geschichten geholfen.

After The Fact (Nach der Tatsache) von Fred Saberhagen, Buch: Baden 1988

Aus irgendeinem Grund ist das häufigste Thema in der Zeitreiseliteratur die Rettung von Abraham Lincolns Leben. In diesem Buch ist die Hauptfigur beredt in ihren Ausführungen über das Leben im Jahre 1865. Offensichtlich kommt die Technik der Mini-Zeitmaschine aus der Zukunft, uns ist sie noch nicht bekannt.

All You Zombies (All ihr Zombies) von Robert Heinlein, Short Story: 1959

Das ist eine klassische Zeitschleifen-Geschichte, die von einem Offizier des Zeitbüros erzählt wird. Die Aufgabe des Zeitbüros ist es, die Geschichte richtigzustellen. In einer spiralförmigen Serie von Ereignissen, einschließlich einer Geschlechtsumwandlung, wird die Hauptperson ihre eigene Mutter und sein eigener Vater. Die Geschichte ist ziemlich kompliziert, aber am Ende passen alle Teile zusammen.

Back To The Future (Zurück in die Zukunft), Film: Universal 1985, erhältlich im MCA- Video-Verleih).

Dies ist eine der ernsthafteren realistischen Vorstellungen darüber, was passiert, wenn man seine Eltern besucht, bevor sie verheiratet waren. Die Geschichte ist angefüllt mit der wunderbaren Art von Humor, der daraus entsteht, wenn jemand mit seiner eigenen Mutter als Teenager reden kann und dem unheimlichen Gefühl, das man hat, wenn man einen bekannten Ort aus der eigenen Zeit sieht und weiß, daß man in einer anderen Zeit ist. Die einzige Schwachstelle des Buches ist das Ende, bei dem noch schnell ein paralleles Universum eingeflickt wird. Die Zeitmaschine sieht ansprechend aus. Vielleicht sehen alle einmal wie Sportwagen aus.

Bring the Jubilee (Bringt mir das Jubliäum) von Ward Moore, Buch: Farrar 1953
In diesem Gespinst über parallele Welten gewann der Süden den Bürgerkrieg. Leesburg ist die größte Stadt der Konföderierten, Mexiko wurde annektiert, und New York City ist ein zerbröckelndes Ghetto. Der Hauptakteur ist ein Geschichtsbegeisterter, der zurückkreist zum Kampf um Gettysburg, wo er entdeckt, daß der Norden gewinnt und er etwas am Ausgang des Krieges ändern kann.

The Brooklyn Project (Das Brooklyn-Projekt) von William Tenn, Kurzgeschichte, 1948
Eine frühe Vorstellung einer Art Chronovisionsmaschine; interessant als Schritt in die Richtung unserer heutigen Welt.

By His Bootstraps (An seinen Stiefelschlaufen) von Robert Heinlein, Kurzgeschichte, zuerst 1941 unter dem Namen Anson MacDonald veröffentlicht.
Die erste erwähnenswerte Geschichte über Zeitschleifen, zudem eine intelligente, in der die Einzelheiten jeweils aus der Perspektive eines jeden einzelnen beschrieben werden. Realistisch, was das anbetrifft, was passieren kann, wenn man sich beim Zeitreisen zu sehr mit sich selbst beschäftigt, aber ein bißchen naiv in der Einstellung zum Zukunftsreisen.

Compounded Interest (Zinseszinsen) von Mack Reynolds, Kurzgeschichte, 1956
Noch eine aus dem Standardrepertoire: Die Geldinvestition in der Vergangenheit häuft genügend Zinsen an, aus denen das Geld gewonnen wird, das zum Bau einer Zeitmaschine benötigt wird.

The Dead Past (Die tote Vergangenheit) von Isaac Asimov, Roman, 1956
Die Geheimhaltung eines Chronovisionsgerätes durch die Regie-

rung spricht ein interessantes Thema an: Wann fängt die tote Vergangenheit an? (Die einfachste Antwort: der kleinste mögliche Abstand zur Gegenwart.) Die unzensierte Version vom IBTAS und anderen gesetzgebenden Einrichtungen zeigt, daß jemand, der die Vergangenheit sehen kann, Bilder sieht, die denen der Gegenwart unangenehm nah sind.

Dr. Who, britische Fernsehserie ab 1974.

Ganze Bücher wurden über diese Abenteuer geschrieben, also bleibt unsere Würdigung kurz. Es genügt zu sagen, daß ein Überläufer, Lord von Gallifrey, eine reparaturbedürftige Zeitkapsel gestohlen hat (ohne das Chamäleon-Gerät ist die Kapsel eine Notrufsäule aus dem 20. Jahrhundert), um damit die bösen Buben jeder Zeit und an jedem Ort auszuschalten. Die Serie ist reich an Details über die Vergangenheit und die Zukunft; höchst empfehlenswert!

A for Effort (A für Anstrengung) Kurzgeschichte, 1947

Eine provokative Geschichte über erste Amateurexperimente mit chronovisionsartigen Geräten. In diesem Fall nehmen zwei Unternehmer Bilder von einem Nur-Bild-Gerät auf, stellen Schauspieler ein und nehmen mit ihnen den Ton auf. Sie veröffentlichen die Filme als große Erfolge. Wie zu erwarten war, regen sich die wichtigen Leute in einer Zeit, als Zeitreisen noch eine ganz neue Idee ist, ganz schön auf, wenn sie die wirkliche Vergangenheit sehen.

The End of Eternity (Das Ende der Ewigkeit) von Isaak Asimov, Buch: Doubleday 1955

Andrew Harlan ist unsterblich, also er ist einer aus der auserkorenen Gruppe derer, die außerhalb der Zeit, innerhalb der Ewigkeit angesiedelt sind, um Änderungen in der Wirklichkeit zu beeinflussen. Seine Aufgabe ist es, die Vergangenheit und die Zukunft so zu arrangieren, wie es der Allzeitrat diktiert. So kontrolliert die Ewigkeit das Schicksal der Menschen. Harlan, der völlig ohne Gefühle oder Interesse an den Ereignissen arbeiten soll, denen er zugeteilt ist, verliebt sich. Das hört sich so an, als würde jedes Science-fiction-Klischee verwendet, das jemals erfunden wurde, aber Asimovs Fähigkeiten als Autor lassen uns darüber nachdenken, ob es vielleicht doch eine höhere Kraft mit einem höheren Entwurf für jeden von uns gibt.

The Final Countdown (Der letzte Countdown) Film: United Artists, 1980 bei Vestron-Video erhältlich.

Der Flugzeugträger Nimitz segelt in einen heutigen Zeitstrom und kommt 1941 an, direkt bevor die Japaner Pearl Harbor angreifen. Wir haben alle schon von diesen Zeitstürmen gehört, und wir haben die Literatur dazu gelesen (Gordon R. Dicksons Buch »Zeitstrom« ist das beste), und es scheint klar zu sein, daß es Wurmlöcher im Übergangsstadium sind, aber man weiß so wenig über sie, daß wir diese Geschichte und andere ähnliche Geschichten als hoch spekulativ ansehen müssen.

Flatland (Flachland) von Edwin A. Abbott, Buch: Zweite, neu durchgesehene Auflage 1884 veröffentlicht; heute erhältlich bei Harper & Row

Das ist das beste Buch, das wir über Dimensionalität gefunden haben. Der Autor, der selbst ein Quadrat ist, beschreibt sein zweidimensionales Heimatland, das Geradenland und das Punktland. Dann wagt er sich ins Raumland, in dem er nur Teile einer Welt sehen kann, die jenseits seiner eigenen Dimensionen liegen. Wir mögen besonders die Reaktionen seiner zweidimensionalen Freunde auf seine Geschichten aus dem dreidimensionalen Land.

The Fourth Dimension (Die vierte Dimension) von Rudy Rucker, Buch: Houghton-Mifflin 1984

Ein wunderbares Buch über Dimensionalität mit nützlichen Erklärungen von Raum-Zeit, Wurmlöchern und parallelen Universen. Voll mit Denkanstößen, abgesehen davon sind die Bildgeschichten lustig.

Jenseits der Zeit (Experimente mit der vierten Dimension) von John Gribbin, Buch: Bettendorf-Verlag 1994

Können wir in der Zeitreisen etwa an vergangenen und künftigen Ereignissen teilhaben, sie möglicherweise sogar verändern? In diesem Buch untersucht der englische Wissenschafts- und Bestsellerautor revolutionierende Experimente mit der vierten Dimension und die bizarren Eigenschaften von »Schwarzen Löchern«. Er beweist anhand atemberaubender Forschungsergebnisse: Zeitreisen sind machbar – und die sich daraus ergebenden Konsequenzen geradezu unfaßbar.

Language for Timetravellers (Sprache für Zeitreisende) von L. Sprague de Camps, Aufsatz, 1938

Ein alter, wenngleich einsichtiger Einblick in Probleme, auf die wir alle treffen, wenn wir frühere Zeiten besuchen. Wegen der nützlichen Hinweise lesenswert.

Lest Darkness Fall (Damit die Dunkelheit nicht eintritt) von L.Sprague de Camp, Buch, 1941, zuerst erschienen bei Holt, Rinehart & Winston.

Der Blitz schlägt ein, und ein Anthropologe wird ins Rom des 6. Jahrhunderts verschlagen. Er schmiedet den Plan, das frühe Mittelalter auzulöschen, indem er die vorzeitige Erfindung des Buchdrucks, der Teleskope und anderer Erfindungen veranlaßt. Mit erstaunlicher Respektlosigkeit gegenüber der Geschichte und mit natürlicher Autorität hat er Erfolg. Es wird nicht einmal diskutiert, daß dadurch eine parallele Welt entsteht.

The Man Who Folded Himself (Der Mann, der sich selbst faltete) von David Gerrold, Buch: Random House Ausgabe, 1973;
momentan vergriffen, mit Ausnahme der Großdruckausgabe bei Ameron. Der Haupcharakter bekommt einen Zeitgürtel, macht wie verrückt Zeitschleifen und erschafft so viele Versionen von sich selbst, daß er ständig auf sich selbst trifft, während er durch die Zeit reist. Es ist wie ein chinesisches Rätsel. Aber der Autor macht nur das, was viele Reiseanfänger tun. Im Verlauf des Romans wird er ein erfahrener Reisender, der die Macht richtig versteht, die ein Zeitgürtel darstellt. Grundlegendes Lesematerial für jeden Reisenden.

The Man Who Came Early (Der Mann, der zu früh kam) von Poul Anderson, Kurzgeschichte, 1956
Ein Gegenpunkt zu »Lest Darkness Fall«. In beiden Geschichten fungiert ein Blitz als Zeitmaschine, und beide Hauptcharaktere landen in einer barbarischen Zeit und müssen sich auf ihre Kenntisse verlassen. Aber Anderson hat ein bißchen mehr Respekt vor vergangenen Kulturen und deren Intelligenz. Sein moderner Armee-Feldwebel muß mit seiner Lage im Island des 10. Jahrhunderts zurechtkommen. Er hat es schwer, den Kulturschock zu überleben, geschweige denn, die Geschichte zu verändern oder gar zu verbessern. Die Geschichte wird außerdem aus der Perpektive eines Zeitzeugen der Zeit beschrieben, der nicht sicher über die Geschichten des Fremden über die Zukunft ist und der von den sogenannten Errungenschaften unbeeindruckt bleibt. Abgesehen davon, meint Anderson, ist es kein Vorteil, aus der Zukunft zu sein, wenn man keine Kugeln mehr hat.

The Man Who Walked Home (Der Mann, der nach Hause ging) von James Tiptree jr., Kurzgeschichte, 1972
Ein Teilchenbeschleuniger explodiert unter mysteriösen Umständen und beschwört einen nuklearen Holocaust herauf, der die moderne Zivilisation zerstört. Aber jedes Jahr, am Jahrestag der Detonation, erscheint ein Geist den ignoranten Überlebenden. Er erscheint 500 Jahre lang jedes Jahr, bis die Wissenschaft dahinterkommt und herausfindet, daß die Erscheinung ein Mann in einem Raumanzug ist, der of-

fensichtlich etwas mit dem Holocaust zu tun hatte. Der Zeitreisende kann seine Reise nicht steuern, und sein Erscheinen tritt immer dann auf, wenn seine physische Zeit mit dem Orbit der Erde übereinstimmt. Diese ungewöhnliche Geschichte wird sanft erzählt und mit einer Stimmung von Hilflosigkeit.

Many Mansions (Viele Villen) von Robert Silverberg, Kurzgeschichte, 1973

Eine weitere Geschichte der Stiefelschlaufen-Gruppe, diesmal mit einem Mordthema. Die Geschichte wird aus der Perspektive mehrerer verschiedener Charaktere erzählt, die sich an verschiedenen Zeitpunkten befinden. Der Stil ist durch und durch klar, was für eine Kurzgeschichte dieser Art ungewöhnlich ist. Die Puzzleteile fügen sich auf sehr kluge Weise zusammen.

The Man Who Murdered Mohammed (Der Mann, der Mohammed ermordete) von Alfred Bester, Kurzgeschichte, 1964

Berühmte Leute der Vergangenheit zu ermorden kann die Weltgeschichte nicht verändern, weil es so etwas wie Weltgeschichte nicht gibt. Es gibt nur Ihre Geschichte und meine Geschichte und die eines jeden anderen. Ein Reisender, der in seiner eigenen Geschichte zurückkreist und sich destruktiv verhält, zerstört nur sich selbst. Interessant als Weltansicht, aber nicht besonders genau.

Mimsy Were The Borogoves von Henry Kuttner und C.L. Moore unter dem Pseudonym »Lewis Padgett«, Kurzgeschichte, 1943

Zwei Spielzeugkisten aus der Zukunft werden in die Vergangenheit geschickt. Eine kommt heute an, wo zwei Kinder sie finden – mit ungewöhnlichen Ergebnissen. Der Schreibstil ist ein bißchen verworren, aber die Ansichten der Autoren über die kindliche Intelligenz und die Euklidische Logik sind merkwürdig. Der Titel und das Pseudonym sind ein Buchstabenrätsel dafür, wer die andere Kiste bekam. »The Little Black Bag« (Die kleine schwarze Tasche) von C. M. Kornblum ist ähnlich.

A Modern Day Yankee In A Connecticut Court (Ein moderner Yankee vor Gericht in Connecticut) von Alan Lightman, Aufsatz, aus einer Sammlung desselben Namens, Penguin, 1988

Wie in Twains Original bekommt der Hauptcharakter einen Schlag auf den Kopf (diesmal mit einer HiFi-Stereoanlage von Panasonic). Die Geschichte enthält eine gute Lektion für alle Zeitreisenden: Versuchen Sie nicht, die Wunder der Zukunft zu erklären, denn die Leute in der Vergangenheit werden es ohnehin nicht glauben, und selbst wenn sie Ihnen glauben, macht es keinen großen Unterschied, wenn Sie nicht tatsächlich etwas Ähnliches wie einen Videorecorder vor ihre Augen bauen können. Eine lehrhafte Parabel für alle Zeitreisende.

Never The Twain (Niemals Twain) von Kirk Mitchell, Buch: Ace, 1987

Howard Hart, ein Nachkomme des Schriftstellers Bret Hart, ist überzeugt davon, das Samuel Clemens' Erfolg als Mark Twain ihn um ein reiches Erbe gebracht hat. Gleich, wie sehr er sich bemüht, Clemens zunichte zu machen, verschwört sich die Geschichte gegen ihn, um im Einklang zu bleiben. Die Forschungen sind zu genau, um aus einer Bibliothek zu stammen, die beschriebene Technologie hört sich verdächtig nach einem frühen Zeitgürtel an, der vielleicht von einem späteren Nachkommen in die Vergangenheit (Harts Gegenwart) geschmuggelt wurde. Die Handlung ist ein ausgezeichnetes Beispiel für die Regel, daß man die Geschichte nicht ändern kann, gleich wie sehr man es versucht, weil die Umstände sich verschwören, alles beim alten zu lassen.

The New Accelerator (Der neue Beschleuniger) von H. G. Wells, Kurzgeschichte, 1901

Nachdem sie ein Elixier getrunken haben, bewegen sich die Hauptpersonen schneller als die Welt um sie herum. Ein einsichtiger Blick in die Relativität noch vor Einstein, mit guten Beschreibungen dessen, was wir jetzt als Zeitraffer kennen.

One Night Was Enough (Eine Nacht war genug) von Judy Taylor Williams und Karen Nesbitt, Buch: Zebra 2032

Die beste der vielen wahren Liebesgeschichten, die in den frühen Dreißigern erscheint. Dieser unzüchtige und oft unerhörte Reisebericht wurde von zwei alleinstehenden Frauen geschrieben, die ins Venedig von 1775 reisen und dort unbedingt eine Nacht mit Casanova verbringen wollen. Der Abschnitt, wo Nesbitt Scarlett O'Hara imitiert, ist geradezu hysterisch.

Pawley's Peepholes (Pawleys Gucklöcher) von John Wyndham, Kurzgeschichte, 1956

Eine kleine Stadt in der Vergangenheit wird zur Touristenattraktion für Zeitreisende. Nette Geschichte, aber ein bißchen weit hergeholt.

Peabody's Improbable History (Peabodys unglaubliche Geschichte), Fernsehserie, regelmäßige Geschichten von Rocky und seinen Freunden, ab 1958

Peabody, ein gelehrter Hund mit einer raumgroßen Rückwegsmaschine, führt seinen menschlichen Hausgenossen, Sherman, durch historische Abenteuer. Eine der wenigen belebten Zeitmaschinen.

The Philadelphia Experiment (Das Philadelphia-Experiment) Film: New World, 1984, bei Thorn EMI-Video.

Ein Experiment im Jahre 1943 über Radar-Tarnung und ein Experiment im Jahre 1984 über Raketenablenkung verbinden sich zu einem Zeitstrudel. Der Seemann David Herdeg gerät in den Zeitstrudel, er verliebt sich in der Zukunft und lebt glücklich weiter. Es gibt einige interessante Nebeneffekte des Experiments, etwa Seemänner, die halb beerdigt an Deck liegen. Eine gute Demonstration dessen, wie wenig wir über die Auswirkungen unserer wissenschaftlichen Experimente wissen.

Sideways In Time (Seitenwege der Zeit), von Murray Leinster, Kurzgeschichte, 1934

Wenn jemand einer Straßenabzweigung folgt, bedeutet das etwa, daß es keine anderen Abzweigungen gibt? In dieser Geschichte durchläuft die Erde mehrere Zeitverschiebungen. Ganze geographische Lagen verschieben sich von einer Jetztzeit in die andere. In einer haben die Konföderierten den Bürgerkrieg gewonnen, in einer anderen hat der weiße Mann nie Amerika entdeckt, und in einer dritten herrscht in Frankreich noch immer die Monarchie.

A Slip In Time Saves Fred (Ein Zeitausrutscher rettet Fred) von John Tecklenburg, Roman, 2036

Eine dunkle, stürmische Nacht, ein vom Pech verfolgtes Liebespaar, ein mißlungenes Attentat, ein grüner Traktor und die wertvollste Briefmarke der Welt sind Hinweise auf Freds stückweises Verschwinden, als ein Zeitsturm das Reisen durch Wurmlöcher stört. Ein gutes Beispiel für einen wichtigen Gesichtspunkt: Zeitstürme können gefährlich sein!

A Sound Of Thunder (Der Klang des Donners) von Ray Bradbury, Kurzgeschichte, 1952

Das ist eine klassische Geschichte über eine Reise in die Zeit der Dinosaurier, dabei tritt jemand auf einen Schmetterling und erschafft ein paralleles Universum. Die Auslegung dessen, was man in der Vergangenheit erreichen kann, ist für unseren Geschmack etwas zu streng, aber 1952 liegt ja auch schon lange zurück.

Star Trek IV: The Voyage Home (Star Trek IV: Die Heimreise), Film: Paramount 1987, bei Paramount Heimvideos erhältlich.

Kirk, Spock und deren Begleiter reisen in das Jahr 1987, um sich ein paar Buckelwale auzuleihen, damit die Erde gerettet wird. (Es gibt eine Raumuntersuchung in der Zukunft, die nur mit Walen sprechen will). Der Hauptgrund, warum man sich diesen Film ansehen sollte, ist, daß Sie sehen, wie Reisen ist, wenn Sie in einer unvertrauten Zeit sind. 1987 findet es die Mannschaft des Raumschiffs vertändlicherweise sehr verwirrend, daß man für den Bus passendes Kleingeld braucht, daß es Punkrocker mit Strahlenfrisuren und Pizza mit allem drauf gibt.

Star Trek , Original-Fernseh-Serie Die beste Episode ist »Stadt am Rande der Ewigkeit (6.April 1967) von Harlan Ellison.

Darin kommt ein 10 Millionen Jahre altes Zeittor vor, das der letzte Überrest einer antiken Zivilisation ist. Mc Coy geht in einem paranoi-

schen, durch Drogen hervorgerufenen Zustand durch das Tor und verändert die Geschichte; er zerstört dabei die Sternenflotte und sein Raumschiff Enterprise. Kirk und Spock folgen ihm und planen ihre Ankunft vor der von Mc Coy, in der Hoffnung, daß sie verhindern können, was immer Mc Coy getan hat. Das einzige Problem: Kirk und Spock sind sich nicht sicher, welchen von mehreren mögli-chen Wegen die Zukunft genommen hat. Die Entscheidung, ob eine Figur (Joan Collins) überlebt oder nicht, ist der Angelpunkt der Geschichte. In »Morgen ist Gestern« (26. Januar 1967) schickt ein schwarzer Stern die Enterprise in die frühen 1970er, kurz vor dem ersten bemannten Mondflug. »Ziel: Erde« (29. März 1968) zeigt einen Zeitreisenden auf der Mission, absichtlich alles durcheinander zu bringen, als ein Probeabschuß einer nuklearen Bombe starten soll. Sein Ziel: Er soll die Erde lehren, daß man nicht mit Dingen spielen soll, die man nicht beherrscht. »Alle unsere Gestern« (1969) handelt von einer dem Untergang geweihten Bevölkerung, die nicht ins All flüchtet, sondern in ihre eigene Vergangenheit.

Star Trek: The Next Generation (Star Trek: Die nächste Generation) Fernsehsendung, 1988 (von einem Konsortium).

Ein Wissenschaftler von einem weit entfernten Asteroiden hat eine Zeitverwerfung entdeckt, die er aufbricht. Dadurch entstehen periodische Zeitentstellungen in den benachbarten Sternweiten. Es entstehen Zeitradarzeichen. Die Mannschaftsmitglieder wiederholen Handlungen oder sehen sich zu, wie sie Dinge tun, wenige Momente bevor sie sie wirklich tun.

The Technicolor Time Machine (Die Technicolor-Zeitmaschine) von Harry Harrison, Buch: Tor, 1967, Neuauflage 1985
Ein Filmstudio hat Schwierigkeiten und muß dringend den Film »Viking Columbus« (über die Entdeckung Amerikas durch die Wikinger) übers Wochenende fertigstellen. Anstatt ein Bühnenbild zu bauen, fährt man in das 10. Jahrhundert nach Norwegen. Dort finden sie einen echten Wikinger, bringen ihm Englisch bei, geben ihm einen Kompaß und überreden ihn, eine Reise in die Neue Welt zu unternehmen. Sie folgen ihm mit Kameras und schaffen Geschichte. Um die Produktion zu beschleunigen, bringen sie einige Leute zurück in andere Gebiete, um langwierige Aufgaben zu erledigen (beispielsweise ein Drehbuch schreiben und Verletzungen auskurieren).

The Terminator, Film: Orion Pictures, erhältlich bei Thorn-EMI-Heimvideos.
In der Zukunft haben Maschinen die Herrschaft übernommen; sie versuchen, die menschliche Rasse auszurotten. Ein Cyborg (ein Roboter in menschlichem Gewebe, der deshalb eine Zeitmaschine benutzen kann), wird in die Vergangenheit geschickt, um die Mutter des Anführers der Widerstandsbewegung umzubringen. Arnold Schwarzenegger ist der Cyborg, und Michael Beihn ist sein Verfolger, der zurückkehrt, sich in die Mutter (Linda Hamilton) verliebt und . . . den Rest können Sie sich denken.

The Theory and Practice of Time Travel (Theorie und Praxis des Zeitreisens) von Larry Niven, Aufsatz, in einer Sammlung namens »All the Myriad Ways«, (All die unzähligen Wege): DelRay 1971
Der wissenschaftsgriesgrämige Ansatz zum Zeitreisen, bei dem ein kenntnisreicher Autor jeden nur erfindlichen Grund aufführt, warum Zeitreisen nicht plausibel, unmöglich und unlogisch sind. Zu seiner Ehrenrettung sei erwähnt, daß er wirklich versucht, mögliche Wege für Zeitreisen zu finden, aber natürlich findet er wissenschaftliche Fakten, die jede seiner Theorien widerlegen. Es ist interessant zu lesen, jedenfalls, um die Perspektive einer Vergangenheit zu sehen.

Thrice Upon A Time (Es war dreimal) von James P. Hogan, Buch: Ballantine 1980
Neben technischen Erklärungen untersucht »Thrice Upon A Time«

die Vorstellung, daß es möglich sei, eine Maschine zu bauen, die es er-
möglicht, mit der Vergangenheit zu kommunizieren und so den Aus-
gang von Ereignissen und der Geschichte zu ändern. Ein Muß für
Leute, die Spaß haben an Aussagen wie: »Der Hadon-Verfall in
Quarks wurde zuerst bemerkt; bei der hohen Dichte, die im unendlich
kleinen Umfang der Interaktion herrscht, wurde weniger Gluonen-
Bindung gemessen als vorhergesehen.« Die Kernaussage ist, daß das
Leben wie ein gigantisches Videospiel ist. Wenn man verliert und die
Welt zerstört oder eine unheilbare Krankheit hervorruft, drückt man
einfach auf den Wiederstartknopf und spielt noch einmal.

Time After Time (Wieder und wieder), Film: Warner Brothers, 1979,
bei Warner Heimvideo erhältlich.

Um es gleich zu sagen: Malcolm Mc Dowell sieht H. G. Wells ziemlich ähnlich, so hängt die gesamte Geschichte zusammen, selbst für die,
die den Autor selbst gesehen haben. Die Geschichte ist nicht perfekt,
weil Zeitmaschinen keinen Schlüssel haben, aber in der Zielsetzung ist
sie in Ordnung. Die Zeitveränderungsübung, bei der Wells im San
Francisco der späten 1970er landet, bietet uns einen realistischen Blick
der Gefühle, die man hat, wenn man in einer neuen Umgebung und
Zeit ankommt. Was die Personen als Änderung erwarten und bemerken, ist ebenfalls realistisch dargestellt. Jack the Ripper ist von der Gewalt, die er beispielsweise im heutigen Sport sieht, fasziniert. Der Einsatz von Zeitschleifen, um Ereignisse zu vermeiden oder zu umschif-
fen, ist geschickt und trägt zur Spannung bei (auch wenn er nicht genau richtig ist).

Time And Again (Hin und wieder) von Jack Finney, Buch: Fireside, 1970

Ein Reisender besucht die Vergangenheit (New York in den späten 1800ern), beschreibt genau, was er sieht, und macht sogar Fotos! Hier gibt es keine Maschine. Der Reisende hat gelernt, sich auf einen bestimmten Punkt zu konzentrieren, der unverändert geblieben ist, und mit einiger mentaler Anstrengung bewegt er sich einfach von der Gegenwart in die Vergangenheit und wieder zurück. Trotz dieser Glaubenssache funktioniert die Geschichte wegen der Details. Wie er es auch immer angestellt haben mag, Finney ist jedenfalls nach New York gefahren, um Material für die Erzählung zu sammeln.

Time Bandits (Zeitbanditen), Film: Paramount 1982, erhältlich bei Paramount Heimvideo.

Eine Gruppe von sechs Banditen stiehlt dem höheren Wesen eine Karte, auf der alle Löcher im Gewebe der Zeit verzeichnet sind. Sie benutzen die Karte, um verschiedene Orte und Zeiten zu plündern, entführen einen Jungen aus der Gegenwart und enden schließlich in der Festung des Bösen, wo sie ihren Schöpfer treffen. Letztendlich eine Fantasy-Geschichte, die Wurmlöcher benutzt, um die Gier und den Vorgriff der modernen Technologie anzuprangern.

The Time Machine (Die Zeitmaschine) von H. G. Wells, Buch (viele Ausgaben).

Das Buch unterscheidet sich sehr vom Film. Hier sind zwei originäre Ideen in einem Band vereint. Die ersten Kapitel gehen brillant auf die Fragen über die vierte Dimension ein, beispielsweise die Wahrscheinlichkeit von Paradoxen und Anachronismen. Wells beschäftigte sich mit vielen der Hauptangelegenheiten bei Zeitreisen und erfand natürlich die Idee der Zeitmaschine. Ein Großteil des Buches ist ein Kommentar über die Abenteuer der Zeitreisenden bei den Eloi, die an der Erdoberfläche leben, und den Morlocks, die unterhalb der Erde leben. Die Handlung spielt im Jahre 2710 und ist ganz deutlich eine Widerspiegelung des Klassenkampfes von Wells' eigenem England etwa 1895.

The Time Machine (Die Zeitmaschine), Film: MGM 1960, erhältlich bei MGM/UA Heimvideo.

George Pals Interpretation von H. G. Wells Zeitmaschine ist ein viktorianisches Wunder, die Art von Maschine, von der wir alle träumen. Hier gibt es einige Ungenauigkeiten, aber der Zeitrafferabschnitt, in der der Reisende seine Nachbarschaft sich vor seinen Augen verändern sieht, ist anschaulich. Der Umstand, daß man seine Zeitmaschine

hinter verschlossenen Türen verliert, bleibt dabei kritisch. Die Morlocks und Eloi sind dumm, aber es ist auch schwierig, alternde Sozialkommentare in Filme zu bannen.

Time Travel and Papa Joe's Pipe (Zeitreisen und Papa Joes Pfeife) von Alan Lightman, Aufsatz aus einer Sammlung unter dem selben Namen: Penguin, 1984

Ein guter wissenschaftlicher Überblick über Zeitreisen nach menschlichen Gesichtspunkten. Lightman kommt zu dem Schluß, daß die beste Form des Zeitreisens die der Erinnerung ist. In diesem Fall wird die Zeitreise durch die Erinnerungen der Pfeife eines alten Mannes herbeigeführt.

The Time Tunnel (Der Zeittunnel), ernsehserie: ABC, 1966-67

Ein frühes Zeitreiseexperiment der US-Regierung. Die Serie benutzte einen spiralförmigen Tunnel, der es den Funktionären erlaubte, den Erlebnissen zweier Reisender zu folgen, die von James Darren und Robert Colber gespielt wurden.

Timewarps (Zeitverwerfungen) von John Gribbin, Buch: Delta 1979

Der beste Überblick über frühe Zeitreisetheorien. Mt Ideen sowohl aus der Wissenschaft als auch aus der Sciene-fiction-Welt.

The Twilight Zone (Die Dämmerzone), Fernsehserie: CBS, 1959-1964

Zeitreisen war ein wiederkehrendes Thema in dieser Anthologie. In der Episode »Walking Distance« (Zu Fuß erreichbar), (30.Oktober 1959) kommt ein Werbemanager in seine alte Heimatstadt, wirkt auf sich selbst als Junge ein und verursacht bei dem Jungen eine Beinverletzung. Der Manager verläßt die Stadt humpelnd. Das Flugzeug in »Odyssee des Fluges 33«, (24. Februar 1961) schafft es, durch ein Wurmloch zu kommen; die Mannschaft kann unten auf der Erde Dinosaurier sehen. »Einhundert Jahre über den Rand« (7. April 1961) ist wie »zu Fuß erreichbar«: Eine andere Zeit liegt jenseits eines Hügels. In diesem Fall ist ein Siedler aus dem Westen auf der Suche nach einer Medizin für seinen sterbenden Sohn und findet sie im 20. Jahrhundert. »Exekution« (1. April 1960) erzählt die Geschichte eines Mannes, der 1880 mit einer Zeitmaschine vor dem Henker gerettet wird. Als er in der Gegenwart ankommt, rettet er sich dadurch, daß er jemand anderen an seiner Stelle zur Erhängung schickt. »Back There« (Damals), (1. April 1961) ist eine weitere Geschichte von einem Mann, der versucht, das Attentat auf Lincoln zu vereiteln. Das ist nicht einfach, dieser Versuch endet mit der Schaffung eines parallelen Universums.

Eine unserer Lieblingsepisoden aus Twilight Zone und Anschauungsunterricht dafür, daß man nicht mit Zeitmaschinen herumspielen soll, von denen man nichts versteht, zeigt Buster Keaton unter einem lächerlichen »Zeithelm«. Der Helm befördert den Hausmeister aus dem 19. Jahrhundert ins 20. wo er alle möglichen Schwierigkeiten bekommt. Sie heißt »Once Upon a Time« (Es war einmal), (15. Dezember 1961). »Little Girl Lost« (Kleines Mädchen verloren) (16. März 1963) ist eine der wenigen realistischen Darstellungen der Innenseite eines Wurmloches. Das stundenlange »No Time Like The Past« (Nichts ist so schön wie die Vergangenheit), (17. März 1963) ist eine der wenigen realistischen Geschichten, die erzählen, was passieren kann, wenn man versucht, Leute der Vergangenheit vor der bevorstehenden Katastrophe zu warnen. (Normalerweise glauben sie es einfach nicht, oder schlimmer noch: sie halten Sie für verrückt.) Es gibt noch viele weitere Episoden über Leute, die auf ungewöhnliche Weise altern, über parallele Universen und über magische Geräte, die die Zeit anhalten oder auf andere Art verändern.

Up The Line (An der Front) von Robert Silverberg, Buch: DelRay, 1969

Judson Daniel Elliot ist ein Zeitkurier oder nach heutiger Bezeichnung ein Zeireiseführer. Er benutzt seine Vorrechte dazu, Frauen aus anderen Zeiten zu lieben, und wird schließlich von seiner Ururugroßmutter und einer Verführerin im antiken Griechenland verführt. Die Welleneffekte durch die Zeit sind verstrickt aber faszinierend. Es ist ein weiteres Beispiel für die »Stiefelschlaufen«-Schule.

Voyagers (Reisende) Fernsehserie: NBC, 1982-1983
Voyagers gehören zu einer Organisation, deren einzige Aufgabe es ist, die Ereignissse der Zeit richtig zu erhalten. Als Babe Ruth beispielsweise vor einem großen Spiel in Schwierigkeiten gerät, helfen ihm die Voyagers, rechtzeitig auf dem Platz zu sein. Auf ähnliche Weise helfen sie Cleopatra, Christoph Kolumbus und vielen anderen. Die Serie folgt den realistischen Abenteuern von Phineas Bogg und seinem kleinen Freund Jeffrey, die mit Hilfe eines Orb reisen, einer Handmaschine, die aussieht wie ein Kompaß und viele Leute auf einmal transportieren kann, wenn sie einander an den Händen halten. Wir möchten einen Orb gern einmal selbst ausprobieren, er sieht noch bequemer aus als unsere heutigen Maschinen.

What We Learned from This Morning's Newspaper (Was wir aus der heutigen Morgenzeitung erfahren haben) von Robert Silverberg, Kurzgeschichte, 1986
Aus unerklärlichen Gründen (wahrscheinlich ein örtlicher Zeitsturm) wird die Zeitung vom 1. Dezember schon am 22. November ausgeliefert. Die Gier treibt die Leser in die Sport- und Aktienseiten, und es werden Investitionen getätigt, doch als der 1. Dezember schließlich da ist, kommt eine andere Zukunft dabei heraus. Der größte Teil ist sehr realistisch, aber wir sind nicht ganz sicher, ob die Zeitungen nach ein paar Wochen schon auseinanderfallen.

Wormholes In Our Backyard (Wurmlöcher in unserem Garten) von Lisa Sheets Todd, Buch: Hyperspeed Press, 2030
Das ist das beste Kinderbuch, das wir zur Erklärung von Wurmlöchern und Zeitreisen gefunden haben. Es wurde von einer bekannten Grundschullehrerin kurz vor ihrem unerklärlichen Verschwinden geschrieben. Dieses luxuriös mit Bildern und Hologrammen ausgestattete Buch zum Aufstellen hat den anspruchsvollen Newberry-Preis gewonnen. Unsere Lieblingsillustration ist der zehnjährige Junge, der sich als Wurmloch verkleidet hat.

Zusätzlich zu diesen Geschichten gibt es noch viele weitere, in denen die Hauptperson einschläft und in einer anderen Zeit aufwacht. In jeder Geschichte ist die Person nicht nur wach und bei Bewußtsein, sondern gibt auch reichlich soziopolitische Kommentare ab. In Ed Bellamy's Looking Backward (Zurücksehen) ist Justin West kaum aus sei-

nem Schlafzustand erwacht, der von 1887 bis 2000 dauert, als er fest-
stellt, daß der Arbeitskampf sich aufgelöst hat. Als der Woody-Allen-
Protagonist in dem Film Sleeper (Der Schläfer) nach ein paar Jahrhunderten in tiefgefrorenem Zustand erwacht, kann er kaum über etwas anderes reden als über die Unzulänglichkeiten der Zeit, aus der er
kommt (und deren Auswirkungen, die auf der Zukunftstafel zu sehen
sind). Sogar Mark Twain benutzt seine Geschichte »A Connecticut
Yankee in King Arthur's Court (Ein Yankee aus Connecticut am Hofe
König Arthurs) als Forum für soziale, politische und religiöse Satire.
Charles Dickens hat die ganze Angelegenheit in das Märchen »A
Christmas Carol« (Ein Weihnachtslied) verpackt, aber ein Kommentar
zur sozialen Lage hat ihn beschäftigt, wie man gut an dem knickerigen
Scrooge und dem armen Cratchitt sehen kann. Von unserem Standpunkt aus ist es angenehmer, mit einem Zeitgürtel oder Zeitfahrzeug
zu reisen, als einfach einzuschlafen und in irgendeiner Zeit wieder aufzuwachen, ob mit oder ohne übernatürliche Geister oder Reiseleiter.
Außerdem kann man mit einer Zeitmaschine relativ sicher sein, daß es
eine Rückreise gibt.

III. Organisationen

Wir fanden die folgenden Organisationen sehr hilfreich bei allem,
was mit Zeitreisen zu tun hat.

AAA. Ursprünglich die Amerikanische Automobil-Allianz. Das ist der
Zeitreiseverein mit den meisten Mitgliedern. Das Beste an der AAA
sind die Reisebücher, die für Mitglieder kostenlos sind. Die Reisebücher gibt es für die meisten Reisegebiete der Welt, normalerweise im
Abstand von fünfzig Jahren bis 1750, und in hundertjährigen Abstän-
den für die Zeit davor (Frühgeschichte ist in speziellen Bänden zusammengefaßt). Das örtliche AAA-Büro liefert auch Landkarten, kosten-
lose Broschüren über Kleidung, sogar Reisetips für beispielsweise den
besten Weg von London nach Bath 1884 (die Einzelheiten dabei sind
großartig, man macht Ihnen sogar Zeichen auf die Karten, um zu zeigen, welche Straßen gerade gebaut oder repariert werden und auf welchen Abschnitten oft Überfälle und ähnliche Straftaten vorkommen).
Bei den meisten AAA-Büros gibt es auch Zeitcomputer.

ASTA. American Society of Travel Agents (Amerikanische Dachorga-
nisation für Reiseveranstalter). Ursprünglich für Reisen durch den
Raum gegründet. Sie bietet bundesweit alle möglichen nützlichen Informationen für Mitglieder. Die ASTA gibt auch ein Nachrichtenblatt

heraus, das die neuesten Nachrichten über Krisenherde, Zollbestimmungen, Maschinenprobleme und Dinge wie Kleidung berichtet.

ChronAnon. (Anonyme Chronoholiker). Für Familien und Angehörige derer, für die Zeitreisen eine Sucht geworden ist. Das ist kein Scherz! Jeder, der den Reiz gespürt hat, in einem weit entfernten Ort in einer weit entfernten Zeit anzukommen, versteht das Verlangen danach, seine gesamte Zeit damit zu verbringen und die Pflichten des wirklichen Lebens einfach zu vergessen. Die Arbeit dieser Selbsthilfegruppen wurde weitgehend anerkannt und begrüßt. Informationen über Chron-Anon-Gruppen entnehmen Sie bitte den Gelben Seiten.

Familien vermißter Reisender. Die führende Hilfsorganisation für Familien und Freunde von Reisenden, die sich entweder entschlossen haben, in einer anderen Zeit zu bleiben, oder verschwunden sind, oder denen ein ernsthaftes Unglück zugestoßen ist. Es gibt FVR-Gruppen in jeder größeren Stadt, und die Teilnahme der gesamten Familie wird gefördert. Die FVR gibt auch Bücher und Videokarten heraus, die sehr hilfreich sein können. Einige unserer engen Freunde sind einer Gruppe beigetreten, und sie sind voll des Lobes dafür. Sie schätzen vor allem die Gelegenheit, ihre Gefühle mit anderen zu teilen, die ihren Schmerz verstehen können.

Internationale Gesellschaft für Zeitforschung. Die führende Gesellschaft für Wissenschaftler des Zeitreisens, beispielsweise Lehrer, Künstler, Anthropologen und Historiker.

Rechtsbeweis-Gesellschaft. Eine Organisation von Rechtspflegern, die sich darauf spezialisiert hat, durch die Zeit zu reisen, um Beweise für Gerichtsverhandlungen zu beschaffen.

Gesellschaft für Historische Integrität (GHI). Obwohl Greenpeace und der Sierra Club sich für die ökologische Integrität anderer Zeiten einsetzen, richten sich beide nach den Maßgaben der GHI, die eng mit dem IBTAS zusammenarbeiten, um sicherzustellen, daß Zeitreisende nicht ihre eigene Vergangenheit zerstören.

Neo-Archäologen. Viele der modernen Wissenschaften haben sich im Zuge des Zeitreisens verändert. Sicher haben die alten Praktiken, etwa Ruinen auszugraben, nach wie vor ihren Wert, aber neue Organisationen, wie etwa die Neo-Archäologen haben die Wissenschaft selbst neu definiert, indem sie neuzeitliche Technologien für eine Geschichtsbeobachtung an Ort und Stelle benutzen.

Die Ruinen (Römer-Vereinigung in der neuen Raumzeit). Einer von vielen Klubs, deren Mitglieder sich auf einen besonderen Zeitraum spezialisieren.

Zeitpfadfinder Amerikas. Wir können die Arbeit der Zeitpfadfinder nur empfehlen, die Jungen und Mädchen zwischen 8 und 12 Jahren sicher in die wunderbare Welt der Zeitreisen einführt. Wenn Sie gerne Leiter einer Zeitpfadfindergruppe werden möchten, wenden Sie sich an ihren örtlichen Pfadfinderrat.

DANKSAGUNG

Wir hatten das Glück, während der Arbeit an diesem Buch einige Zeitgenossen zu treffen und mit ihnen arbeiten zu dürfen. Für ihre verschiedenartigen Beiträge möchten wir jedem von ihnen namentlich danken:

George Young, Lawrence Kaplan, Richard O. Johnson, Rus Wolgast, Stewart Wolpin, Toby O'Biren, John Tecklenburg, Die Familie Curley, Jeanine Bryan Briefel.

Und ganz besonderer Dank gebührt Sharon Blumenthal, bei der wir gearbeitet haben, die die Produktion überwacht hat und für unser leibliches Wohl gesorgt hat, während wir den »Zeitreiseführer« geschrieben haben.